영유아를 위한

교수매체의 이론과 실제

학지사

영유아를 위한 교수매체의 이론과 실제

심성경 · 김경의 · 변길희 · 김나림 · 최대훈 · 박주희 공저

학지사

머리말

영유아를 위한 교수매체를 강의해 오면서, 흥미롭고 의미 있는 과목이라는 생각을 하곤 했다. 또한 학생들이 졸업 후 교사가 되었을 때 교수매체만큼 실제적으로 도움이 되는 과목도 없을 것 같다는 생각도 들었다.

유아교사가 되기 위해 공부하는 학생들 중에는 "만들기를 잘 못해서 또는 손재주가 없어서……" 등의 고민을 하는 경우가 많다. 하지만 특별히 손재주가 있어서 뭔가를 잘 만드는 것보다는 적절한 교수매체를 선정하고 활용, 관리할 수 있는 기본적인 이해와 능력을 갖추는 것이 훨씬 중요한 일이다. 즉, 유아 교사에게는 잘 꾸미고 만드는 손재주가 아니라 유아를 잘 이해하고 교수-학습활동의 목표와 내용에 적합한 교수매체를 선정하여 효율적으로 활용하며 적절히 보관하고 관리할 수 있는 능력을 갖추는 것이 필수적인 조건인 것이다.

그러나 실제 수업을 진행하다 보면 다른 교과목에 비해 제작 등 실습의 비율이 유독 많아서 학생들이 많이 힘들어하며 가르치는 입장에서도 힘이 들고 안쓰러운 마음이 들 때가 많다. 이 책은 그러한 마음 때문에, 교수매체 과목을 좀 더 재미있고 덜 힘들게 가르치고 배울 수 있었으면 하는 간절한 바람으로 만든 것이다. 또한 현장에 나가서도 늘 가까이 두고 손쉽게 참고할 수 있는 실용적인 가치를 염두에 두었다고 할 수 있다.

최근, 교수매체와 관련된 교재들이 많이 나오고는 있으나 학부 학생들을 위한 강의 교재로 적절한 것을 찾기가 어렵다. 이론적인 내용의 양과 수준이 높아 한 학기용 교재로 사용하기에 무리가 있거나 또 어떤 경우에는 지나치게 실제적인 내용에 치중된 것이 아닌가 생각되었다. 물론 이 책의 저자들이 교수매체에 대해 학문적으로 깊이 연구한 사람들은 아니다. 다만, 유아교육을 공부하면서 그리고 현장에서 유아들을 가르치면서, 또한 대학에서 학생들을 가르치면서 조금씩 유아를 위한 교수매체 과목에 흥미와 관심을 가지게 되었으며, 좀 더 편하고 만족스럽게 교수매체 강의를 하고 싶다는 바람이 절실해졌다고 할 수 있다.

이 책의 내용은 학부 학생들의 수준에 적절하면서 한 학기 강의 교재라는 현실적인 조건에 맞추어 구성되었다. 제1부(1~5장)에서는 이론을, 제2부(6~15장)에서는 매체별 특성 및 제작 방법 등 실제를 다루었다. 또한 제3부는 보다 구체적인 실제를 내용으로 일반적인 4개의 생활주제를 선정하여 이야기 나누기, 게임, 조작, 음률 등 기본적인 교수-학습활동별로 필요한 교구의 제작방법 및 활용 방법을 제시하였다.

시간이 충분치 못하여 좀 더 여러 번 검토하고 꼼꼼히 다듬지 못한 점이 아쉽다. 또한 처음 집필을 계획할 때부터 과한 욕심은 아닌지 하는 걱정과 부끄러움이 앞섰던 것이 사실이다. 그러나 처음부터 끝까지 학생들과의 좋은 수업에 대한 소망으로 성실하고 겸손하게 그리고 부지런히 작업을 진행했다는 점에서 부족하나마 위안을 삼고자 한다.

책이 나오기까지 애써주신 학지사의 김진환 사장님과 정승철 차장님 그리고 사진이 많아 애쓰셨을 편집부의 여러분께 먼저 감사를 드린다. 또한 우리들 내면의 학문적 소양을 키워 주신 존경하는 스승님들과 늦은 밤 터덕거리며 걸어들어 올 때 수고한다는 따뜻한 격려로 맞아 주었던 가족들, 특히 책의 사진 속 곳곳에 모습이 담겨 있는 규연, 현서, 상현, 정후와 이제는 훌쩍 커버려서 사진 속에는 없지만 제일 자주 전화해서 엄마를 격려해 주고 이해해 주던 재영 등 사랑하는 우리 아이들에게 아주 많이 고마움을 전하고 싶다. 또한 자료 제작에 도움을 준 원광대학교 유아교육학과 3학년 학생들과 기꺼이 사진 촬영에 협조해 준 원광대학교 부속유치원, 꿈샘 어린이집의 선생님들 그리고 작업할 수 있는 공간과 세세한 도움을 제공해 준 전북보육정보센터의 선생님들에게도 감사를 표하고 싶다.

끝으로, 매섭게 추운 날씨에도 방학 내내 함께 했던, 늘 웃는 얼굴로 서로를 격려하며 작업한 우리들 자신에게도 감사와 애정을 전하고 싶다.

2007년 1월

저자 일동

차 례

제1부

영유아 교수매체의 이론적 배경

Chapter 01 PART ONE

교육공학과 교수매체

1. 교육공학의 개념과 발달 과정

1) 교육공학의 개념

교육공학은 본질적으로 수업과 학습을 연결하는 학문으로 볼 수 있다(Glaser, 1976). 수업은 교육학 이론을 바탕으로 학습이 일어날 수 있도록 처방하는 기법을 중심으로 탐구되었고, 학습은 심리학을 배경으로 행동수행이나 인지과정에서 일어나는 원리를 중심으로 연구되어 왔다(양용칠, 2000). 이에 교육공학은 수업과 학습, 두 과정의 최적의 환경을 찾는 것으로 설명될 수 있다.

때문에 교육공학의 연구 분야는 [그림 1-1]에서 보듯이 교육학의 다른 제 영역에 비하여 학교현장과 밀접하게 관련될 뿐 아니라 교실 수업과정에 미치는 직접적인 영향에 관심을 둔다. 즉, 교육공학은 학교교육의 핵심인 수업과정의 혁신에 관심을 두고 학습심리학 및 이론에 기초해 수업설계, 개발, 실행 및 평가의 문제를 다룬다. 예를 들면, 교수매체의 제작 및 활용, 교수전략 및 기법, 교사와 학생의 상호작용,

수업이론 및 모형개발, 수업체제 설계 등 구체적인 교육활동에 관한 연구가 중심이 된다. 특히 학교교육 체제의 전면적 혁신을 위한 강력한 문제해결 도구로서 등장한 교육공학은 교수-학습방법의 혁신과 학교 학습환경의 질적 개선의 노력으로서 이해되고 있다.

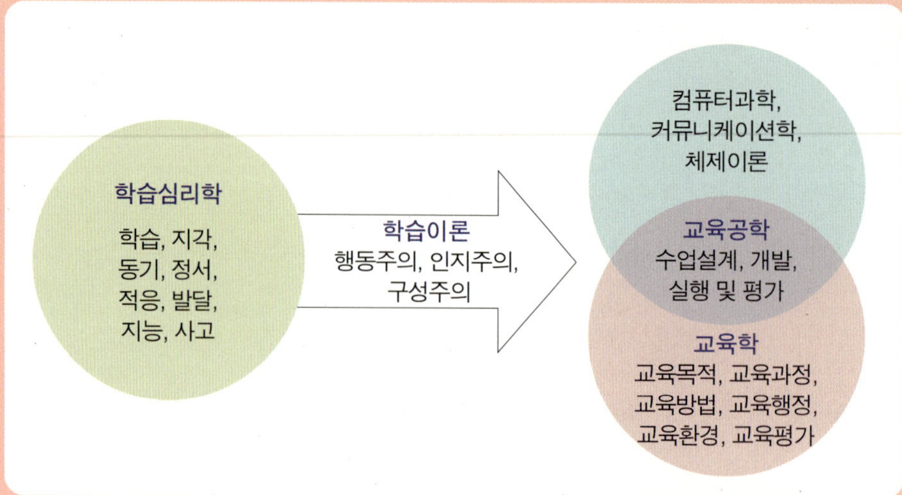

[그림 1-1] 교육공학의 접근

교육공학(Educational Technology)을 정의하기 위해 그 어원을 살펴보면 교육공학은 교육(Education)과 공학(technology)의 합성어로서, 공학의 어원은 희랍어로 기예(art) 또는 기술(craft)을 뜻하는 'techne'와 학문에 대한 탐구를 뜻하는 'logos'의 합성어에서 차용되었다.

흔히 '공학'이라고 하면 어떤 기계적인 장치 또는 기술을 활용하여 무엇인가를 만들어 내는 것을 연상하게 하므로 '교육공학'이라고 하면 무언가 다소 생소하고 혼란된 느낌을 받을 수 있다. 그러나 '교육공학'에서 '공학'은 산물로서의 공학이 아닌 과정으로서의 공학으로 이해되어야 한다. 즉, '공학'은 기술이나 산물만을 뜻하는 것이 아닌 과학적 방법에 의해 체계화된 지식을 전문적으로 적용하는 과정으로서의 개념을 함께 갖고 있다. 따라서 교육공학은 교육과 관련한 과학적 지식을 적용하고자 하는 노력으로서 학습자의 창조적인 사고와 학습효과의 극대화를 통해 공학의 원리와 기법이 교육/훈련 분야에 적용되는 모든 경우를 총칭한다 하겠다.

교육과 공학의 상호 관계에 대해 두 가지 시각이 존재한다. 먼저 교육과 공학이 각각 발전해 오다 '교육적 필요' 에 의해 공학(TV, 컴퓨터, 정보통신매체)이 채택되었다는 상호 독립체제로서의 시각이 있다. 이와는 달리 교육의 필요에 의해 공학이 수정, 보완되어 교육목적에 합당하게 되는 관계, 즉 교육적 필요에 근거하여 공학이 발전하였다는 상호보완적 체제로서의 시각이 있다. 후자의 시각은 교육공학의 발달된 사고와 함께 발전된 것으로 상호작용 비디오나 위성교육 TV, 교육용 멀티미디어 등을 예로 들 수 있다(김희배, 1997).

이 같은 시각에서 미국 교육공학회(AECT)가 발간한 「Instructional Technology: The Definition and domains of the Field」(Seels & Richey, 1994)의 정의에 의하면 교육공학은 '학습을 위한 제과정과 자원을 설계하고 개발하며, 실용화하고 경영 · 관리하며 평가하는 이론' 으로 정의할 수 있다. 즉, 교육공학이란 인간 학습에 관련된 모든 문제점들을 분석하고, 이에 대한 해결책을 고안 · 실행 · 평가 · 관리하기 위한 것으로 사람, 절차, 기술, 장치 및 조직을 포함하는 복합적이며 통합적인 과정이라 하겠다.

최근에는 일반적으로 교육전반에 연계된 보다 넓은 개념으로 '교육공학(educational technology)' 이라 칭하고 좁은 의미로는 보다 명세화된 교수와 연계해서 '교수공학(instructional technology)' 이라고 지칭하기도 하나, 이 두 명칭은 특별한 구분 없이 혼용해서 사용된다(이화여자대학교 교육공학과, 2003).

2) 교육공학의 발달

오늘날 교육인구의 양적 팽창은 교육이론과 실제에서 다각적인 변혁을 요구하고 있다. 이에 대처하기 위하여 서구에서는 오래전부터 교육의 효율성을 극대화시킬 수 있는 이론 및 방법이 모색되었으며, 그 결과 교육공학으로 발전하게 되었다.

교육공학은 1632년 150여 장의 삽화로 구성된 코메니우스의 『세계도회』를 출발점으로 하여 직관에 의한 교육을 강조한 페스탈로치, 은물을 제작한 프뢰벨, 감각 훈련 교구를 개발한 몬테소리, 흥미 · 경험 · 활동을 강조한 듀이, 교수의 과학화를 주창한 손다이크 등으로 이어져 왔다. 이를 통해 인간의 학습을 촉진시키는 원리와 기법을 탐구하는 학문으로서 교육공학은 지속적으로 발달되어 왔다. 인류의 교육이 시작된 때부터 활용된 매체를 중심으로 교육공학의 발달과정을 정리해 보면 〈표 1-1〉과 같다.

〈표 1-1〉 주요 활용 매체에 따른 교육공학의 발달

육성시대	육성시대는 교사의 목소리를 이용하고 학생들의 시각과 촉각을 이용하여 학습하던 시기다. 육성시대는 문자가 발명되기 이전인 소피스트, 소크라테스, 석가, 공자, 맹자들이 활약하던 시대에 황금기를 맞았고 이들은 문자보다는 음성을 선호하는 경향이 있었다.
친필시대	친필시대는 문자가 나온 뒤 직접 손으로 책을 쓰고 이를 통해 교육하던 시기로 서양에서는 후기 그리스의 시대로 백과사전식으로 모든 지식을 기록해 두는 것을 중요시 여겼고, 동양에서는 논어, 맹자, 대학 등의 문헌들로 교육이 이루어졌다. 이때는 책도 비싼데다 교육이 책으로만 이루어져 소수의 귀족층에게만 보급되었다.
인쇄시대	인쇄시대는 인쇄기술이 발달되면서 인쇄물(책)이 보편적인 교수매체가 되었다. 코메니우스 이후 루소, 페스탈로치, 프뢰벨, 몬테소리, 듀이 등의 교육사상가들이 배출되면서 아동의 흥미, 활동, 감각적 경험을 강조하는 교육으로 바뀌었다.
전자시대	19세기 후반부터 20세기 들어서까지 각종 전자매체들이 발명되면서 전자시대가 도래하게 되었다. 전자매체는 감각적 경험을 통한 교육을 가능하게 되었는데 이를 보면 전자매체가 나온 뒤로 교육공학의 시대가 본격적으로 시작되었다. 전자매체는 순서나 단계를 중요시하는 책과 달리 직접성과 동시성을 중요시하여 인쇄매체가 지닌 단점들을 극복할 수가 있다.

그러나 현대적 의미의 교육공학에 대한 역사적 고찰은 일반적으로 교육공학에 대하여 자각하고 공식적인 활동이 시작된 1920년대, 즉 보빗과 차터스(Bobbit & Charters)가 '교육엔지니어링(educational engineering)' 이란 용어를 사용한 데에서

출발점을 삼는다.

보빗과 차터스부터 현재에 이르기까지 교육공학은 80여 년에 걸쳐 인접학문들과 과학기술의 발달에 따라 다음과 같이 4단계에 걸쳐 발달되어 왔다.

- 1단계-시각 교육과 시청각 교육의 단계: 1920년대 시작된 시각 교육과 1930년대 말부터 시작된 시청각 교육의 단계다. 추상적인 개념들을 보다 구체화하기 위한 시각자료를 활용하기 시작하면서 시각 교육을 통한 교육방법과 개념들이 논의되었고, 제2차 세계 대전 이후 시청각 매체들이 개발되고 연구되면서 다양한 방법의 시청각 교육이 실시되었다.

- 2단계-시청각 커뮤니케이션 단계: 시청각 교육이 커뮤니케이션 개념과 초기 체제 개념의 영향을 받아 1950년대에 시청각 커뮤니케이션 이론으로 발전한 단계다. 커뮤니케이션이란 교수학습에서 송신자와 수신자가 피드백을 통해 상호작용하는 양방향 통신에 주안점을 두고 있으며, 일원적 교수과정에서 '역동적 상호작용'의 개념으로 전환되었음을 시사한다.

- 3단계-교수공학 및 협의의 교육공학 단계: 시청각 커뮤니케이션이 행동주의 학습이론 및 체제접근이론의 영향으로 1970년대 초에 교수공학으로 발전한 단계다. 인간의 학습행동에 대한 심리학 이론을 중심으로 행동과학 분야의 지식과 방안을 교수학습에 적용, 학습효과를 증진시키기 위한 방안이 연구되었으며, 교육문제 해결을 위해 과학적이고 조직적인 지식을 체계적으로 적용하는 교육공학으로까지 발달하게 되었다.

- 4단계-교육공학 정립 단계: 1990년대 이후 컴퓨터와 정보통신기술의 발달, 학습이란 개념을 내적 인지과정으로 보는 인지과학의 대두로 보다 확대된 교육공학의 개념이 정립된 단계다. 인지과학 개념의 교육공학은 학습자의 내적 인지과정에 관심을 두고, 학습자가 능동적인 주체로 정보에 주의집중하고 지각하며 기호화하여 정보를 인출하는 정보처리 과정에 초점을 둔다. 이 같은 주요개념에 따라 '학습자가 주도하는 학습방법'의 고안이 이루어졌으며, 이를 위한 교수설계 영역을 중심으로 교육공학에 영향을 끼치게 되었다. 또한 과학기술은

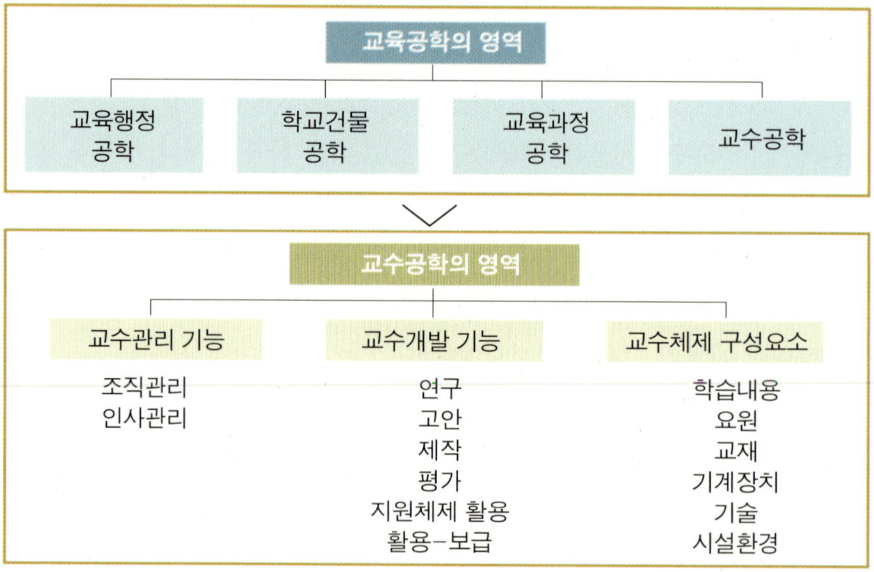

[그림 1-2] 현대적 의미의 교육공학과 교수공학의 영역

교수매체의 개념도 변화시키게 되어 시청각 매체뿐 아니라 교사와 같은 인적자원, 수업내용, 학습환경, 시설 등 모든 수단적 요소도 포괄하는 개념으로 발전하게 되었다. 이에 [그림 1-2]에서 보는 바와 같이 현대적 의미의 교육공학은 교수공학을 한 분야로 포함하는 넓은 의미의 학문으로 이해된다.

이상의 단계들을 거쳐 21세기에 들어오면서 교육공학은 간학문적 접근을 통해 교육현장에서 발생하는 다양한 문제의 해결을 꾀하고, 이 과정에서 학습과정과 자원의 설계, 개발, 활용, 관리, 평가를 총체적으로 연구, 개발하는 실천적 응용학문으로 자리매김하였다. 인간, 교육, 사회적인 범주에서 다각적인 성찰과 고민을 통해, 교육현장의 문제점에 대한 근본적이며 실제적인 대안을 제시하는 것에 목적을 두고 교육문제를 과학적이고 체계적으로 해결하려는 총체적인 접근을 시도하게 된 것이다.

교육공학은 또한 오늘날 급속도로 발전되고 있는 과학기술과 밀접하게 연관되어 있다. 특히 컴퓨터 분야의 발전은 교육공학 분야에 엄청난 영향을 미치고 있다. 디지털 TV와 위성 DMB 사업, 미래의 유비쿼터스 사회로의 진전에 발맞추어 교육공학 분야는 크게 변화하고 있으며, 앞으로의 발전 가능성에 귀추가 주목되고 있다. 최근 교육공학의 연구 분야로 E-Learning과 미디어 교육 등이 논의되고 있으며, 학교교육 외의 교육현장에 대한 심도 있는 연구도 활발하게 이루어지고 있다. 특히 교육인구의 양적인 팽창에 직면하여 공교육에서 대중교육으로서의 전환이 절실한 우리나라의 교육현실을 감안해 볼 때, 그에 부합하는 교육공학의 학문적 발전과 전문인력 양성이 미래지향적인 교육 발전을 위한 필수 요건이라 하겠다.

2. 교육공학의 개념에 의한 유아 교수매체의 의미

1) 교육공학적 관점에서의 교수매체

교육공학에서 사용되는 '매체(media)'는 라틴어의 medius에서 유래된 말로서 영어의 'between'과 같은 의미로서 '맺어 주는 역할'의 의미를 갖고 있으며 일반적으로 매체(media)는 메시지의 운송수단을 제공하는 자료와 장치란 뜻을 갖는다. 즉, 교수매체란 교수·학습과정에서 교사인 송신자와 학생인 수신자 사이에서 학습내용을 주고받기 위해 사용하는 모든 커뮤니케이션을 총칭한다 하겠다. 또한 현대적 의미의 교수매체는 일반적인 매체보다는 수업 실제에서 그 수업의 목표를 달성하기 위하여 학습자에게 일정한 정보와 메시지를 전달하기 위한, 교수를 위한 매체를 뜻하게 되었으며 학습내용을 전달하는 매체로서 교재나 재료에 한정된 것이 아니라 매개체의 이용방법, 전달방법 등 방법론적인 측면이 포함된 광범위한 개념으로 변화되었다.

교수-학습과정에서 널리 사용되는 교수매체의 종류로는 교과서·참고서 등 인쇄매체, 라디오·텔레비전 등 방송매체, 자기녹음·레코드에 의한 음성매체, 프로그램 교재와 컴퓨터 보조학습(CAI) 프로그램을 이용한 개별학습매체를 비롯해서 교사에 의한 강의, 시범, 칠판, 실험, 견학 등으로 다양하게 구성되는데, 이 같은 교수매체의 의미를 좁은 의미와 넓은 의미에서 설명하면 다음과 같다.

- 교수매체의 좁은 의미: 교수매체는 좁게 보면 시각적 · 언어적 정보를 전달하는 데 사용되는 도구를 의미한다. 즉, 시청각 교재인 그림(사진), 필름, 녹음테이프, 녹화테이프, 컴퓨터 프로그램들과 같은 소프트웨어와 라디오, 영사기, 텔레비전, VTR, 컴퓨터 등의 하드웨어를 교수매체라고 보는 것이다.
- 교수매체의 넓은 의미: 교수매체는 넓게 보면 교사와 교수기술, 교과서 그리고 일체의 교육환경까지 포함해서 교수 · 학습에서의 학업성취를 도와주는 모든 인적 자원과 물적 자원을 의미한다. 즉, 교사를 보조하는 장치 및 고안물로서의 교수 보조물의 의미를 넘어서 완전한 학습정보를 제시하는 장치 및 고안물이므로 교수-학습과정에 있어 보조적이라기보다 교육내용 전체를 전달하는 자체 완비적 성격을 뜻한다. 교수목표 달성을 위해 활용되는 인적 자원, 물적 자원은 물론 이들을 활용하기 위한 모든 계획, 방법 그리고 환경적 요소까지도 교수매체에 포함된다고 보는 것이다.

2) 유아 교수매체의 의미

유아교육에서의 대부분의 교육활동은 교수매체를 통해 이루어진다. 초 · 중등학교 교육에서는 교사의 정보전달이나 개념 등의 이해를 돕기 위해 교수매체가 사용되지만, 유아교육에서는 유아의 성장과 발달을 촉진시키기 위한 활동을 중심으로 교수매체를 활용한다.

예를 들면, 놀잇감을 직접 조작해 보는 과정을 통해 학습할 수 있는 퍼즐이나 그룹게임판, 친구와 함께 놀이하는 과정을 통해 학습할 수 있는 다양한 블록이나 소꿉놀잇감, 마음껏 자신의 느낌이나 생각을 표현해 낼 수 있는 미술놀이 재료들이 여기에 포함된다. 뿐만 아니라 환경구성 자료나 교사 주도형의 대집단활동 시간 역시 다양한 자료와 활동들로 운영되므로 초, 중등학교에서 사용되는 교육자료와는 많은 차이가 있다고 하겠다. 즉, 유아교육에 있어서의 교수매체란 유아들의 성장 발달에 도움을 주기 위해 사용하는 모든 것들, 즉 유아교육에서는 교수-학습활동과 유아들의 생활 또는 놀이가 구분되지 않고 그 자체가 교육이기에 등원하여 귀가하기까지 사용되는 자료를 교수매체라고 보아야 한다. 이러한 관점은 다음과 같은 학습자로서의 특성에 기인한 것이다.

(1) 유아는 직접적인 사물과의 상호작용을 통해 배운다

유아기의 특징 중 하나는 감각을 사용하여 물체를 탐색하고 직접적인 조작을 통해 지식을 구성하고 배운다는 점이다. 유아가 지닌 타고난 호기심으로 물체를 직접 만져 보고, 냄새 맡고, 두드려 보고, 관찰하고, 움직이는 과정을 통해 많은 것을 배운다. 그러므로 유아의 이러한 특성에 맞도록 구체적인 경험을 줄 수 있는 풍부하고 다양한 교수매체를 제공해 주는 것이 필요하다.

(2) 유아들은 개인차가 있다

유아들은 같은 연령이라 할지라도 발달에 따른 개인차가 있으므로 초등학교 학생들과는 다르게 개별학습 또는 소집단 학습이 필요하다. 그러므로 자유선택활동 시간에 유아가 개별학습을 하기 위해서 또는 교사와 유아가 상호작용하는 데 도움을 줄 수 있는 교수매체가 필요하다.

(3) 같은 지식이나 주제라 할지라도 이해하는 방식이 유아마다 다르다

유아들의 특성상 한 가지 방법보다는 다양한 방법을 이용해 주제에 접근했을 때 주제에 대한 이해를 더 높일 수 있다. 유아마다 주제를 접근하고 주제와 관련된 자신의 경험을 표현하는 데 있어서 각기 다른 방법들을 사용한다. 예를 들어, 가을 동산을 견학 갔다 온 뒤 어떤 유아는 그림으로 더 잘 표현하고 또 다른 유아는 신체표현 활동을 통해 더 잘 표현해낸다. 이러한 유아의 특징상 다양한 교수매체들을 이용해 다각적으로 유아의 이해도를 높이는 것이 필요하다.

(4) 유아는 집중력이 짧다

유아들은 어른보다 집중력이 짧다. 이러한 유아들의 관심과 흥미를 끌어 활동을 이끌어 나가기 위해서는 매력적인 교수매체가 반드시 필요하다.

3) 유아 교수매체의 기능과 필요성

유아를 위한 교수매체는 구체적 경험을 제공하고 유아의 활동을 학습으로 연결시키고, 유아들이 배운 내용을 통합하도록 돕는 여러 가지 요소들을 포함해야 한다.

이에 교사는 유아들의 특성에 따라, 발달수준에 따라, 연령에 따라, 주제에 따라 그에 적합한 다양한 교수매체를 준비하고 제공해야 하며, 유아가 자신의 능력이나 흥미에 맞는 매체를 선택하여 놀이하는 동안 개념을 습득하고, 문제해결력을 기르고, 타인을 이해하게 되고, 자신감을 형성해 나가는 기회를 갖도록 해야 한다.

유아의 특징과 교수매체의 관련성을 근거로 하여 교수매체의 중요성을 정리하면 다음과 같다.

① 교수매체는 교육의 내용과 질을 결정한다. 왜냐하면 활동에 있어 적절한 교재·교구는 교사와 유아, 유아와 유아, 유아와 사물 간에 효과적인 상호작용이 일어나도록 돕기 때문이다.

② 교수매체는 유아의 활동을 유발시키고 자극한다. 활동에 알맞은 매체가 있음으로 해서 유아들이 활동을 재미있어 하고 반복하게 된다. 따라서 행함으로써 배울 수 있도록 하며, 자발적으로 활동할 수 있도록 하여 자발학습이 일어나게 한다.

③ 교수매체는 유아의 활동을 심화, 확대시킨다. 다양한 자료를 가지고 활동해 보면서 활동의 방법과 내용에 대해 이해하게 되어 알아보려고 하는 동기를 가지게 된다.

④ 교수매체는 언어를 발달시킨다. 매체를 활용할 때는 유아에게 활동방법을 언어적으로 소개하게 되며, 활동 중에 매체-유아, 유아-유아, 유아-교사 간에 상호작용이 빈번히 일어나게 되고 활동 후 결과를 언어적으로 표현하게 되기 때문이다.

⑤ 교수매체는 신체 및 감각능력을 발달시키며, 감각욕구를 충족시킨다. 유아가

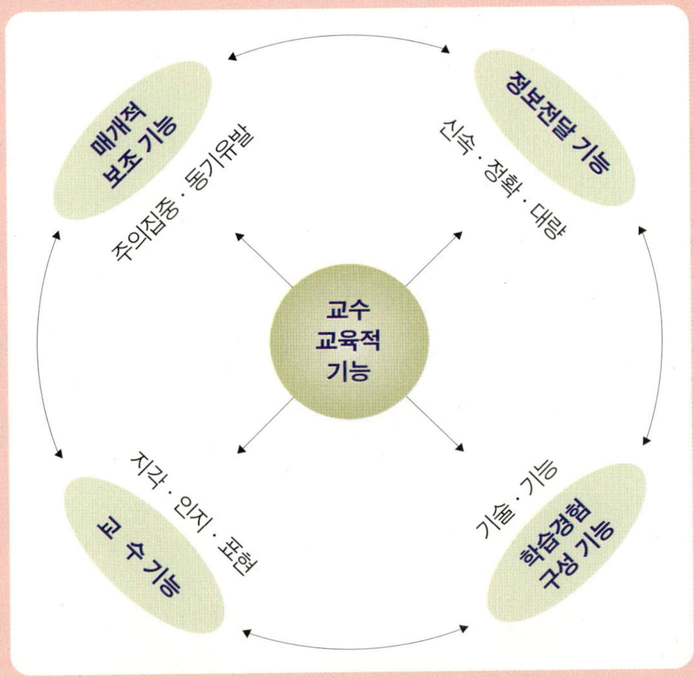

[그림 1-3] 교수매체의 교육적 기능

출처: 권옥자 외(2001).

교재를 가지고 직접 조작하고, 냄새 맡고, 흔들고, 맛보고, 소리를 들어 보고, 관찰해 보고, 신체로 활동해 보기 때문이다.

⑥ 협동심과 이해성, 양보 등 사회성을 발달시킨다. 매체의 사용 규칙을 지키고 차례를 지킬 줄 알며, 양보하고 협동하는 방법을 알고 지키게 되며 교재에 따라 알맞은 방법으로 정리 · 정돈하게 되기 때문이다.

⑦ 표현활동 매체를 활용함으로써 창의성과 예술성 및 표현 능력을 기른다. 여기에서 표현활동 교수매체란 미술, 음률, 극화, 문학활동에서 사용되는 도구, 자료, 그림 그리기, 만들기 도구와 자료, 악기, 신체표현에 활용되는 리본 · 끈 · 스카프 등 그리고 동극, 인형극에 필요한 가면, 인형 그리고 동화구연에 활용되는 동화, 구연자료 등을 말한다.

3. 유아 교수매체 활용의 역사적 배경

교수매체는 유아교육에 있어 필수 불가결한 것으로 인식되고 사용되고 있다. 교수매체에 대한 이러한 견해는 과거의 많은 학자들에 의해 주장되었고 그 결과 오늘날에 이르게 되었다고 할 수 있다.

이에 교수매체에 대한 과거의 학자들의 인식을 알아보는 것은 교수매체에 대한 중요성 및 필요성에 대해 좀 더 심도 있는 이해를 도울 수 있다. 따라서 이 장에서는 교수매체의 필요성을 강조한 대표적인 학자라 할 수 있는 코메니우스, 루소, 페스탈로치, 프뢰벨, 몬테소리의 기본 이론과 교수매체에 대한 생각들을 알아보도록 한다.

1) 코메니우스

코메니우스(Johann Amos Comenius, 1592~1670)는 감각적 실학주의자로 전통적인 언어 위주의 교육에 반대하여 직접 볼 수 있는 실물이나 표본, 사진, 모형 등 구체적 사물을 제시하여 유아가 감각을 통해 사물을 인식한다고 생각하였다(안인희, 1984).

코메니우스는 교육을 통하여 유아가 자신의 특정한 문화적 여건과 조화를 이룰 수

[그림 1-4] 세계도회

있다고 보고, 연령, 빈부, 성별에 관계없이 균등하게 교육받아야 한다고 주장했다.

대표적 저서로 『대교수학』(Didactica magna, 1632)과 『세계도회』(Orbis Sensualium Pictus, 1658)가 있다. 특히 『대교수학』은 그의 교육이론의 기초를 발전시킨 책으로 유아교육에서부터 대학교육(0~24세)에 이르는 완전한 학교제도를 고안하여 주장하였고, 유아를 위한 최초의 그림책인 『세계도회』는 유아들이 주변에서 쉽게 볼 수 있는 사물들의 그림을 라틴어로 설명하고 있어 세계 최초의 시각 교재라고 할 수 있다.

(1) 기본 사상

① 인간 본성은 선하다.

코메니우스는 교육 이전에 주어진 인간의 내재적인 가능성을 신격화하여 인간의 본성인 선을 바탕으로 자연을 안내자로 삼으면 인간의 본성인 선의 차원에 이른다고 하였다.

② 교육은 자연의 질서에 따라야 한다.

자연의 질서에 따른 시간표를 뜻하며 발달과 학습에는 순서가 있어 그것을 따라야 한다고 하였다.

③ 감각교육이 모든 학습의 기초가 된다.

교사는 가능한 한 유아가 여러 가지 감각 기관을 이용하여 실물과 접촉하도록 해야 한다고 하였다.

④ 조기교육이 중요하다.

뼈와 근육도 유연할 때 쉽게 굽히고 형성시킬 수 있듯이 교육도 조기에 시작해야 한다고 보았다. 이에 '어머니 무릎 학교'라 하여 출생부터 6세까지 가정에서 어머니로부터 받는 교육이 중요하며 어머니에게 건강, 일상, 언어, 신앙의 기본 등을 배운다고 하였다.

(2) 교수 원리

① 단순한 것에서 복잡한 것으로, 쉬운 것에서 어려운 것으로, 일반적인 것에서

특수한 것으로 진행시켜야 한다.

② 실물 경험을 통한 감각교육이어야 한다.

③ 학습은 직관에서 출발하여 감각에 호소해야 한다.

2) 루소

루소(Jean Jacques Rousseau, 1712~1778)는 그의 저서 『에밀』을 통해 자신의 교육 사상을 밝혔다. 『에밀』은 출생에서부터 사춘기에 이르러 결혼하기까지의 성장과정에 걸친 가상적인 유아 양육에 대해 쓴 책으로 루소는 이 책에서 자연에서 감각기관을 통해 직접 만져 보고 체험해 봄으로써 배울 수 있다는 자연주의 교육을 주장하였다.

(1) 기본 사상

① 자연주의 사상

교육은 건전한 발달을 위해 자연의 계획에 따라 이루어져야 한다. 인간의 본성은 선한 것이며, 선은 바로 자연이다. 그런데 이것이 인간이 만든 문명, 학문 등의 악속에서 타락해 가므로 가능한 한 사회악에서 유아를 보호하기 위해 유아는 어른 세계에서 떨어져 자연에 따라 성장・발달해야 한다.

② 어린이 존중 사상

루소의 아동관은 성선설에 있다. 당시에 어린이는 한낱 어른의 축소물이나 어떤 기준에 도달 못한 미성숙 상태로 보는 입장이 일반적인 견해였으나, 루소는 아기가 태어나면서부터 선한 존재이므로 어린이가 존중되어야 함을 주장하였다.

(2) 교수 원리

① 소극적인 교육

교육은 가르치는 것이 아니라 안내하는 것이다. 왜냐하면 유아는 백지 상태와 같은 존재가 아니라 그들 나름대로의 특유의 감정과 사고 양식을 갖고 있는 존재기

〈표 1-2〉 『에밀』에서의 인간 발달의 5단계

1단계-유아기	출생에서 6세까지의 유아기 부분은 주로 양육과정을 구체적으로 묘사하고 있다. 이 시기의 유아들은 기쁨, 고통을 경험함에도 불구하고 활동적이며, 호기심이 많아 많은 것을 배운다. 언어를 획득하기 시작하는데 거의 전적으로 혼자 힘으로 해내므로, 성인이 유아를 독촉하거나 교정해 주지 않도록 한다. 이는 유아를 소심하게 만들고 독립성을 잃게 할 뿐이라고 하였다.
2단계-아동기	6~12세경까지의 아동기 부분은 심신의 발달과정을 서술하고 있다. 아동들은 일종의 직관적 추리력을 갖게 되지만 극히 제한적이다. 달리고, 소리치고 잠시도 가만히 있지 않는 아동의 행동을 교사가 억제하려 한다면 아동은 교사에게 의지하거나 절망하게 된다. 교사 역할은 연령에 적합한 여러 형태의 과제를 제시하는 것이다. 특히 감각 기관 훈련이 신체적 발달에 중요하다는 이론을 구체적 방법을 통해 제시했다. 자연환경을 유일한 교육 장소로 삼아 감각교육을 했으며 책을 통한 훈련, 지식은 무의미하다고 보았다.
3단계-소년기	12~15세경까지의 소년기는 신체적, 감각적 발달에 기초를 둔 이성을 발견하는 시기로 자연과 사회, 인간에 대한 유용한 지식을 학습할 수 있는 가장 적절한 시기다. 따라서 지금까지의 소극적 교육에서 적극적 교육으로의 전환기다. 그러나 아직까지는 감각적, 물리적 세계에서의 탐구이므로 아직 전 사회적이라고 보았다.
4단계-사춘기	15세경은 청년기인 사춘기다. 비로소 아동이 사회적 존재인 인간으로서 생활하기 위한 제2의 탄생을 경험한다. 또한 본격적 지적 교육이 실시된다. 역사, 문학, 철학, 법률 등뿐 아니라 사랑과 종교에 대한 교육을 받는다고 하였다.
5단계-결혼기	여성을 위한 교육으로는 에밀과 결혼한 소피라는 가상적인 여자를 위한 교육론이 전개된다. 남녀 교육에 차별을 두어 여성은 남성과 다르기 때문에 역할이 다를 수밖에 없다고 주장하면서도 정신적 자립성과 사랑에 바탕 둔 이상적인 여성상을 추구하는 것을 단념하지 않았다.

때문이다. 그러므로 이러한 유아들이 외부의 간섭에서 벗어나 성장·발달해야 한다고 하였다.

② 개별화 원칙

유아 개개인에 따라 다르게 나타나는 특성을 존중하여 개별적으로 교육해야 한다. 유아 스스로 생각하고 행동하도록 하는 것이 좋다고 하였다.

③ 감각을 통한 교육

자연환경을 통해 실제적으로 충분한 감각 훈련을 하게 되면 결과적으로 이성의 힘이 강화된다고 보았다. 뿐만 아니라 『에밀』을 통해 감각 훈련을 어떻게 할 것인가 구체적인 사례를 제시해 놓았다.

3) 페스탈로치

루소의 영향을 많이 받아 교육은 아동의 본성에 따라야 한다고 했으며 교육이론을 실제 교육현장에 도입하며 감각에 의한 교수방법을 확장시켰다. 페스탈로치(Pestalozzi, 1746~1827)는 유아의 타고난 감각 운동적인 활동성을 반영하여 교육시켜야 하며 유아에게 가장 가까운 가족에서 시작하여 학교에서 사회로 동심원적으로 차츰 확대시켜 나가야 한다고 보았다. 어머니가 아동을 가장 잘 가르칠 수 있다고 보았고, 언어는 항상 직관에 그리고 실물 또는 내용에 결부시켜야 한다는 감각에 의한 교수방법을 주장하였다. 교육목적은 사회적 인간 개조, 즉 사회적 자아실현과 개인적 자아실현 모두에 두고자 했다.

(1) 기본 사상

교육사상의 기본 원리는 '합자연의 원리'다. 즉, 교사는 유아 내부 세계와 성장과정, 유아 주위에 둘러싼 자연의 특성과 발달의 법칙을 잘 이해하여 그 이해를 바탕으로 무리 없이 유아를 키워 나가는 것이다.

(2) 교수 원리

① 자발성의 원리

유아의 능력은 내부로부터 발전시켜 가도록 해야 한다는 것이다. 유아의 일상생활에서 느끼는 자연적 요구와 이에 따른 감각 운동적인 개인 활동 속에서 교육방법 원리를 찾는다. 주입식, 타율적 훈련방법이 아니라 자기 활동적, 자발적 훈련방법을 강조하였다.

② 방법의 원리

유아의 성장 발달은 일정한 단계를 거쳐 이루어지므로 교육 역시 이 단계에 따라 이루어져야 한다고 하였다.

③ 직관의 원리

직관을 모든 인식의 절대적 기초로 보았다. 관찰을 통한 사물교육이 언어교육보다 선행하며, 보고 듣고 행하는 것이 판단이나 추리보다 선행한다고 보고 모든 사물을 수(數), 형(形), 어(語)의 세 측면에서 파악하는 일이 인식의 기초가 되므로 국어, 수학, 기하학을 매우 중시했다.

④ 힘의 조화와 균형의 원리

도덕적, 즉 윤리적인 힘(가슴), 지능적, 즉 정신적인 힘(머리), 신체적, 즉 기능적인 힘(손)의 세 가지가 조화 · 발전되어 삼육(三六)을 통한 전인적 발달을 강조한다.

⑤ 개성과 사회성 조화의 원리

교육을 가장 좋은 사회 개혁의 수단으로 보았지만 인간은 자기 목적적 존엄한 존재로 결코 다른 목적을 위한 수단이 되어서는 안 된다고 강조한다.

4) 프뢰벨

프뢰벨(Froebel, 1782~1852)은 낭만주의 철학과 루소, 페스탈로치 등의 영향을 받아 이를 바탕으로 독자적 교육체계를 정립하였다.

(1) 기본 사상

교육의 궁극적 목적은 신과 인간과 자연의 통합으로 보았다. 프뢰벨이 생각한 교육은 인간의 내적 본성을 발현(unfolding)하는 것으로 보았으며, 자유스러운 환경을 제공하여 유아들이 자신의 능력을 자연스럽게 전개시켜 나가는 자기 활동적인 경향에 대해 외부적 형태의 것을 투입할 것을 주장하였는데 그것이 바로 은물과 작업이다.

(2) 교수 원리

① 통일의 원리

세계 안의 모든 것은 전체의 일부분이므로 그 본질에 있어 하나라고 생각하였다. 각 개체는 보다 높은 존재와 통일성을 이루는 것이라고 생각하였다.

교육이란 좀 더 높은 통일성으로 성장하는 과정이며 지적 · 도덕적 · 미적 교육이 합일되어야 하므로 모든 종류의 교수가 지적 · 도덕적 · 미적 경험을 동시에 수반하는 것이어야 한다.

② 창조적 자기 활동의 원리

인간의 본성을 신적인 것으로 보았으며, 신성의 본질은 활동이며, 창조이며, 노동이라고 보았다. 어린이들이 갖는 본질적인 왕성한 활동성을 해방시키고 그들의 흥미, 욕구에 따른 내적인 동기에 입각하여 내면적인 힘을 기르게 하므로 교육은 창조적인 자기 활동 과정이 되는 것이다.

③ 노작의 원리

프뢰벨은 단순한 생산 노동을 모두 노작을 보았다 노동의 중요성을 강조하여 근로나 생산활동은 어려서부터 교육되어야 한다고 하였다. 또한 어린이의 놀이를 최초의 생산활동으로 간주했다.

④ 사회화의 원리

프뢰벨은 인간이 사회적 동물이기 때문에 교육도 사회화의 한 과정이라고 하였다. 그러므로 협동과 예절이 어린이 교육의 특징이 되어야 한다고 생각했다.

(3) 은물과 작업

은물(gifts)이란 '신이 주신 선물' 이라는 뜻으로 프뢰벨에 의해 고안된 놀잇감이다. 프뢰벨은 유아들이 은물, 즉 신이 창조한 세상 사물의 기본 형태를 제공하여 놀이하는 동안 신과 인간과 자연에 대한 합일을 느낄 수 있으며 유아들의 왕성한 창조적 활동을 만족시켜 줄 수 있다고 보았다. 은물은 완성된 교구가 아니라 도형의 가장 기본적인 모양으로 되어 있어 유아들이 스스로 만들도록 되어 있다.

프뢰벨은 은물과 함께 작업(occupation)을 고안하여 은물과 작업을 통해 유아들의 정신을 제대로 발현시킬 수 있다고 생각하였다. 은물은 시대가 변천함에 따라 여러 형태로 바뀌고 있으나 기본 형태인 최초 10종류를 살펴보면 다음과 같다.

은물의 구성과 활용법

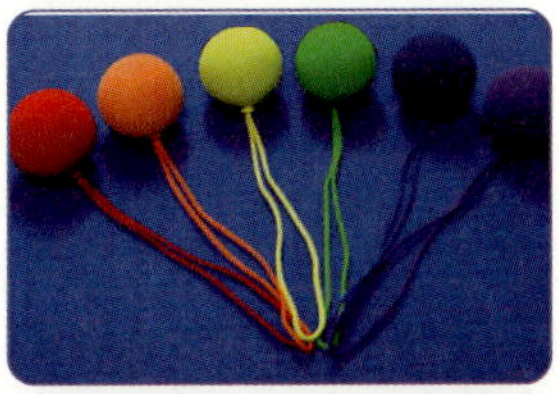

▶제1은물

구성: 지름 6cm인 빨강, 노랑, 파랑, 초록, 주황, 보라색의 털실로 쌓인 공 형태로 구의 특징이나 성질을 감각으로 느낀다.

▶제2은물

구성: 세 가지, 즉 구, 원기둥, 정육면체로 각각 6cm다. 세 가지의 모양이 갖고 있는 특성과 성질을 알고 공통점과 다른 점을 알 수 있다.

▶제3은물

구성: 6cm의 큰 정육면체 덩어리를 8등분한 작은 정육면체 여덟 개, 기본 치수는 3cm다. 전체와 부분의 관계, 통일과 분해의 개념을 알 수 있다.

▶제4은물

구성: 6cm의 정육면체를 8등분한 직육면체 여덟 개(6cm×3cm×1.5cm)로 구성되어 있다. 직육면체의 개념을 알 수 있다.

▶제5은물

구성: 9cm의 정육면체를 39개로 나눈 블록이다. 작은 정육면체 21개, 큰 삼각기둥 6개, 작은 삼각기둥 12개다. 정육면체를 나누어 새롭게 생겨난 삼각기둥을 알 수 있다. 제3은물이 발전한 것이다.

▶제6은물

구성: 9cm 정사각형을 36개로 나눈 블록이다. 직육면체 18개, 기둥 6개, 받침 12개다. 기둥과 받침의 구실을 알게 해 준다. 제4은물이 발전한 것이다.

▶제7은물

구성: 일곱 종류의 색 조각

정사각형, 직각이등변삼각형, 정삼각형, 직각삼각형, 둔각이등변삼각형, 원, 반원 각 변의 길이와 관계를 알게 해 준다.

▶제8은물

구성: 다섯 종류의 막대다.

3cm, 6cm, 9cm, 12cm, 15cm다.

면을 분해해서 만든 직선을 알게 해 준다.

▶제9은물

구성: 세 종류의 둥근 고리, 세 종류의 반 고리

지름 각 3cm, 4.5cm, 6cm다.

면을 분해해서 얻은 추상적인 곡선을 알게 해 준다.

▶제10은물

선을 한 번 더 분해하여 얻은 점을 알게 해 준다.

점이 연결되어 직선이나 곡선이 생기고, 선이 모여 윤곽이 이루어지고, 점이 가득 채워지면 면이 됨을 알게 해 준다.

작업의 종류

- 제1작업: 종이에 구멍 뚫기(pricking)
- 제2작업: 종이에 바느질하기(sewing)

- 제3작업: 그림 그리기(drawing)
- 제4작업: 엮기, 뜨기, 짜기(inter lacing, inter twining, weaving)
- 제5작업: 종이 접기(paperfolding)
- 제6작업: 종이 자르기와 붙이기(paper cutting and pasting)
- 제7작업: 콩 세공(pease work)
- 제8작업: 판지 공작(cardboard modeling)
- 제9작업: 모래놀이(sand play)
- 제10작업: 찰흙놀이(clay modeling)

5) 몬테소리

(1) 기본 사상

① 흡수 정신

몬테소리(Maria Montessori, 1870~1952)는 유아들이 자기 스스로 발달해 갈 수 있는 능력이 있으며 그것은 유아 자신으로부터 전개되는 과정으로 보았다. 유아들이 자신의 내부에 잠재되어 있는 정신 능력을 통해 환경을 받아들이고 스스로 경험을 통해 배우는데, 이를 흡수 정신(absorbent mind)이라 하였다.

② 민감기

오직 한 가지 일에만 몰두하는 유아기의 특정 시기를 가리키는 말로 특별한 이유 없이 어떤 특정 행동을 반복하여 그것에 집중적으로 관심을 갖게 되는 시기를 말한다. 이 민감기(sensitive period)에 터득해야 할 것을 학습하지 못하면 일생을 통해 학습 능력에 영향을 미치게 된다.

(2) 교수 원리

① 감각교육

몬테소리는 교육은 감각을 이용하여 이루어질 때 효과적이고 또 감각기관의 훈련과 발달은 제반 개념을 이해하기 위한 기초가 된다고 주장했다. 이에 유아가 시각, 청각, 미각, 촉각 등 감각을 경험할 수 있는 교구를 제작하였고 이러한 감각교육을 통해 지적 발달을 이룰 수 있다고 보았다.

② 자동교육

유아들이 개인적으로 교구와 상호작용을 통해서 스스로가 실수를 발견하고 수정하며 배워 나간다는 것이다. 따라서 자기 교정적 교구를 사용하여 개별적으로 활동하면서 스스로 학습된다고 한다.

③ 준비된 환경

유아의 발달 단계에 맞는 환경을 조성해 주어 유아들이 자신의 속도에 맞추어 학습하도록 도와주어야 한다. 이를 위해 환경을 구성하는 교사의 역할이 중요하다고 보았다.

몬테소리 교구의 종류

▶일상생활 교구

- 단추 끼우기
- 벨트 매기
- 지퍼 올리기
- 리본 매기
- 안전핀 꽂기
- 똑딱단추 끼우기
- 구두끈 매기
- 쓸기 교구
- 열쇠 잠그기 등

▶감각 교구

- 분홍탑
- 갈색 계단
- 빨간 막대
- 꼭지 원기둥틀 4세트
- 색 원기둥
- 색판
- 소리상자
- 기하도형 서랍과 카드
- 구성 삼각형
- 후각병
- 촉각판
- 미각병
- 기하입체
- 중량판 등

▶수 교구

- 수 막대
- 모래 숫자판
- 숫자 카드
- 금색 비즈
- 덧셈, 뺄셈의 뱀놀이
- 숫자와 바둑알

- 시계
- 우표놀이
- 색 비즈의 주판
- 세강판 등

▶언어 교구

- 모래 글자 판
- 이동 문자 1, 2
- 자음, 모음 카드
- 그림 카드 등

▶문화 교구

- 색 있는 지구본
- 검은 긴 연표
- 백과 청의 지구본
- 생명의 표
- 생물을 위한 퍼즐
- 세계 지도 퍼즐

손씻기 교구

쓸기 교구

옷틀-리본 매기, 벨트 매기,
지퍼 올리기, 단추 끼우기

열쇠 잠그기

[일상생활 교구]

분홍탑

꼭지 원기둥틀

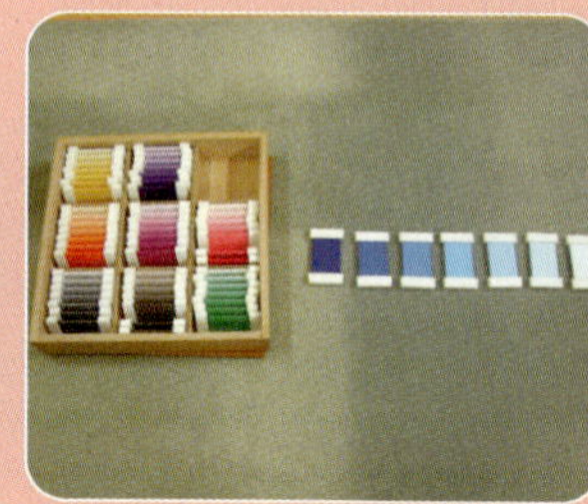
색판

구성 삼각형

촉각판

소리상자

[감각 교구]

숫자와 바둑알

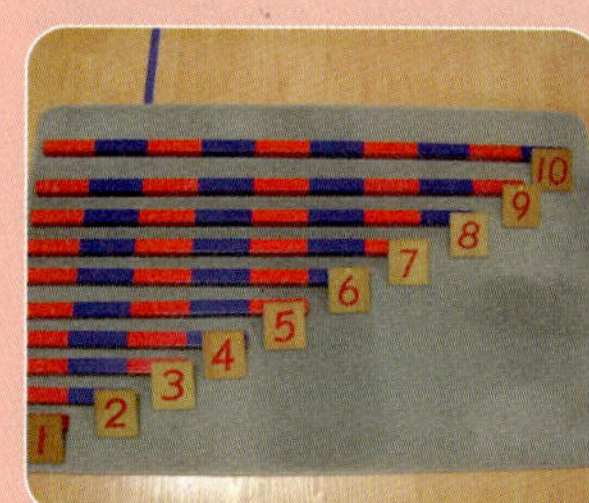

수 막대

우표놀이

색 비즈와 세강판

[수 교구]

그림 카드

모래 글자 판

이동 문자 1

이동 문자 2

[언어 교구]

세계 지도

태양계

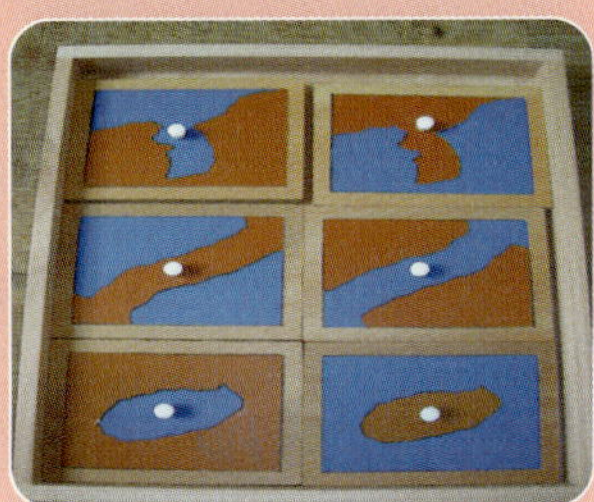

대조 지형

실물 카드

[문화 교구]

Chapter 02

PART ONE

영유아 교수매체의 기본 원리

유아를 위한 교수-학습목표의 달성을 위해 필요한 교수매체를 선정, 제작 및 활용하기 위해서는 먼저 인간의 지각원리, 의사소통의 원리 및 학습원리에 대해 이해해야 한다. 이러한 이해를 기초로 할 때 목표의 달성이 효과적으로 이루어질 수 있다. 따라서 이 장에서는 영유아 교수매체의 기본 원리인 지각의 원리, 의사소통의 원리 그리고 학습의 원리에 대하여 살펴보고자 한다.

1. 지각의 원리

교수매체를 선정 또는 제작하여 활용하기 위해서는 지각의 원리를 이해하는 것이 중요하다. 유아는 사물, 사건, 사람 등의 관계를 잘 지각할수록 그 관계를 보다 잘 파악할 수 있다. 또한 잘못된 지각으로 인한 기존의 잘못된 이해를 바로잡아 주는 것은 새로운 내용을 이해시키는 것보다 더 어렵다. 따라서 유아의 지각원리에 입각하여 교수매체를 제작함으로써 유아가 잘못 지각하는 사태를 피하며, 교수매체의 활용 시에 지각적으로 이상적인 제시방법을 사용할 수 있어야 한다.

1) 지각의 정의

지각이란 우리의 감각기관을 통해 들어오는 정보를 읽어 나가는 과정이다. 즉, 우리의 눈, 귀, 코 그리고 피부 속 신경(nerve ending) 등의 감각적 기제(sensory apparatus)를 통해 주변 사물에 대한 정보를 갖게 되는 과정이다. 따라서 지각은 주변 환경을 이해하고, 접촉을 유지하는 데 필요한 가장 기본적이며 중요한 수단이 된다. 지각된 정보는 저장되었다가 우리의 지각체계의 활용을 지시하는 지식체계로 전환된다. 이와 같이 지각은 의사소통에 선행되며, 지각한 것에 대한 의사소통의 결과로 학습이 이루어진다.

2) 지각의 일반적인 원리

지각은 다음과 같은 두 가지 중요한 특성을 가지고 있다(Kemp & Dayton, 1985).

첫째, 어떤 지각적 사건이든 여러 감각적 메시지를 지니고 있다. 즉, 하나의 특정 감각으로 고립되어 이루어진 것이 아니라 여러 감각이 복잡한 형태로 연결되어 있다. 지각적 사건에 대한 감각적 메시지 인식을 바탕으로 유아는 그 지각적 사건이 포함된 세계에 대한 지식을 형성한다.

둘째, 지각은 어떤 사건에 대한 관심과 흥미를 느낄 때에만 선택적으로 이루어진다. 즉, 관심과 흥미가 지속될 때 그 지각적 사건을 더 잘 지각한다.

인간의 지각 현상을 지배하는 일반적인 원리를 제시하면 다음과 같다.

첫째, 인간은 선택적으로 지각한다.

인간의 지각 과정에 모든 자극이 다 처리되는 것이 아니라 자극의 특성 및 강도, 각 개인의 경험과 그 당시의 욕구나 흥미에 따라 몇 가지 자극에 대해서만 선택적으로 지각한다. 즉, 색다르고 신기한 내용의 자극이라든지, 깜빡이는 불빛이나 신속히 움직이는 물체, 큰 소리나 밝은 빛과 같이 강렬한 강도나 대비를 보이는 자극,

각 개인의 평소 관심사와 관련된 자극 등이 주로 일차적으로 지각된다. 따라서 교수매체로 제시되는 정보는 유아의 지각능력(perceptual capacities)을 넘어서지 않으며, 동시에 유아의 욕구나 흥미에 적절한 것이어야 한다.

둘째, 인간은 경제적으로 지각한다.

인간은 자극을 처리할 때 최소의 노력이 드는 것을 먼저 지각한다. 즉, 복잡하고 산만한 내용보다는 간단하고 익숙한 내용을 더 빨리 지각하며, 자극의 내용이 지나치게 새롭거나 복잡할 때는 지각 도피 현상이 일어나기도 한다. 예를 들어, 좌우대칭으로 이루어진 그림과 수평선이나 수직선은 다른 선들보다 빠르고 안정되게 지각한다. 그 이유는 직선의 경우 곡선이나 다른 선들보다 더 간단하고, 우리 주변에서 일상적으로 익숙한 사물이나 장면들이 대개 좌우 대칭적인 구조이거나 수평과 수직구조를 띠고 있기 때문이다. 만약 한 그림이 두 가지 형태를 중복적으로 담고 있을 때는 전체적인 체제로 보아 간단한 형태와 익숙한 형태가 먼저 지각된다.

그러나 더 먼저 지각할 수 있는 디자인의 설계가 반드시 이상적인 것만은 아니다. 왜냐하면 그런 디자인은 쉽게 지각되어도 흥미나 관심을 지속시키지 못하는 경우가 있기 때문이다. 유아들이 '저것이 무엇일까?' 하고 잠시 궁리한 끝에 알아맞히게 되는 형상이 교육적으로 더 바람직할 때가 있다. 교수매체가 형상을 이해하기 너무 어려운 경우 포기현상이 일어날 수 있으며 반면에 너무 쉽게 지각되어도 관심을 지속시키지 못할 수 있으므로 유아들에게 그 형상의 이해가 너무 쉽지도 어렵지도 않은 것이 좋다. 따라서 생소-친근 원리(novelty-familiarity principle)를 고려해서 유아에게 생소한 물체라면 직선과 대칭적 형상만 쓰고, 익숙한 것이면 곡선과 약간 비대칭적 형상을 쓰는 것이 효과적이다.

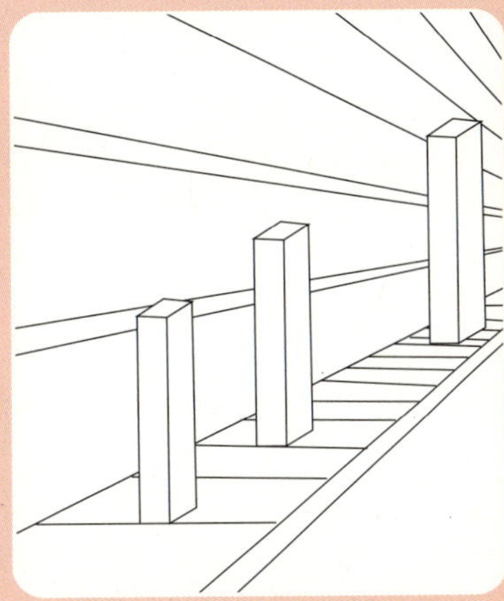

[그림 2-1] 동일한 길이의 세 직육면체가 서로 다르게 보인다.

셋째, 인간은 상대적으로 지각한다.

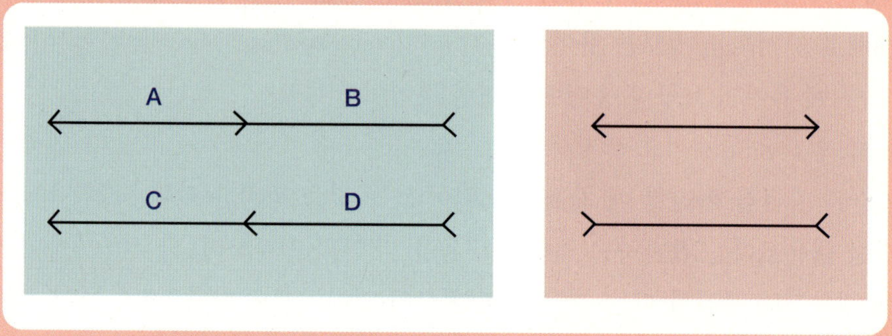

[그림 2-2] 동일한 길이의 두 선이 서로 다르게 보인다.
(Mueller-Lyer의 착시 모형)

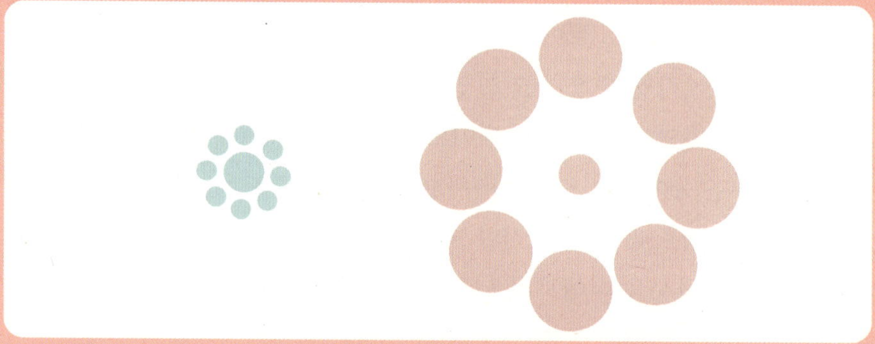

[그림 2-3] 동일한 크기의 가운데 원이 서로 다르게 보인다.
(Ebbinghaus의 착시모형)

인간의 지각은 절대적이기보다 상대적이다. 즉, 인간은 지각과정에서 환경의 물리적 조건, 자신의 경험이나 심리적 상태 등에 의해 많은 영향을 받으므로 물체의 크기, 소리의 강약, 빛의 밝기 등에 대한 지각은 사람마다 차이가 있다. 예를 들면, 유아의 눈에 비친 산은 객관적 크기에 상관없이 아주 거대하며 매우 높게 느껴질 수가 있고, 평소에는 의식되지 않던 시계 바늘 소리가 크게 들리기도 하고, 똑같은 음식이라도 형광등과 백열등 불빛 아래에서 그 색이 달리 보일 수 있다. 또한 순간적인 착시현상도 흔히 일어나는 일이다.

넷째, 인간은 형상(figure)과 배경(ground)으로 나누어 지각한다.

[그림 2-4] 루빈의 컵에 시각적 분리 단서를 첨가한 예

어떠한 물체를 지각하려면 그 물체가 놓여 있는 배경으로부터 형상을 분리해 낼 수 있어야 한다. 인간은 보통 깊이나 거리, 색깔, 명암, 형태 등의 차이를 단서로 하여 배경으로부터 형상을 분리해 내는 데 익숙한 편이다. 만약 거리나 깊이, 색깔, 형태 등의 단서가 결여된 장면을 접하게 된다면 형상과 배경의 분리가 어려운 경우가 많기 때문에, 그 장면은 분명한 의미를 주는 시각적 경험이 될 수 없다. 예를 들어, '루빈의 컵' 그림은 형상과 배경의 구분이 어렵다. 이에 약간의 시각적 단서를 첨가하면 형상과 배경이 명확하게 분리되면서 분명한 의미를 지닌 그림이 된다.

다섯째, 인간은 전체적인 맥락과 형태로 지각한다.

어떤 자극이 주어졌을 때 인간은 그 자극의 합(合)을 그대로 지각하는 것이 아니라 그 자극의 상황과 관련된 주관적인 맥락과 일정한 의미를 갖는 전체적인 형태로 받아들인다. 예를 들어, [그림 2-5]에서 원과 네모가 혼재되어 있으나, 원은 인접한

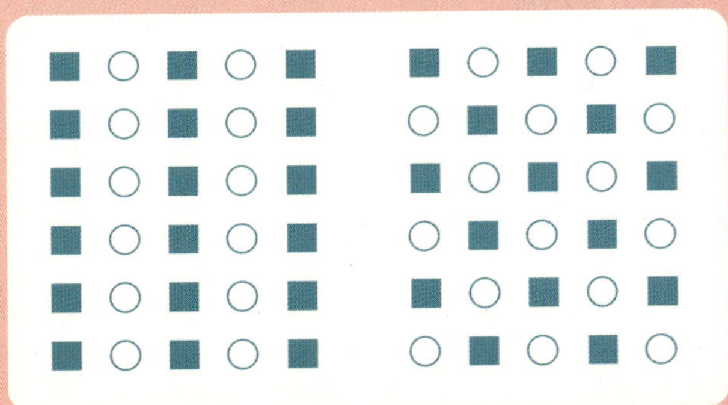

[그림 2-5] 전체적인 형태와 맥락으로 지각하기

출처: 유혜령, 강은희, 박지영(2003), p. 109.

원과의 유사성에 따라, 네모는 인접한 네모와의 유사성에 따라 전체적으로 수직 배열과 대각선 배열로 지각된다.

이를 체제화의 원리(김정회 외, 1993)라고 한다. 즉, 자극들 간의 근접성이나 유사성에 따라 하나의 군집으로 '묶어' 지각하며, 직선적으로 또는 완만하게 이어지는 자극들은 하나의 '연속되는' 형태로 조직화하여 지각하고, 끊어진 부분이나 생략된 부분, 미완성된 부분은 그 부분을 보완하여 '완성된' 형태로 지각하는 경향이 있다.

여섯째, 인간은 같은 물체나 장면에 대해서 항상 동일한 것으로 지각한다.

식탁 위에 놓인 컵은 보는 위치나 거리, 빛의 상황에 따라 그 형태 및 색깔, 명암 등이 달라진다. 즉, 그 컵을 위에서 내려다볼 때와 아래에서 올려다볼 때, 멀리서 볼 때와 가까이서 볼 때 그리고 석양이 비쳤을 때와 비가 내릴 때 비록 미세한 차이이긴 하지만 분명히 각기 다른 상으로 우리의 망막에 투영된다. 그러나 인간은 그때마다 그 컵이 다른 컵이라고 생각하지 않고 마치 우리에게 항상 같은 모양으로 존재하는 것처럼 같은 컵으로 해석한다. 이처럼 대뇌에 전달된 자극의 속성이 다르다 하더라도 대뇌가 달리 해석하지 않는 현상을 지각 항등성이라고 한다. 즉, 상황에 따라 어떤 물체가 망막 속에 투영되는 상의 실제가 변함에도 불구하고 항상 동일한 물체로 지각한다.

2. 의사소통의 원리

교수-학습은 여러 가지 요인들이 복합적이고 역동적으로 상호작용하는 관계 속에서 이루어진다. 즉, 대부분의 교수-학습은 교사와 유아, 유아와 유아, 유아와 매체 간의 상호작용을 통하여 메시지를 주고받으며, 이를 해석하고 이해하는 의사소통의 과정에서 이루어진다. 의사소통이란 언어적, 비언어적 상징들에 의해 의미가 전달되는 과정으로 교수-학습 상황에서의 의사소통은 다른 상황에서 보다 더욱 체계적이고 의도적일 수 있다. 따라서 교수-학습과정에서의 효과적인 의사소통을 위해 의사소통의 원리에 입각한 교수매체의 제작, 활용이 이루어질 수 있어야 한다.

1) 의사소통 모형

의사소통 과정의 대표적 모형으로 벨로(Berlo, 1960)의 의사소통 모형, 섀넌-위버(Shannon & Weaver, 1963)의 의사소통 모형, 섀넌-슈람(Shannon & Sharamm, 1964)의 의사소통 모형 등이 있다.

(1) 벨로의 의사소통 모형

벨로의 S-M-C-R 모형은 송신자로부터 수신자에게로 메시지가 전달되는 의사소통 과정과 그 과정 속에 포함된 요소들 간의 상호관계를 나타내고 있다. 즉, 효율적인 의사소통은 일방적인 것이 아니라 쌍방의 상호관계 속에서 이루어지는 것으로 송신자와 수신자의 의사소통 기술과 태도, 지식수준 및 서로 이해 가능한 사회체계와 문화 양식이 필요하다는 것이다. 또한 메시지가 조직적이고 체계적으로 기호화되어야 하며, 의사소통 수단인 오감이 효과적으로 동원되어야 한다는 것이다.

S-M-C-R 모형은 교수-학습과정을 구체에서 추상에 이르는 시청각매체가 주는 경험에만 중심을 두어 이해하던 데에서 벗어나 시청각 통신과정으로 이해할 수 있도록 발전시켰다.

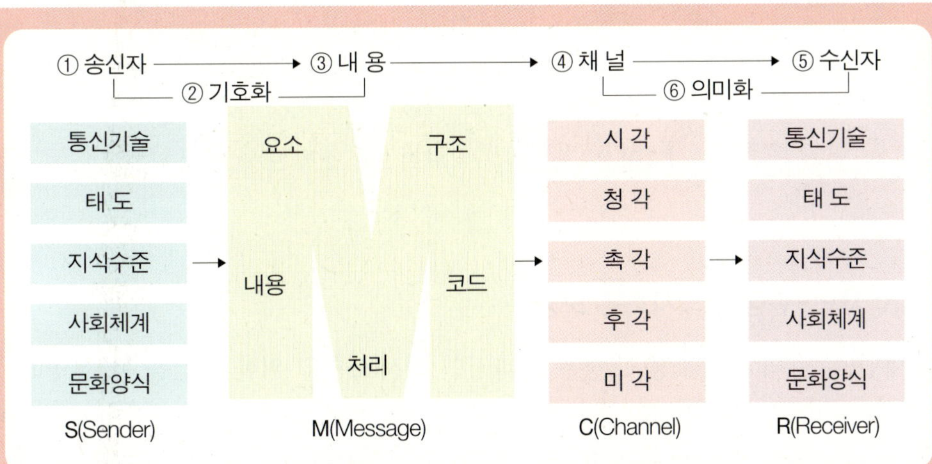

[그림 2-6] 벨로의 S-M-C-R 모형

(2) 섀넌-위버의 의사소통 모형

섀넌-위버 모델에 의하면 교수-학습정보의 근원, 즉 화자(송신자)가 전달할 메시지를 선정하여 메시지를 송신기(또는 전달 매체)에 담으면 메시지는 전달매체에 의해 신호로 바뀐다. 이 신호는 말이 될 수도 있고, 실물 또는 그림일 수도 있으며, 인쇄매체일 수도 있다. 이 신호가 수신기, 즉 눈이나 귀를 통해 메시지로 바뀌어 수신자(유아)의 심상에 전달된다. 섀넌-위버는 이 전달 과정에서의 다양한 방해요인을 소음 또는 메시지 방해물(noise)이라 칭하였다. 여기에는 다른 소리들 때문에 메시지가 잘 들리지 않거나, 그림의 윤곽이 뚜렷하지 않아 알아볼 수 없거나, 스크린에 빛이 반사되어 투사된 슬라이드 내용을 알아볼 수 없는 것 등이 포함된다.

이때 전달하고자 하는 메시지는 그 자체가 직접 전달되는 것이 아니라 말과 그림과 같은 상징기호(symbols)로 전달된다. 그러므로 정보 전달자는 의도하는 메시지를 가장 정확히 담을 수 있는 신호를 사용하여 전달하려는 메시지가 정확히 입력되도록 유의해야 한다(Heinich, Molenda, & Russell, 1989).

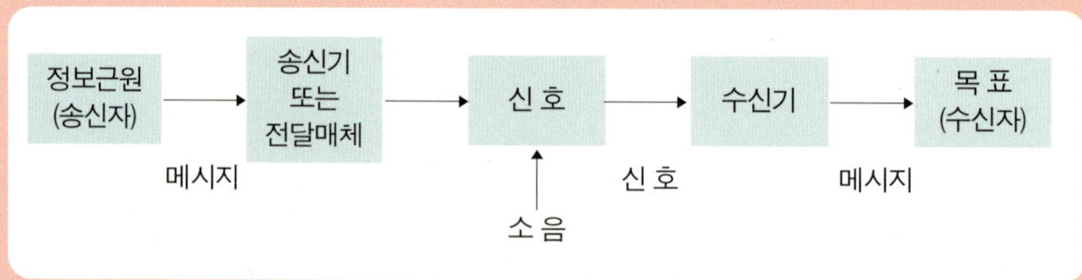

[그림 2-7] 섀넌-위버의 의사소통 모형

(3) 섀넌-슈람의 의사소통 모형

섀넌-슈람의 의사소통 모형은 효과적인 의사소통을 위한 조건을 잘 설명해 준다. 섀넌-슈람의 의사소통 모형에서는 송신자와 수신자의 '경험의 장' 에서의 만남을 통해 의사소통이 이루어진다. 즉, 송신자가 수신자의 지식과 '경험의 장' 에 맞는 문자나 영상 등을 통해 메시지를 기호화(encoding)하고, 수신자는 기호화된 메시

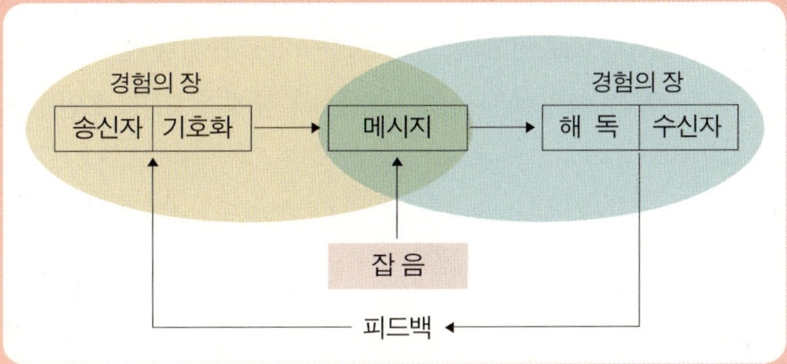

[그림 2-8] 섀넌-슈람의 의사소통 모형

지를 해독(decoding)할 수 있는 지식과 경험을 가지고 있을 때 의사소통이 이루어진다. 따라서 송신자로서의 교수매체는 수신자로서의 유아가 자신의 경험을 근거로 해독할 수 있도록 학습내용을 기호화한 것이어야 한다.

섀넌-슈람의 모형이 'S-M-C-R 모형' 과 큰 차이를 갖는 것은 피드백 요소를 첨가한 것이다. 이를 통해 의사소통이란 송신자와 수신자 사이의 쌍방적인 관계일 뿐만 아니라 지속적으로 수정, 보완되는 계속적인 과정이라는 점을 시사하고 있다. 또한 섀넌-슈람의 모형은 의사소통 과정에서 일어나는 잡음(noise)을 의사소통의 방해 요소로 지적하고 있다. 즉, 교수-학습과정 중에 이루어지는 잡담, 실외의 소음, 어두운 조명, 활동실 안에 들어오는 지나치게 밝은 햇빛, 높거나 낮은 실내온도 등은 교수-학습과정을 방해하는 바람직하지 않은 환경적 요소라는 것이다.

따라서 효과적인 교수-학습을 위해서는 경험의 장에서의 공통된 부분이 많을수록 좋으며, 피드백을 통한 적절한 수정과 보완이 이루어져야 하고 교수-학습 상황의 방해요소인 잡음을 최소화시키려는 노력이 필요하다.

2) 교수-학습 상황에서의 의사소통의 장애요인

가장 이상적인 교수-학습 상황은 상호 교환적 메시지가 아무런 방해 없이 명백하게 송신자와 수신자 사이에 전달되는 환경이다. 그러나 실제 교수-학습환경은 의사소통을 방해하는 여러 가지 요인에 의해 영향을 받는 경우가 많다. 따라서 그 장애 요인을 파악, 제거함으로써 이상적인 교수-학습환경을 만들 수 있어야 한다.

일반적으로 교수-학습 상황에서의 의사소통에 장애가 되는 요인을 살펴보면 다음과 같다.

(1) 교사의 지나친 일방적 언어 사용

모든 인간은 싫은 자극에 대해서 자동적으로 방어기제를 사용한다. 특히 유아는 자신이 듣기 싫은 것을 들을 때 주의를 다른 것에 집중시킨다. 또한 교사 위주의 일방적 언어, 즉 너무 반복적이거나 어렵거나 복잡한 말을 사용하면, 유아는 흥미를 잃고 관심을 다른 데로 돌리게 된다. 따라서 유아가 교수-학습과정에 주의를 집중시킬 수 있도록 여러 가지 현대적 의사소통기술을 동원한 다양한 교수자료의 활용이 요구된다.

(2) 참고 대상물의 혼란

유아는 전에 경험했던 것과 새로운 자료가 관련이 없을 때 혼란을 일으키게 된다. 이를 참고 대상물의 혼란(referent confusion)이라고 하는데 특히 구체적 자료 없이 언어적으로만 설명할 때 이러한 혼란이 더 많이 일어난다. 또한 주제가 추상적이고 유아의 실제 환경과 거리가 멀 때 교사가 전달하려는 의미와 유아의 이해 사이에 간격이 더 커지게 된다. 따라서 참고 대상물의 혼란을 극복하기 위해서는 유아가 전에 경험한 것과 새로운 것을 연관지어 고도로 시각적이면서 생생한 메시지를 전달해야 한다. 자료가 시각적이고 사실적으로 생생할수록 그 전달된 메시지를 이해하는 것이 용이하기 때문이다.

(3) 지각적 어려움

유아는 시각, 청각, 후각, 촉각, 미각 등의 감각기관을 통해 주위의 여러 가지 정보를 얻는다. 감각을 통해 얻는 이러한 정보에 대한 이해력은 유아에 따라 차이가 있다. 즉, 어떤 유아들은 언어적인 것을 통해 보다 잘 이해하고, 어떤 유아는 시각적인 것을 통해 보다 잘 이해한다. 또한 여러 연구에 의하면, 자료의 정보가 보다 구체적이고 분명하며 감각적으로 제시될 때 유아는 보다 정확하게 그 정보의 의미를 해석할 수 있다고 한다.

(4) 공상

유아들과 이야기하는 동안 교사는 공상(day dreaming)에 빠져 있는 유아를 발견하게 될 수 있는데 그 원인을 찾아내어 해결해야 할 필요가 있다. 일반적으로 유아에게 보다 흥미 있고 이해하기 쉬운 자료를 제시하는 것이 이러한 공상을 줄이거나 없애는 데 도움이 된다. 또 유아의 감각에 흥미를 주는 자료나 유아의 활동을 요구하는 자료를 제시하는 것이 공상을 없애는 방법이 될 수 있다.

(5) 신체적 불편

유아의 신체적 상태는 정서적 상태에 영향을 끼친다. 즉, 신체적으로 불편함을 느끼게 되면 학습은 고통스러운 과정이 된다. 따라서 교수-학습환경에서 유아가 신체적 불편함을 느끼지 않도록 활동실의 온도, 소음, 채광 등을 알맞게 조절해 주고, 편안함을 느낄 수 있도록 배려해 주어야 한다.

3. 학습의 원리

유아의 행동이 학습하기 이전과 비교하여 바람직한 방향으로 수정되고 얼마 동안 지속적으로 나타날 때 학습이 이루어졌다고 할 수 있다. 가령, 유아가 생각과 행동에 변화를 보이거나, 새로운 지식과 기술을 습득하였다면 학습이 이루어진 것이다. 또한 학습의 과정은 유아 개개인에게서 일어나는 개별적 경험이며 이러한 학습과정과 학습현상에 영향을 미치는 요인에 대한 기술(記述)을 학습이론이라고 한다.

효과적인 교수매체의 선정 및 제작과 활용을 위해서는 유아의 학습이론을 이해하여야 한다. 이를 위해 먼저 중요한 학습이론 몇 가지를 제시하고 여러 이론들이 동의하고 강조하는 몇 가지 일반적 원리를 제시하고자 한다.

1) 학습이론

(1) 조작적 조건화 이론

조작적 조건화 이론(operant conditioning)은 학습은 행동적 변화라는 견해를 기본 전제로 한다. 스키너에 의하면 행동의 결과－강화, 벌－에 따라 후에 그 행동이 되풀이 될 것인가가 결정된다. 즉, 어떤 행동이 강화를 받게 되면 그 행동을 반복할 가능성이 증가되고, 어떤 행동이 벌을 받게 되면 그 행동이 다시 일어날 가능성이 감소되는 것이다. 때문에 조작적 조건형성에서는 강화와 처벌의 역할이 중요하다. 유아가 교수－학습 상황에서 보여 준 반응에 대해 강화라는 보상을 받게 되면 유아는 성취감과 만족을 느끼게 되며 이러한 보상은 계속적으로 바람직한 학습의 결과를 이끄는 중요한 요인이 된다.

(2) 정보처리이론

정보처리이론(information－processing theory)에서는 인간의 뇌는 정보처리를 위한 복잡하고 능동적인 조직이라는 것을 기본전제로 한다. 정보처리이론은 인간의 인지를 세 가지 체계로 개념화한다. 첫째는 외부세계로부터의 정보는 인간의 감각기관을 통해 인지체계에 투입된다. 둘째는 인간의 뇌는 감각기관에 투입된 정보를 다양한 방법으로 저장하고, 전환하며 여기에 정보를 부호화하고, 저장하고, 인출하는 과정이 포함된다. 세 번째 체계는 입력된 정보가 인간의 행동으로 나타나는 산출부분이다.

[그림 2-9]에 의해 정보처리 모델의 정보처리과정을 자세히 살펴보면 다음과 같다.

유아가 어떤 문제를 해결하려고 할 때, 먼저 감각기관을 통해 외부환경으로부터 정보를 받아들인다. 이 같은 방법으로 획득된 정보는 사진기로 스냅사진을 찍듯이 정보를 있는 그대로 정확하게 기록한다(감각기억). 그러나 이러한 정보는 특별한 주의를 기울이지 않으면 순식간에 사라져 버리며 특별한 주의를 기울이는 정보는 단기기억으로 넘어간다. 단기기억은 유아의 경우 3~4개 정도의 정보를 보유하는 능력을 지니고 있으며, 만일 입력되는 정보가 이 보유능력을 초과하면 몇 개의 기존

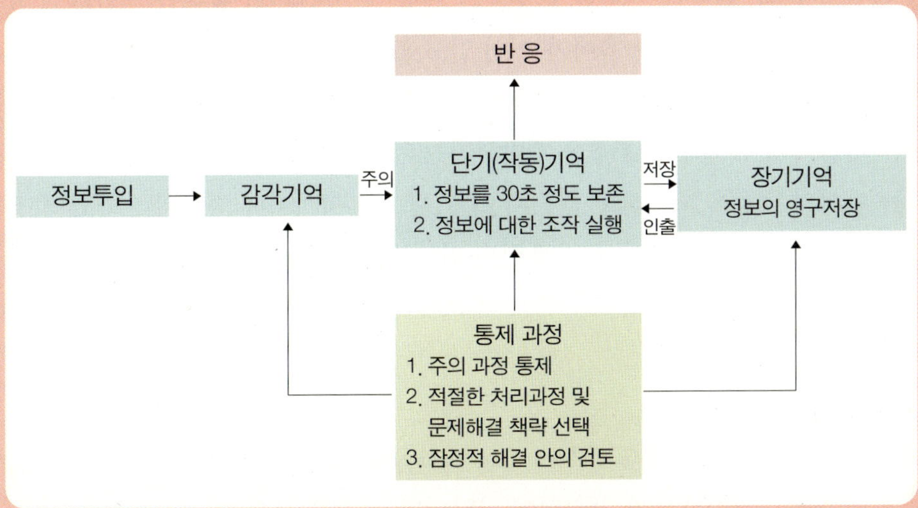

[그림 2-9] 정보처리 모델

출처: Atkinson, R. C., & Shiffrin, R. M. (1968). Human memory: A proposed system and its control processes. In K. W. Spence & J. T. Spence (Eds.), *The psychology of learning and motivation: Advances in research and theory* (Vol. 2). Orlando, FL: Academic Press.

기억이 없어지게 된다고 한다. 이러한 사실은 한 번에 매체 자료에 포함될 정보의 양을 고려해야 한다는 점을 시사해 주고 있다. 단기기억 내의 정보는 약 30초가 지나면 잊혀지든지 아니면 장기기억으로 넘어가게 된다.

정보가 장기기억으로 넘어가게 되면 학습이 이루어졌다고 할 수 있다. 장기기억으로 넘어간 정보를 영구히 저장하기 위해서는 정보를 반복해서 외우거나, 좀 더 낯익은 범주로 조직화하는 여러 가지 기억전략을 요한다. 유아가 성장함에 따라 정보를 통제하고 분석하는 통제과정(control process)의 발달적 변화가 일어난다. 통제과정은 어떤 정보에 주의를 기울이고, 저장과 인출과정에서 어떤 책략을 사용할 것인지 등을 결정하는 과정이다. 유아가 성숙함에 따라 통제과정이 점점 효율적이 되어 문제해결을 효율적으로 하게 된다(Kuhn, 1988; Sternberg, 1988).

교수-학습의 목적은 유아가 새로운 자극을 지각하고, 입력된 자극이 기억되도록 안내하는 것이다. 이러한 과제를 달성하기 위하여 정보처리이론에서는 발전된 학습 정보의 조직, 교수에 기초한 보조물의 개발, 단서(cue)의 활용을 제안하고 있다(Kemp & Smellie, 1989). 즉, 유아가 이미 알고 있는 지식과 관련지어 학습 정보를 심화 또는 확대시키며, 어려운 단어의 이해를 돕는 그림카드나 새로운 개념의 이해를 돕는 게임 자료와 같은 보조물을 개발하라는 것이다. 또한 지식이나 정보의 원천이 되는 단서의 활용을 제안하고 있는데 가령 새로운 지식이나 정보의 중심단어나 똑같은 음절로 시작되는 단어 혹은 관련된 영상을 통한 연상(associations) 등의 단서를 활용할 수 있다.

(3) 사회학습이론

반두라의 사회학습이론(social learning theory)에서는 유아의 행동 변화는 다른 사람의 행동을 관찰함으로써 학습되어 나타난다고 주장한다(Bandura, 1977). 이를 모방 또는 모델링이라고도 하는데, 다른 사람의 행동을 관찰함으로써 그들의 행동, 사고, 감정을 습득하며, 인지적으로 재현하고 때로는 스스로 그러한 행동을 한다는 것이다. 모델로서 대중매체, 특히 영화나 텔레비전을 통해 제시되는 행동과 태도가 개인의 행동과 학습에 모델을 제공하며 그 영향력은 아주 크다. 텔레비전 폭력만화를 많이 본 아동이 공격적 행동을 많이 보이는 것도 부분적으로 사회학습이론에서의 관찰학습으로 설명된다.

사회학습이론에서는 개인, 행동, 환경 간의 관계를 양방향적으로 본다. [그림 2-10]에서 보는 것과 같이 이러한 상호결정론(reciprocal determinism) 모형에서 개인은 행동과 환경에 영향을 미치고, 환경은 개인과 행동에 영향을 미치며, 유아의 행동 또한 자신과 환경에 영향을 미친다는 것이다. 이러한 양방향적 관계는 계속적 상호작용에 의해 이루어진다.

사회학습이론에서는 자기효능감 또한 중요한 요소다. 자기효능감은 유아가 여러 행동 모델들 중에서 어떤 행동을 모방할지를 결정하는 데 도움이 된다. 즉, 자신의 능력범위 내에 있는 활동은 시도하려할 것이고 자신의 능력을 벗어나는 과제나 활동은 회피하려 할 것이다(Bandura, 1981). 어떤 사람의 행동을 모방할 것인지 아닌지의 여부는 그 사람이 누구인지와 그 사람의 행동이 강화를 받았는지 처벌을 받았

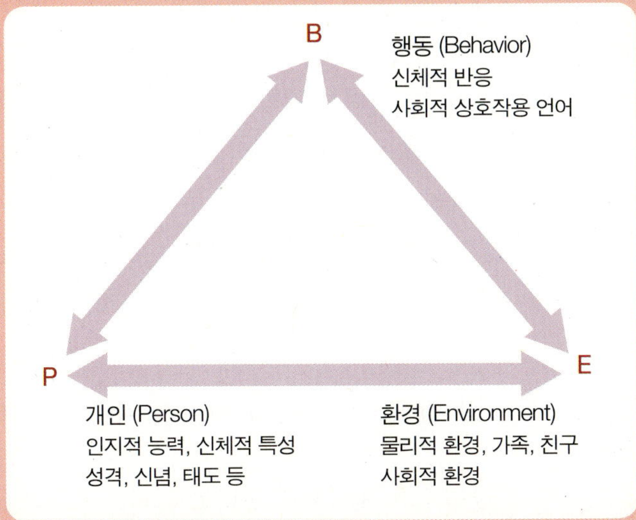

[그림 2-10] 반두라의 상호결정론 모형

는지, 그리고 자신의 능력에 대한 신념이 어떤지에 달려 있다.

(4) 귀인학습이론

귀인학습이론(attribution learning theory)은 인간 행동의 기본 특성 중의 하나인 인지적 과정을 기초로 한 것으로 유아가 주변에서 일어나는 사건들을 이해하는 방법에 관심을 갖는다. 인간은 개인적 성취와 자기실현을 위해서 자신이 이해하고 있는 것들을 활용하며 성취결과, 인과적 믿음 그리고 이에 뒤따르는 개인의 정서와 활동 간에는 밀접한 관계가 있다고 본다.

귀인(attribution)이란 어떤 특정한 과제에서의 성공 혹은 실패의 원인에 대해 개인이 갖는 추론을 의미하며, 성공 혹은 실패의 원인을 능력, 노력, 난이도, 운 중의 하나로 돌리게 되는데, 어디에 귀인하느냐에 따라 후속행동과 정서적 경험이 영향을 받는다. 또한 행동의 결과로 발생하는 성공과 실패에 의한 피드백은 개인의 동기유발에 영향을 주며, 학습활동의 계속 여부를 결정하는 것에 영향을 준다. 학습에서 실패 경험의 반복은 아무리 노력해도 성공할 수 없을 것이라고 느끼는 학습 무력감

(Learned helplessness)을 갖게 한다. 학습 무력감의 행동 특성은 실패에 직면하면 쉽게 포기하고, 실패의 원인으로 개인적인 책임을 회피하며 책임이 인정되었을 때 노력 부족보다 능력 부족으로 귀인시키려는 경향이 있다는 것이다. 능력 부족으로 귀인하게 되면 학습에서 비효과적인 문제해결 전략을 선택하게 되며 따라서 또 다른 실패경험을 반복하게 한다. 따라서 유아들이 학습 문제해결 상황에서 성공의 기회를 자주 접할 수 있게 함으로써 학습에 대한 동기를 갖도록 도울 필요가 있다. 유아에게 적합한 교수매체는 학습에서의 성공 경험을 제공하는 데 효과적이다.

2) 교수매체의 선정 및 제작과 활용에 적용할 수 있는 학습 원리

다음은 학습이론들이 공통적으로 제시하는 원리들로 교수매체의 선정 및 제작과 활용 시 고려되어야 한다.

① 사전 경험과 관련이 있어야 한다.

어떤 학습에 앞서 사전에 필요한 경험이 선행될 때 학습이 보다 효과적으로 이루어질 수 있다. 따라서 유아의 사전 경험이 고려되고 연관성을 갖는 교수매체가 효과적이다.

② 개인차를 고려한 개별 학습의 기회를 제공한다.

지적 능력, 경험적 배경, 인성, 인지적 학습 유형은 학습 준비도와 능력에 영향을 미치기 때문에 학습의 속도는 유아마다 개인차가 있다. 그러므로 정보의 제시에 있어 유아의 개별적 이해속도를 고려해야 한다. 따라서 유아가 자기의 학습 속도에 따라 개별적으로 자료를 다룰 수 있고 교사와 상호작용할 수 있는 개별학습의 기회를 제공하는 교수매체가 효과적이다.

③ 의미 있는 학습 경험을 제공한다.

유아의 학습에 대한 요구와 흥미는 성취할 과제에 대해 주의를 집중할 수 있게 한다. 더욱이 유아가 참여하려는 경험이 유아와 관련되며 의미가 있을 때 동기유발이 더욱 잘 된다. 따라서 유아의 일상생활과 관련된 의미 있는 경험을 제공하는 교수매체가 학습에 효과적이다.

④ 학습목표를 제시한다.

유아에게 교수매체를 통해 학습하기를 기대하는 것이 무엇인지, 목표가 명확히 제시될 때 성공의 기회가 더 커진다. 학습목표는 또한 매체에서 어떤 내용에 주목해야 할 것인지를 알려 준다. 따라서 학습목표를 명확히 포함하고 있는 교수매체가 효과적이다.

⑤ 논리적이고 의미 있는 방식으로 계열화된 내용을 조직한다.

학습할 내용과 절차 또는 신체적 기능이 의미 있는 방식으로 계열화하여 조직되면 학습이 용이하다. 유아는 학습 내용이 논리적으로 조직되고 세밀히 계열화되면 자료를 좀 더 잘 이해하고 오래 기억한다. 또한 정보의 제시 속도도 내용의 복잡성과 난이도에 의해 결정될 수 있다. 따라서 내용 조직이 잘된 교수매체는 유아가 학습할 지식을 보다 더 종합적으로 이해하도록 돕는다.

⑥ 바람직한 정서적 반응을 유도한다.

학습에 포함된 정서와 개별적 느낌은 학습 및 지속시간에 영향을 준다. 교수매체는 흥분, 두려움, 감정이입, 사랑과 같은 정서적 반응을 생성하는 영향력 있는 요인이다. 따라서 학습에 바람직한 정서적 반응을 유도하는 교수매체가 효과적이다.

⑦ 능동적인 참여 기회를 제공한다.

학습의 성취는 단순히 보고 듣는 것에 그치지 않고 유아가 능동적인 참여를 통해 정보를 내면화해야 한다. 능동적 참여란 정신적 · 신체적 활동에 적극적으로 참여하는 것을 의미하며, 이러한 능동적 참여가 이루어질 때 제시한 정보를 이해하고 보유할 가능성이 높아진다. 유아의 능동적 참여를 유도하는 교수매체가 효과적이다.

⑧ 학습에 대한 도전과 성공적 경험을 가능하게 한다.

학습에 대한 성공적 경험은 강화가 되어 학습을 계속하려는 동기를 갖게 된다. 성공으로 동기가 형성된 학습은 그 자체가 보상이 되며, 또한 자신감이 생기게 되고 후속적 행동에도 바람직한 영향을 미치게 되는 것이다.

또한 새로운 개념이나 정보, 매체 유형 등에 대한 어느 정도의 도전 기회는 학습에 대한 흥미를 높여 준다. 따라서 유아의 발달수준에 맞는, 도전과 성공적 경험을 가능하게 하는 교수매체가 효과적이다.

⑨ 다양한 상황에서의 연습과 반복의 기회를 제공한다.

지식과 기술이 개인의 지적 능력의 일부로 확고해지기 위해서는 한 번의 경험만으로 불가능하며 다양한 상황에서의 연습과 반복이 필요하다. 그러므로 교수매체를 선정 및 제작할 때에는 중요한 순서나 개념이 다양한 학습 상황에서 반복 제시될 수 있도록 조직하는 것이 효과적이다.

이상의 학습원리들은 하나하나를 직 · 간접적으로 교수매체의 선정 및 제작과 활용에 적용할 수 있다. 또한 모든 원리들을 함께 고려했을 때 교수매체의 질과 학습효과를 높일 수 있는 가능성이 크다고 할 것이다.

Chapter 03

PART ONE

영유아의 발달에 적합한 교수매체

발달에 적합한 교수매체는 영유아에게 학습동기를 부여하고 성장을 촉진한다. 따라서 영유아의 발달과 흥미, 요구에 따른 교수매체를 선택하여 제시하는 일은 매우 중요하다. 영유아의 발달에 적합한 좋은 교수매체를 선정하기 위해서는 먼저 영유아의 발달적 특성에 대한 이론적인 이해와 통찰력을 기르는 것이 선행되어야 한다.

이 장에서는 영아기, 걸음마기, 학령전기의 3단계(Koralak, Colker, & Dodge, 2005)로 나누어 영유아의 발달적 특징을 살펴보고 그에 적합한 교수매체에 관해 살펴보고자 한다.

1. 영아기(출생~18개월)의 발달에 적합한 교수매체

영아기는 다른 어떤 시기보다도 빠른 발달적 변화가 나타나는 시기로써 월령에 따라 매우 빠른 속도로 발달한다. 따라서 다른 시기에 비해 좀 더 세부적으로 자세하게 발달적 특징을 살펴볼 필요가 있다. 이에 제1절에서는 먼저 6개월 단위로 영아의 발달적 특징을 정리하고 그에 적합한 교수매체의 특성과 예를 살펴보고, 이어서 영아 프로그램의 운영 시 필요한 교수매체의 목록을 제시하고자 한다.

1) 출생 ~ 6개월 영아의 발달적 특징과 적합한 교수매체

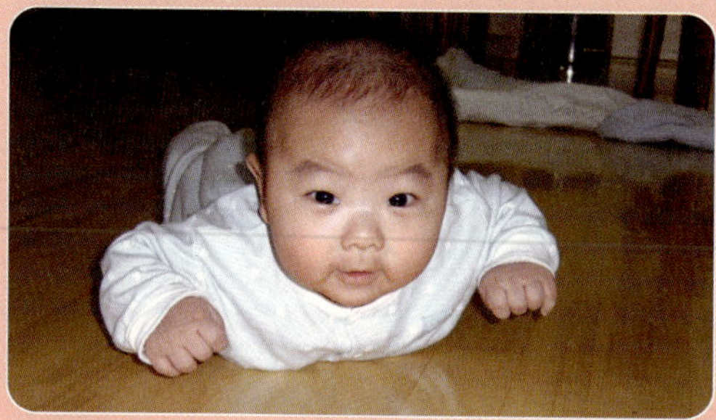

[그림 3-1] 엎드린 자세에서 머리와 가슴 들기

출생에서 6개월은 영아의 주의 집중 시간과 운동기능이 매우 한정된 시기로, 영아는 시각, 소리, 감촉에 흥미를 보이며 점차적으로 물체를 잡고 발로 차는 능력이 발달한다. 이 시기의 발달적 특징을 요약, 정리하면 〈표 3-1〉과 같다(곽금주, 성현란, 장유경, 심희옥, 이지연, 김수정, 배기조, 2005; 김은심, 2004; 박찬옥, 김은희, 1995; 이영, 이미화, 1993; 이영자, 이종숙, 신은수, 곽향림, 이정욱, 2002; 이차숙, 2005; 장영희, 2000; Berk, 1999; Brenner & Muller, 1982; Glazer & Burke, 1994; Gordon & Wiliams-Browne, 2000; Schickedanz, 1986).

출생에서 6개월까지는 손과 입으로 사물을 탐색하는 시기로, 영아의 오감각을 자극할 수 있는 교수매체가 적합하다. 이 시기의 영아를 위한 교수매체의 특성과 예를 살펴보면 다음과 같다(Bronson, 1998).

① 0~6개월 영아를 위한 교수매체의 특성

- 보고, 듣고, 만지기에 적합하다.
- 영아가 자기에 대해 인식하도록 돕는다.
- 영아의 행동에 대해 반응을 보여 준다.
- 안전하다.

② 0~6개월 영아를 위한 교수매체의 예

- 영아용 침대나 놀이 영역에 부착할 수 있는 깨지지 않는 거울

〈표 3-1〉 출생~6개월 영아의 발달적 특징

영 역	발달적 특징	시 기
운 동	• 머리를 안정적으로 들 수 있다.	2개월
	• 앉거나 누워 있을 때 머리를 모든 방향으로 돌릴 수 있다. • 뒤를 받쳐준 상태에서 머리를 세우고 10~15분 정도 앉아 있을 수 있다. • 손바닥으로 물건을 움켜잡을 수 있다.	3~4개월
	• 앞에서 뒤로 뒤집기를 한다.	3~6개월
	• 목표 지향적 뻗기가 나타난다.	4개월
	• 엎드린 자세에서 머리와 가슴을 든다. • 발을 입으로 가져와 발가락을 빨기도 한다.	4~5개월
	• 자의적 잡기가 나타난다. • 한손에 든 사물을 다른 손으로 옮겨 잡는다.	5개월
적 응	• 미음 같은 음식을 먹기 시작한다.	4개월
	• 마요네즈나 잼 형태의 음식을 먹을 수 있다.	6개월
인 지	• 사물에서 가려진 대상을 능동적으로 찾지 않는다.	출생~1개월
	• 소리에 놀라거나 놀라는 반응을 나타내거나 소리, 사람, 맛, 물체의 크기 등을 식별한다.	1~2개월
	• 어머니의 목소리를 구별한다.	3~4개월
	• 흥미로운 광경을 지속시키려는 과정: 그 결과에 대한 강화를 유지하기 위해 행위를 반복한다.	4~8개월
언 어	• 소리에 반응한다.	1개월
	• 작은 소리로 쿠잉 소리를 낸다.	1~2개월
	• 2개 이상 모음을 붙여 쿠잉을 한다.	2개월
	• 언어 사회적 반응이 증가하며, 쿠잉에서 옹알이로 진행된다. • 옹알이에 음절과 억양이 나타나고 이야기할 때 미소 짓고 옹알거린다.	2~3개월
	• 말소리와 다른 소리를 구분하여 이름을 부르면 고개를 돌린다.	3~4개월
	• 성인과 영아가 함께 같은 주의를 집중한다.	4개월 이후
	• 소리 나는 방향을 구분한다.	5개월
	• 보다 다양한 자모음을 발성하며 음높이나 음양이 다양해지고 발성빈도가 더 많아진다.	5~6개월
	• 자모음이 결합된 소리를 낸다.	7개월
	• '마마마마' 등 넷 이상의 음절을 연결하여 말한다.	6~7개월
사 회	• 성인과 유아를 구별하며, 다른 영아와 사회적 신호(예: 목소리를 내기)를 교환한다.	6개월

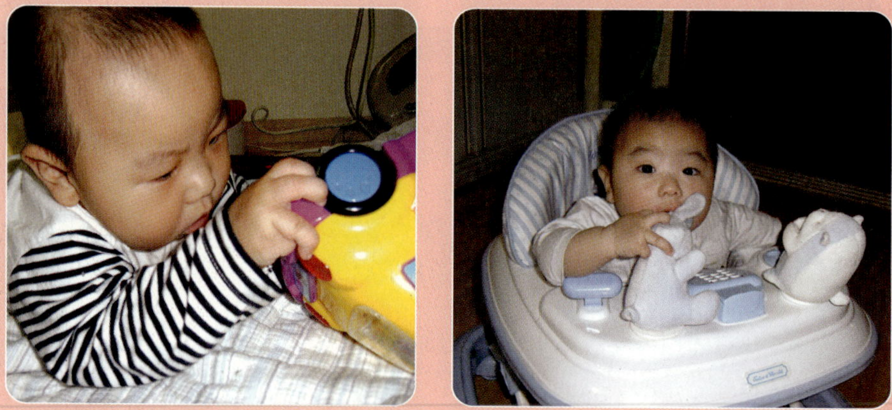

[그림 3-2] 손과 입으로 교수매체를 탐색하는 영아

- 한두 가지의 특별한 놀잇감, 즉 인형이나 봉제 동물로 개별 영아가 집에서 가져온 놀잇감으로 영아에게 안정을 주는 것(다른 영아의 사용을 금지하여 위생적으로 안전한 것)
- 영아들이 손으로 치거나, 발로 차거나, 입으로 물거나, 쥐거나, 조작할 수 있는 놀잇감들
- 소리를 낼 수 있는 딸랑이와 종(손잡이가 있거나, 손목 · 발목에 찰 수 있는 것)

2) 7~12개월 영아의 발달적 특징과 교수매체

7개월경이면 영아는 스스로 앉는 능력이 발달하며 사물을 쥘 수 있으며, 한 손으로도 물건을 잡을 수 있다. 손동작이 점차 세밀해져서 점차 엄지와 집게손가락으로 사물을 잡을 수 있게 되며 11개월경에는 혼자 일어설 수 있게 되는 등 운동능력의 발달이 급격히 이루어지는 시기다. 이 시기의 발달 특징을 요약, 정리하면 〈표 3-2〉와 같다(곽금주, 성현란, 장유경, 심희옥, 이지연, 김수정, 배기조, 2005; 김은심, 2004; 박찬옥, 김은희, 1995; 이영, 이미화, 1993; 이영자, 이종숙, 신은수, 곽향림, 이정욱, 2002; 이차숙, 2005; 장영희, 2000; Berk, 1999; Brenner & Muller, 1982; Burke, 1994; Gordon &

〈표 3-2〉 7~12개월 영아의 발달적 특징

영역	발달적 특징	시기
운동	• 엎드린 상태에서 누운 상태로 뒤집기 행위를 한다. • 손과 무릎으로 바닥을 짚고 앉아 앞, 뒤로 몸을 흔들거린다. 두 개의 물건 양손으로 잡아 두드려 본다. • 앉아 있으면서 손을 자유롭게 사용할 수 있다. • 엄지손가락을 사용한다.	6~7개월
	• 기기 시작한다.	7개월
	• 혼자 앉을 수 있다. • 잡고 일어선다.	8개월
	• 성인이 양손을 잡아 주면 걷는다. • 손을 놓아도 잠시 서 있는다. • 엄지, 검지, 장지 손가락을 이용하여 사물을 잡는다. • 가구 등을 잡고 옆으로 걷는다.	9개월
	• 손을 잡아 주면 몇 발자국 걸을 수 있다. • 능숙하게 잘 기어간다. • 손바닥을 대지 않고 손가락으로 물체를 잡을 수 있다. • 그림책 페이지를 넘기거나 문이 앞뒤로 움직이는 것에 흥미를 보인다. • 찢기를 한다.	10개월
	• 그림책 페이지를 넘긴다. • 혼자 일어선다.	11개월
적응	• 손가락으로 집어 먹을 수 있는 음식은 입에 넣고 빨거나 깨문다. • 자신의 우유병을 잡고 먹는다.	6~9개월 9~12개월
인지	• 성인으로 하여금 흥미로운 광경을 반복하기 위해 인과적 행위로서 '현상적 과정' 을 사용한다. • 부분적으로 감춰진 대상을 찾아낸다.	4~8개월
	• 익숙한 행동이 뜻하는 바가 무엇인지 이해하기 시작한다. • 단순한 문제(예: 장난감을 잡기 위하여 앞에 있는 헝겊을 치우는 등)를 해결한다. • 이전에 분리되었던 두 행동을 목표 지향적 순서로 연속시킨다. • 사물간 차이점을 인식하기 위해 모양, 질감, 색을 활용한다. • 책 속에 그려진 그림을 지적한다.	6~7개월 6~12개월
	• 물건을 숨겼다 옮겼을 때 처음 숨긴 위치를 찾아본다.	8~12개월
	• 목적을 위하여 어떤 수단을 사용할 수 있다.	11개월

언 어	• 첫 단어를 발성하며 싫다고 고개를 흔드는 등의 의사를 표현한다. • 손가락으로 가리키기, 보여 주기 등의 제스처를 사용함으로써 타인에게 영향력을 행사하고 의사소통의 수단으로 사용한다. • 특별한 단어에 반응하고 뜻을 이해한다.	8개월
	• 간단한 지시어를 이해하기 시작하며, 자신의 이름을 부르면 반응한다.	9개월
	• 주변의 익숙한 사물을 지칭하는 단어를 인지한다.	11개월
사 회	• 다른 영아에 대해 보다 반응적이다.	9개월
	• 또래에 많은 관심을 보인다.	10개월

Wiliams-Browne, 2000; Schickedanz, 1986).

이 시기는 잡고 서기, 혼자 서기 등과 같은 대근육 발달이 이루어지는 시기이므로 영아가 서서 밀고 당기는 교수매체가 대근육 발달에 도움을 준다. 혼자 앉은 자세로 놀 수 있으므로 영아가 손쉽게 잡을 수 있는 가볍고 모서리가 둥근 블록을 이용해 쌓아 올리거나 던지고 옮기는 놀이를 하는 것은 협응력 발달에 효과적이다.

[그림 3-3] 혼자 앉은 영아

주변에 대한 호기심이 증가하여 사물에 대한 탐색 범위가 넓어지므로 탐색하고 조작할 수 있는 놀잇감을 풍부하게 제공해 주어야 하며 주변의 위험요소에 대한 세심한 주의가 필요하다. 놀잇감으로는 손의 움직임을 통해 꺼내고 채우기, 끼우기, 구멍에 집어넣기와 같은 간단한 조작을 할 수 있는 것이 적합하다. 이 시기의 영아를 위한 교수매체의 특성과 예를 살펴보면 다음과 같다(Bronson, 1998).

① 7~12개월 영아를 위한 교수매체의 특성

- 대근육 발달을 돕는다.
- 놀이를 통해 협응력을 발달시킨다.
- 탐색하고 조작할 수 있다.
- 안전하다.

② 7~12개월 영아를 위한 교수매체의 예

- 영아들이 자기 자신이 움직이는 것을 볼 수 있는 정도로 크고 깨지지 않는 거울
- 몇 개의 부드럽고 세탁할 수 있는 인형과 속이 꽉 찬 봉제 동물 놀잇감
- 몇 개의 부드럽고 가벼운 블록
- 다양한 조작을 할 수 있는 손에 쥐는 놀잇감
- 기술 습득을 도와주는 놀잇감, 즉 겹겹이 넣을 수 있거나 쌓을 수 있는 놀잇감, 활동상자
- 채워 놓았다가 비워버릴 수 있는 용기
- 영아가 다룰 수 있는 천이나 플라스틱 혹은 마분지로 만든 작은 책, 성인이 읽어 주는 책
- 조작하면 소리가 나는 종이나 딸랑이류
- 녹음된 음악, 노래, 재미있는 소리
- 재미있는 효과를 내는 공 종류
- 기어다니는 영아를 위한 기어오를 수 있는 계단

3) 12~18개월 영아의 발달적 특징과 발달에 적합한 교수매체

12~18개월 사이의 영아들은 불안정하지만 걸을 수 있고 도움을 받아 계단을 오르내릴 수 있다. 이 시기의 영아는 자신이 생각한 것을 표현하기 시작하며 18개월쯤 되면 언어발달이 뿌리내리고 상징적인 사고를 보이기 시작하여 최초의 상상놀이가 나타난다. 이 시기의 발달 특징을 요약, 정리하면 〈표 3-3〉과 같다(곽금주, 성

〈**표 3-3**〉 12~18개월 영아의 발달적 특징

영 역	발달적 특징	시 기
운 동	• TV나 라디오의 스위치를 돌린다. • 서 있는 자세에서 혼자 앉는다. • 붙잡고 걷거나 혼자 걷기 시작한다.	12개월
	• 2개의 적목을 쌓을 수 있다.	13개월
	• 힘차게 긁적거릴 수 있다.	14개월
	• 난간을 잡고 계단을 오르내릴 수 있다. • 무엇인가 잡기 위해 허리를 구부린다. • 달릴 수 있다. • 공을 바구니 안으로 던질 수 있다. • 그림책을 보며 2~3페이지를 한꺼번에 넘긴다.	12~18개월
	• 도움 받아 혼자 계단을 올라갈 수 있다. • 손목을 돌려 뚜껑을 돌려 여는 동작을 한다.	16개월
적 응	• 스푼을 사용하기 시작하나 입에 잘 넣지는 못한다. • 스푼으로 음식을 입에까지 가져가 흘리면서 먹는다.	12~18개월
인 지	• 보는 동안 숨겨진 물건을 찾기 위해 다양한 장소를 찾아본다. • 원하는 목표를 획득하기 위해 새로운 수단 행동을 찾는다. • ~인 체 하는 놀이를 하기 시작한다.	12~18개월
언 어	• 타인도 알아들을 수 있는 첫 단어를 사용한다.	12개월
	• 원하는 행위를 성인이 반복하거나 시작하게 하기 위하여 그에게 사물을 건네준다. • 결과만이 제시될 때 원인을 추론하고 원인이 제시될 때 결과를 예측하는 능력을 보인다.	12~18개월
사 회	• 손을 흔들거나 머리를 숙여 인사할 수 있으며 무언가 새로운 것이 생기면 다른 사람에게 보여 준다. • 음식이나 마실 것을 요구하거나 어려움이 있을 때 도움을 청한다. • 또래와 함께 있기를 좋아하며, 또래 친구를 치거나 당기는 등 물체를 탐색하듯 행동한다. • 또래와 일정한 패턴이 있고 서로 번갈아 하는 게임에 참여하기 시작한다.	12~18개월

현란, 장유경, 심희옥, 이지연, 김수정, 배기조, 2005; 김은심, 2004; 박찬옥, 김은희, 1995; 이영, 이미화, 1993; 이영자, 이종숙, 신은수, 곽향림, 이정욱, 2002; 이차숙, 2005; 장영희, 2000; Berk, 1999; Brenner & Muller, 1982; Glazer & Burke, 1994; Gordon & Wiliams-Browne, 2000; Schickedanz, 1986).

[그림 3-4] 혼자 걸어가고 있는 영아

이 시기의 영아를 위한 교수매체의 특성과 예를 살펴보면 다음과 같다(Bronson, 1998).

이 시기 영아를 위한 교수매체 선정에서 우선적으로 고려해야 하는 것은 아래의 내용을 지원해 줄 수 있는 놀잇감의 적절한 범위를 정해 주는 것이다(Bronson, 1998).

① 12~18개월 영아를 위한 교수매체의 특성

- 빠르게 신장되는 대・소근육 운동능력을 지원한다.
- 사물에 대한 적극적인 탐색 및 숙련도, 자기 능력에 대한 흥미를 증가시킨다.
- 주변에서 일어나는 일의 순서와 예상할 수 있는 일(반복적인 일상생활)에 대한 흥미를 지원한다.
- 독립심을 증가시킨다.
- 타인에 대한 인식, 모방, 반응을 증가시킨다.
- 가상놀이와 역할놀이에 참여하기 시작하도록 돕는다.

② 12~18개월 영아를 위한 교수매체의 예

- 단단하고 깨지지 않는 전신거울
- 몇 개의 단순하고, 씻을 수 있는 인형
- 몇 개의 작은 나무나 단단한 플라스틱으로 된 사람이나 동물 모형
- 단순한 의상 재료(청결유지)와 인형의 침대 및 영아가 들어갈 수 있는 탈것
- 몇 개의 가벼운 교통 놀잇감(차, 트럭)
- 간단한 물놀이/모래놀이 놀잇감(18개월부터)

- 작고 가벼운 블록 세트와 누르면서 맞추는 블록
- 꼭지가 있는 3~5개 조각의 퍼즐
- 여러 개의 색깔 있는 구슬이나 줄에 꿰는 구슬(18개월 이후부터)
- 모양에 의한 분류, 쌓기, 겹겹이 넣기, 누르면 튀어나오는 놀잇감 혹은 놀이 상자
- 단순한 맞추기 등 특별한 기술을 발달시키는 놀잇감
- 크고도 끝이 무딘 못과 나무나 플라스틱 판
- 영아가 읽는 견고한 책과 성인이 읽어 주는 책
- 질긴 종이와 크고, 무독성 크레용(밝은 원색)
- 단순한 악기 세트(15개월부터)
- 녹음된 음악, 레코드, CD, 테이프
- 다양한 밀고 당기는 장난감
- 바퀴가 4개인 타고 노는 놀잇감으로 조정기계나 페달이 없는 것
- 낮고 부드러우며 오르내릴 수 있는 계단과 기어들어갈 수 있는 터널

한편, 출생에서 18개월 영아를 위한 효과적인 프로그램의 운영을 위해 필요한 교수매체의 목록을 제시해 보면 〈표 3-4〉와 같다(Koralak, Colker, & Dodge, 2005).

〈표 3-4〉 0~18개월 영아 프로그램의 교수매체의 목록

구 분	품 목
언어발달	• 천이나 판지로 된 책: 집에서 만들거나 산 것 • 그림카드 상자: 판지에 그림을 붙이고 겉을 투명 시트지로 싸서 만든 그림카드 • 천으로 된 인형 • 영아들의 가족, 친근한 물건, 동물들에 관한 그림들
감각 자극	• 모빌: 만들거나 산 것, 거울(깨지지 않는 것), 벽걸이(직조되고 만질 수 있는 것) • 성인용 흔들의자, 까꿍 놀이 장난감, 놀람 상자(손잡이를 돌리면 상자에서 갑자기 무엇이 튀어 올라옴), 손에 쥘 수 있는 공, 딸랑이(만들거나 산 것) • 누르면 소리 나는 장난감, 빨거나 씹거나 무는 장난감, 방울이 달린 팔지 • 아기 양말로 만든 손 인형, 팥 주머니, 껴안는 장난감, 동물 인형

감각 자극	• 밀고 당기고 누르는 장난감, 음악상자(감거나 당기면 소리가 나는 상자) • 전축이나 카세트, 천으로 만든 공, 다양한 자료로 만들어진 천 장갑(성인용) • 물놀이 탁자나 플라스틱 욕조, 물놀이를 위한 대야 • 물놀이를 위한 플라스틱 용기들, 컵, 단지, 병, 주전자 등
대근육발달	• 작은 차와 트럭, 다양한 크기의 부드러운 공, 페달 없이 팔이나 발로 움직여서 타는 장난감, 커다란 카드보드 상자들
미 술	• 커다란 무독성 크레용과 종이, 점토와 연장으로 쓸 무딘 나무 못 • 작은 조각의 끈들과 다양한 질감과 색깔의 헝겊 조각들이 담긴 상자 • 핑거 페인트와 종이 접시 또는 얕은 접시들 • 작업복(기부 받은 낡은 셔츠나 비닐로 된 작업복) • 바닥 깔개용 낡은 식탁보나 플라스틱 깔개
극화놀이	• 주전자와 프라이팬들, 나무나 플라스틱으로 만든 큰 숟가락 • 장난감 전화기, 모자, 지갑이나 손가방, 깨지지 않는 찻잔 세트 • 인형들(부드럽고 깨지지 않으며 물로 닦을 수 있는 다양한 인종의 인형들)
실외놀이	• 얕은 몰 놀이용 풀, 물놀이나 모래놀이를 위한 탁자나 플라스틱 욕조 또는 대야 • 플라스틱 용기들, 컵, 단지, 주전자(물놀이나 모래놀이를 위한), 유모차 • 수레와 타는 장난감, 초기 영아가 기거나 누워 있을 수 있는 담요 • 공, 큰 상자들, 작은 기어오르기대

2. 걸음마기(18개월~3세)의 발달에 적합한 교수매체

걸음마기 역시 발달이 급속히 이루어지는 시기로 이 절에서는 먼저 걸음마기 유아의 발달적 특징을 정리하고 그에 적합한 교수매체의 특성과 예를 살펴보고, 이어서 영아 프로그램의 운영 시 필요한 교수매체의 목록을 제시하고자 한다.

[그림 3-5] 세발자전거 타기

걸음마기는 협응과 균형 감각이 증진되어 운동기술이 안정된 시기로, 걸음마기 유아는 뛰어오르기, 계단 올라가기 등 새로 나타난 이동기술을 사용해 활발하게 공간을 탐색한다. 하지만 걸음마기 유아는 아직 운동기술이 제한되고 판단력이 부족하므로 항상 안전사고의 위험에 노출되어 있다. 또한 소근육 운동기술의 증진으로 숟가락을 사용하여 혼자 밥을 먹을 수도 있다.

피아제의 인지발달이론에 의하면 걸음마기는 전조작기로 들어서는 시기로 이 시기 유아는 구체적인 사물과의 상호작용을 통한 탐색활동을 즐긴다. 걸음마기 유아는 대체로 2~3개의 단어를 결합한 구와 문장으로 의사를 전달하며, 약 50여 개의 단어를 말할 수 있는데, 조사나 동사의 어미 전치사 등을 생략하고 중요한 단어만 나열하는 전보식 문장을 쓰기도 한다. 걸음마기 유아는 또래 친구보다 놀잇감에 더 관심이 많고 놀잇감에 대한 소유욕이 강해서 좀처럼 나누어 갖지 못하고 다른 유아와 놀 때도 병행놀이를 주로 한다. 신체적인 싸움도 잦은 편이나 지속시간이 짧다. 이 시기의 발달적 특징을 요약, 정리하면 〈표 3-5〉와 같다(곽금주 외, 2005; 김은심, 2004; 박찬옥, 김은희, 1995; 이영, 이미화, 1993; 이영자 외, 2002; 이차숙, 2005; 장영희,

〈표 3-5〉 18~36개월 걸음마기 영아의 발달적 특징

영 역	발달적 특징	시 기
운 동	• 물체를 쌓을 수 있다. • 책의 페이지를 넘긴다. • 오른손과 왼손 중 어떤 하나를 자주 사용한다.	18~24개월
	• 제자리에서 두 발로 뛸 수 있다.	23개월
	• 뛰어내리기 동작이 나타난다.	25개월
	• 한 발씩 교대로 사용하여 계단을 오를 수 있다.	26개월
	• 뒤로 10발자국 정도 걷는다. • 한 발로 선다. • 정글짐의 꼭대기까지 올라가나 다시 내려오지는 못한다. • 공 던지는 것이 서툴다. • 가까운 거리에서 던진 큰 공을 받는다. • 큰 공을 발로 찬다. • 작은 구멍으로 물체를 넣는다. • 병뚜껑이나 문고리를 손으로 돌릴 수 있다. • 간단한 퍼즐을 한다. • 숟가락을 효율적으로 사용한다.	24~30개월

운동	• 길에 장애물을 피하면서 걸을 수 있다. • 발끝으로 걷는다. • 속도를 바꾸어가며 달린다. • 20cm 높이의 줄을 넘는다. • 앞으로 뛰기와 제자리 뛰기를 한다. • 세발자전거를 탈 수 있다. • 어른과 간단한 원게임을 한다. • 8개 정도의 정육면체를 쌓을 수 있다. • 매우 간단한 도형을 그린다. • 3개의 블록으로 다리모양을 만든다. • 9~10개의 블록을 위로, 옆으로 놓는다.	30~36개월
	• 수직선을 나타낸다.	31개월
적응	• 컵이나 스푼의 사용이 능숙해진다. • 팬티와 기저귀가 젖음을 인식하고 변기에 앉히면 대변을 본다. • 소변 보겠다는 신호를 보내기 시작한다. • 위 겉옷을 혼자 벗을 수 있다.	18~24개월
	• 틀어 준 수돗물에 스스로 비누를 사용해 손을 씻는다. • 식사 후 성인의 도움 없이 혼자서 이를 닦고 양치할 수 있다. • 옷 입을 때 약간의 도움이 필요하다.	24~30개월
	• 스스로 음식을 먹을 수 있으며 흘리는 양도 적다. • 혼자서 얼굴, 손 등을 씻으려 하나 잘하지는 못한다. • 스냅 단추, 큰 단추, 지퍼 등의 사용법을 안다. • 신발을 벗고 신을 수 있다.	30~36개월
인지	• 보지 않는 동안 숨겨진 물건을 찾기 위해 다양한 장소를 찾아 본다.	18~24개월
	• 자신의 물건이 있었던 장소를 기억한다.	24~36개월
	• 지연 모방하여 인상적인 것을 기억한다. • 내부의 정신적 상태와 외부의 물리적 사건 사이의 차이점을 구별하기 시작한다. • 상상놀이를 할 때 실물과 유사성이 높은 소품에 대한 의존과 자기중심성이 감소하고 점차 복잡해진다. • 익숙한 물건의 사용법을 안다. • 물건의 소유자를 안다. • 상상놀이를 할 때 실물과 유사성이 높은 소품에 대한 의존과 자기중심성이 감소하고 점차 복잡해진다. • 익숙한 물건의 사용법을 안다. • 물건의 소유자를 안다.	24~30개월

인 지	• 상징적 놀이에 참여한다. • 하나의 속성에 집중하여 모양이나 그림을 분류한다. • 하나, 많이 크게, 적게 등 양에 대한 이해를 나타내기 시작한다. • 말한 것에 해당하는 그림이나 물건을 지적한다.	24~30개월
	• 간단한 수개념을 이해한다. • 많다/적다, 같다/다르다의 반대개념을 이해한다. • 단순한 모양이나 빨강, 노랑, 파랑의 기본색을 안다.	30~36개월
언 어	• 아주 짧은 이야기를 즐겨 듣는다. • 익숙한 사물이나 대상을 그림책에서 찾아보기를 즐긴다. • 기초적인 상징체제를 사용하기 시작한다.	18~24개월
	• 운율을 띤 노래를 들려줄 때 함께 재잘거린다(21개월).	21개월
	• 2개의 단어를 결함개 사용하는 두 단어 시기가 시작된다.	20~26개월
	• 전보식 문장에서 점차 세단어 이상의 문장을 사용하여 자신의 생각이나 의사를 언어로 표현한다.	
	• 소유격, 행동어, 부정어 '안' 을 사용하며 억양을 넣어 말한다.	
	• 복수를 나타내는 단어를 사용하며, 자신이 원하는 것을 말로 표현한다. • '어떻게' '무엇을' '왜' '언제' 등을 사용한 질문을 시작하며, 자신이 한 것과 만든 것을 설명한다.	30~36개월
사 회	• 집안일을 모방하고 싶어하며 자신의 요구나 감정을 몸짓이나 언어를 사용하여 전달한다. • 주변 상황을 고려하여 자신의 요구를 조절하는 것을 배우기 시작한다. • 또래의 행동에 영향력을 행사하기 위해 '하지 마!' 같은 언어를 사용한다.	18~24개월
	• 성인의 관심과 주의를 끌고 싶어 하고 성인에게 영향을 끼치는 행동이 무엇인지 탐색하기 시작한다. • 내 것과 남 것을 구분하며 물건 등을 나눌 줄 안다. • 익숙한 물건을 가지고 가상놀이를 한다. • 혼자놀이와 병행놀이 형태를 나타낸다.	24~30개월

2000; Berk, 1999; Brenner & Muller, 1982; Cryer, Harms, & Bourland, 1998a; 1998b; Glazer & Burke, 1994; Gordon & Wiliams-Browne, 2000; Schickedanz, 1986, Vandell, Wilson, & Buchnan, 1980).

걸음마기 유아를 위한 교수매체에 있어서 우선적으로 고려해야 하는 것은 빠르게 성장하는 걸음마기 유아의 능력과 흥미에 맞출 수 있는 적합한 품목을 제시하는 것이다. 이 시기의 영아를 위한 교수매체의 특성과 예를 살펴보면 다음과 같다 (Bronson,1998).

① 걸음마기 영아(18~36개월)를 위한 교수매체의 특성

- 운동능력의 향상을 돕는다.
- 지속적이고 활동적인 신체놀이를 유도한다.
- 주변에서 일어나는 일의 규칙성을 순서대로 표현할 능력을 증가시킨다.
- 강한 독립성을 지원한다.
- 가상놀이와 역할놀이에 대한 흥미를 지원한다.
- 예술적 표현에 대한 흥미를 지원한다.
- 문제해결과 기능 숙달을 위한 놀이에 대한 흥미를 지원한다.

② 걸음마기 영아(18~36개월)를 위한 교수매체

- 깨지지 않는 전신거울
- 간단한 옷과 기저귀 등 양육을 위한 소품이 있는 인형
- 옷, 치장용 소품을 포함한 역할 놀잇감; 크고 단단한 인형 침대; 유아용 스토브와 냉장고
- 단순한 그릇과 팬; 청소도구
- 블록과 함께 사용할 수 있는 나무, 플라스틱, 고무나 비닐로 만든 사람과 동물 모형
- 블록과 함께 사용되는 탈것(차, 트럭); 가능하다면 유아가 탈 수 있는 크기의 것도 함께
- 몇 개의 용기와 모래놀이/물놀이 테이블과 간단한 가상놀이 놀잇감
- 한 세트의 유니트 블록과 플라스틱 블록, 커다란 플라스틱 볼트와 너트 같은 쌓기 놀잇감
- 퍼즐 세트
- 끈에 꿰는 큰 구슬; 끈을 끼울 수 있는 큰 구멍이 있는 신발과 카드; 단추 끼우기

- 허리띠 채우기를 연습할 수 있는 자료
- 단순한 맞추기 및 분류하기 자료; 눈금이 있는 겹쳐 넣는 자료, 쌓기 자료, 순서 짓는 자료
- 단순한 열쇠 상자; '느낌 주머니' 같은 감각 자료
- 단순한 카드 게임과 큰 도미노
- 견고한 책
- 크레용, 물감, 붓, 매직펜, 진흙과 밀가루 반죽, 가위, 분필과 칠판, 색종이
- 조정할 수 있는 이젤
- 표준적인 리듬악기 세트
- 녹음된 음악과 레코드, CD 혹은 녹음기
- 가상놀이를 도와주는 미는 놀잇감(진공청소기, 유모차)
- 차고, 던지고, 잡을 수 있는 큰 공
- 발로 미는 안정적인 탈것
- 기어오를 수 있는 낮은 계단과 미끄럼틀

한편, 18개월에서 36개월 사이의 걸음마기 유아를 위한 효과적인 프로그램의 운영을 위해 필요한 교수매체의 목록을 제시해 보면 〈표 3-6〉과 같다(Koralak, Colker, & Dodge, 2005).

〈표 3-6〉 걸음마기(18~36개월) 프로그램의 교수매체의 목록

구분	품목
언어 발달	• 다음과 같은 내용의 직접 만들거나 산 책 – 감정과 태도 – 가족과 친구 – 일상생활의 경험 – 과학과 자연 – 오락과 공상 • 흔들의자, 부드러운 소파, 매트리스 베개 • 카펫이 깔린 마루 • 헝겊으로 만든 인형 • 유아의 가족, 친숙한 물건, 동물의 그림

음악	• 카세트와 전축 • 리듬 악기(모서리가 날카롭지 않은 것)
블록 쌓기 놀이	• 크고 부드러운 블록 • 큰 종이 블록 • 속이 빈 블록 • 소형차와 트럭 • 동물 소품(농장/동물원) • 사람 소품: 다양한 인종의 가족 인형 세트와 여러 직종의 사람 인형들
대근육 발달	• 자동차와 트럭 • 다양한 크기의 부드러운 공 • 페달 없이 팔이나 발로 굴려서 타는 장난감 • 큰 종이 상자 • 수레
조작적 놀이	• 모양 분류하기 상자 • 크게 조각난 간단한 퍼즐 • 레고(큰 사이즈) • 튀어 나오는 장난감 • 큰 구슬 • 크기 순서대로 끼워 넣는 상자 세트 • 고리 걸기 • 점점 크기가 커지는 용기 세트(플라스틱 국그릇이나 컵) • 큰 구멍과 큰 색깔 못의 나무못 말판 • 큰 나무 구슬 꿰기(짧고 두꺼운 실이나 신발 끈) • 플라스틱 큰 구슬 • 뚜껑 달린 종이 상자들 • 팥 주머니 • 밀고 당기는 장난감 • 거울(깨지지 않는)
미술 조형	• 바닥에 깔 낡은 식탁보나 플라스틱 깔개 • 작업복(기부 받은 낡은 셔츠나 플라스틱 작업복) • 이젤 • 물감 • 붓 • 신문 용지 • 무독성의 큰 크레용과 종이 • 매직 펜 • 흰 분필과 색분필

미술 조형	• 점토와 점토 놀이 용구 • 핑거 페인트와 종이 • 핑거 페인트용 얕은 쟁반
극화 놀이	• 주전자와 프라이팬 • 봉제 인형 • 인형 • 장난감 전화 • 모자 • 지갑과 가방 • 깨지지 않는 찻잔 세트 • 인형(부드럽고 깨지지 않고 물로 닦을 수 있는 다양한 인종의 인형) • 인형 침대 • 인형 유모차
실외 놀이	• 물놀이 탁자나 플라스틱 욕조 또는 대야(물 · 모래놀이용) • 플라스틱 용기, 컵, 단지, 병, 주전자(물 · 모래놀이용) • 수레와 타는 장난감 • 공 • 큰 상자 • 작은 기어오르기 대

3. 학령전기(3~5세)의 발달에 적합한 교수매체

[그림 3-6] 공을 받는 4세 유아

3~5세 시기의 많은 유아들은 유치원이나 어린이집에 다니게 되면서 가정으로부터 주변 사회로 관심이 확장된다. 이 절에서는 먼저 학령전기 유아의 발달적 특징을 정리하고 그에 적합한 교수매체의 특성과 예를 살펴보고, 이어서 학령전기 프로그램의 운영 시 필요한 교수매체의 목록을 제시하고자 한다.

3~5세 유아는 이제 아기와 같은 모습에서 벗어나 운동화 끈매기와 같은 소근육 기술, 자

[그림 3-7] 놀이터에 놀고 있는 5세 유아

[그림 3-8] 사회적 놀이를 하고 있는 유아

전거 타기와 같은 정교한 대근육 기술이 더 능숙해져 이전과는 다르게 행동한다. 또한 인지적인 개념들을 다르게 사고하기 시작한다. 이 시기는 유아의 놀이에 대한 능력과 흥미가 지속적으로 변화하고 발달해 가지만 개개인의 발달 차가 커서 모든 유아가 일률적인 능력과 흥미를 가지는 것은 아니다. 더욱이 연령이 많아질수록 문화적 배경, 가정 분위기, 개인적 경험이 유아의 기술과 흥미의 발달에 큰 영향을 미친다. 이 시기의 발달적 특징을 요약, 정리하면 〈표 3-7〉과 같다(김혜경, 유희정, 2004).

〈표 3-7〉 3~5세 학령전기 유아의 발달적 특징

	3세	4세	5세
신체	• 스냅 단추, 큰 단추, 지퍼 등의 사용법을 알게 된다. • 약간의 도움으로 혼자 옷을 입는다. • 발끝으로 걸을 수 있다. • 한 발로 두 번 이상 앙감질을 한다. • 세발자전거를 탄다. • 계단을 발 바꾸어 올라간다.	• 한 발로 5초 동안 서 있는다. • 보다 긴 선을 그릴 수 있다. • 시각의 정확성이 현저히 나타난다. • 계단을 아무것도 붙잡지 않고 발을 번갈아 사용하며 오르고 내릴 수 있다.	• 한 발로 10초 이상 서 있을 수 있다. • 한 발로 깡충깡충 뛴다. • 사람을 세 부분 이상으로 그린다. • 네모를 베낄 수 있다. • 계단은 뛰어 올라가고, 두 계단씩 뛰어내려 오기도 한다. • 율동에 맞추어 줄넘기를 한다.
정서	• 정서 표현이 강하게 나타난다. • 친구에 대해 질투심이 생기고 고집을 부린다. • 공포심이 강하게 나타난다. • 신체적 공격을 한다.	• 타인의 정서를 이해한다. • 본인의 정서 상태를 말로 표현한다. • 또래에 대한 질투심이 강하다.	• 상상력이 풍부해진다. • 자신의 감정을 충분히 표현하기도 하고 숨기기도 한다.
인지	• 수세기를 따라한다. • 자신의 물건이 있었던 곳을 기억한다. • 공간 개념을 알게 된다. • 양에 대한 개념이 생긴다. • 간단한 규칙을 이해하고 따라한다. • 일대일 대응을 할 수 있다.	• 수, 모양, 크기의 변별력이 생긴다. • 논리적으로 사고하려는 경향이 있다. • 인과관계의 유추가 가능하다.	• 주위 게임, 바둑 게임을 할 수 있다. • 복잡한 형태의 구조물을 만든다. • 사물의 분류가 가능하다. • 실험을 예측한다.
언어	• 3개 이상의 단어를 사용한 문장을 사용한다. • 새로운 단어를 들으면 반복해서 말하기를 좋아한다. • 공간에 대한 단어를 이해하고 사용한다. • 그림책을 보면서 주인공이 무엇을 하고 있는지 설명해 준다. • 자신의 요구를 말로 표현한다.	• 장난, 수수께끼 놀이를 좋아한다. • 자신의 상태를 몸으로 표현할 수 있다. • 이름에 관심을 갖고 쓰려고 한다. • 받침이 없는 글자에 관심을 보이고 읽기도 한다.	• 그림 보고 이야기 꾸미기를 한다. • 성인의 말투를 따라한다. • 동화나 동시를 지을 수 있다. • 받침이 없는 글은 쓸 수 있다.

사회	• 타인의 도움을 원하고 지시한다. • 우정이 생기고 협동놀이도 한다. • 차례를 기다리지만 오랫동안 기다리지는 못한다.	• 또래와 어울려 놀이한다. • 또래와의 놀이가 지속적이진 못하다. • 규칙을 이해한다. • 또래에 대한 신체적 공격이 줄어든다. • 협동놀이는 미숙하다.	• 사회적 기술이 증가한다. • 사회적 규칙을 알고, 지키려고 노력한다. • 친구들과 협동놀이가 이루어진다.

3~5세 유아를 위한 교수매체 선정 시 우선적으로 고려해야 하는 것은 새롭게 나타나는 많은 능력들을 발달시키며 유아의 능력과 흥미에 맞출 수 있는 적합한 교수매체를 제시하는 것이다. 학령전기의 유아를 위한 교수매체의 특성과 예를 살펴보면 다음과 같다(Bronson, 1998).

① 3~5세 학령전기 유아를 위한 교수매체의 특성

- 발달적 · 환경적(경제적 · 사회문화적) 차이로 인한 유아의 다양한 능력과 흥미를 고려한다.
- 또래 간의 상호작용(극놀이, 협동놀이, 쌓기 놀이, 게임, 집단활동의 참여)을 지원한다.
- 예술적(미술, 공예, 음률) 표현 능력을 증가시킬 기회를 부여한다.
- 세상에 대한 이해와 효과적 대처를 위한 내적 동기 유발을 장려한다. 즉, 호기심, 탐구, 지속성, 작업에 대한 숙련도를 향상시킨다.
- 유아의 인지능력과 표현 능력을 촉진시킨다.
- 학습능력과 사회적 상호작용 전략의 발달을 돕는다.
- 주제에 대한 학습 능력과 흥미를 증가시키는 정보를 제공한다.

② 3~5세 유아를 위한 교재교구

- 깨지지 않는 스탠드형 전신거울(벽에 단단히 고정되어 있거나 서 있는)
- 다양한 인종을 나타낸 인형–옷과 양육을 위한 소품 포함(예: 우유병, 담요)
- 다양한 의상(역할을 잘 나타낸)과 주제에 맞는 놀잇감

- 다양한 손인형
- 가상놀이의 무대를 만들어 주는 놀잇감–블록, 사람 및 동물 모형
- 다양한 종류의 탈것
- 탐색과 실험을 위한 물놀이/모래놀이 용구(측정기, 여과기, 통, 체)와 물놀이/모래놀이 중 가상놀이를 할 수 있게 하는 놀잇감
- 쌓기 놀잇감–크고 작은 유니트 블록, 큰 할로우 블록, 다양한 쌓기 놀잇감
- 다양한 퍼즐(맞추기, 틀에 넣기, 틀이 없고 불규칙적으로 잘라진 조각)–유아의 연령에 맞는 조각 수 제공
- 끈에 꿰는 구슬(유아의 연령에 맞는 크기), 못판, 패턴 만들기(블록, 타일과 바느질로 패턴 만들기)
- 단순한 바느질 연습을 위한 줄 놀잇감
- 특별한 기술의 발달을 위한 놀잇감–맞추기, 분류하기, 순서 짓기 등(모양, 색, 글자, 숫자); 과학이나 자연과 관련된 기구
- 다양한 게임–도미노, 숫자 카드, 카드 게임, 빙고 게임, 판게임(전략이 아니라 우연에 의한)
- 표준적인 리듬악기 세트(가격이 허락한다면 나무 실로폰 같은)
- 노래나 율동 그리고 리듬악기 연주를 위한 녹음된 음악
- 사회극 놀이를 도와주는 밀고 당기는 놀잇감(수레, 유모차, 청소기)
- 차기, 던지기, 잡기를 도와주는 다양한 공(공기도 던지고 잡고 할 수 있다; 목표 맞추기 게임)
- 페달이 있는 세발자전거
- 유아의 크기와 능력에 맞는 실외놀이 및 운동기구, 기어오를 수 있는 기구, 그네, 사다리, 시소(5세); 모레, 정원용 기구, 모든 날씨에도 사용 가능한 구성 도구

한편, 3~5세 유아를 위한 효과적인 프로그램의 운영을 위해 필요한 교수매체의 목록을 제시해 보면 〈표 3–8〉과 같다(Koralak, Colker, & Dodge, 2005).

〈표 3-8〉 3~5세 유아 프로그램의 교수매체의 목록

구 분	품 목
언어	• 카펫 바닥 • 흔들의자, 안락의자, 매트리스와 베개 • 책의 겉장이 보이도록 전시하는 책꽂이 • 다음의 주제에 관한 사거나 만든 책 – 감정과 태도 – 가족과 친구 – 일상생활 경험 – 과학과 자연 – 흥미와 오락 • 책과 카세트테이프 세트와 카세트 • 손 인형 • 타자기나 개인용 컴퓨터 • 연필, 크레용, 분필, 매직펜 같은 필기구 • 스탬프와 잉크 패드 같은 프린트 기구 • 컴퓨터 프린트용 종이와 색인 카드 같은 종이 • 가위, 펀치, 스테이플러 같은 도구
쌓기 놀이	• 쌓기 놀이 영역을 표시하기 위한 카펫(무늬 없는 것)이나 테이프 • 유니트 블록 세트(15~18명 유아당 약 400조각 정도) • 속이 빈 블록 • 꾸미기용 품목 – 색 벽돌 블록 세트 – 레고(대형) • 인물 소품 – 다양한 인종의 가족 인형 – 다양한 인종의 지역 사회 구성원 인형 • 동물 소품 – 농장 동물/동물원 동물 • 교통 기관 소품 – 크고 작은 자동차, 트럭, 불자동차, 기차, 버스, 비행기(최소한 각 2개씩) – 교통 표지판 • 인형 집 가구 – 침대, 의자, 책상(최소한 각 2개씩)
음률	• 작은 낙하산 • 전축이나 녹음기, 카세트

구 분	품 목
음률	• 피아노, 오토하프, 기타 같은 성인용 악기 • 북, 트라이앵글 같은 리듬 악기(만든 것과 산 것) • 스카프와 작은 깃발
조작놀이	• 퍼즐(목재, 고무, 종이) • 바느질 카드와 실 • 레고 • 로토 게임 • 구슬 꿰기 • 나무못 말판(최소한 2개) • 색색의 입방체 블록(1인치 크기) • 모자이크와 패턴 블록 • 연결시키기 장난감 • 고리 쌓기나 포개 넣는 상자(두 세트) • 기억하기와 색깔 맞히기 같은 간단한 게임 • 끼우기 블록들 • 계피, 양파, 커피, 레몬, 오렌지 껍질, 육두구, 정향 같은 냄새 맡고 맛보기 위한 물건 • 조개, 돌, 조약돌, 씨앗, 땅콩, 나뭇잎 같이 만져 보고 구분하고 분류해 보기 위한 물건 • 단추, 뚜껑, 열쇠 같은 것을 모아 놓은 것 • 퀴즈네어 막대 • 테이블 블록(단단한 목재) • 단추 끼우기, 지퍼 올리기, 끈 매기 같은 기술 학습을 위한 일상생활 틀 • 인형 가구, 소형 가족 인형 세트, 동물 인형과 같은 극화놀이 소품
미술	• 바닥에 깔 헌 식탁보나 플라스틱 깔개 • 그림 그리기 용품 – 이젤 – 물감을 타서 담아 놓은 그릇 – 붓 – 신문 용지 • 그림 그린 것을 말리는 판 • 매직 판(무독성, 물로 씻을 수 있는 것) • 풀이나 본드 • 흰색 분필과 색 분필 • 큰 크레용 • 도화지

구분	품목
미술	• 오른손잡이와 왼손잡이 용 안전 가위 • 핑거 페인트(집에서 만든 것이거나 판매용)와 종이 • 핑거 페인트용 접시 • 찰흙 점토와 집에서 만든 점토 • 색지 • 작업복(낡은 셔츠나 플라스틱 작업복) • 콜라주용 재료 • 실 • 종이접시나 스티로폼 접시 • 펀치 • 스테이플러
극화 놀이	• 탁자 1개와 의자 4개 • 높은 의자 • 인형 침대 • 난로 • 냉장고 • 싱크대 • 학급 내 유아의 인종을 나타내는 몇몇 인종의 아기 인형들 • 인형 옷과 담요 • 주전자, 팬, 식기류 • 빗자루/행주 • 안전한 전신 거울 • 접시(한 세트) • 전화(최소한 2개) • 남녀 분장용 의복 • 모자 • 장신구 • 지갑, 핸드백, 여행용 가방 • 이발소와 야채 가게 등 주제별 소품 상자
실외 놀이	• 그네, 미끄럼, 기어오르기 틀 • 세발자전거, 손수레, 수레 • 공(몇 가지 크기) • 줄넘기 • 모래, 삽, 양동이, 숟가락, 단지, 모양 만들기 틀, 플라스틱 통(안이 반으로 나뉜), 깔때기 등이 있는 모래상자 영역

구분	품목
실외 놀이	• 물놀이 탁자나 물놀이를 할 수 있는 플라스틱 대야, 물통과 양동이, 페인트 칠 하는 큰 붓 • 큰 상자 • 타이어, 판자, 톱질하는 판 • 정원 가꾸기 용구, 갈퀴, 삽
모래 · 물놀이	• 물, 모래놀이용 탁자나 욕조 • 계량컵, 깔때기, 큰 순갈, 순가락, 분무기, 양념통 같은 플라스틱 소품 • 물놀이를 위한 플라스틱 작업복 • 청소할 때 쓸 양동이, 스펀지, 빗자루, 걸레
목공놀이	• 목공놀이용 벤치나, 무독성 방부제로 처리된 나무 그루터기 • 망치, 톱, 바이스, 끌, 핸드 드릴, 플라이어 같은 유아용 크기의 공구들 • 못, 나사못, 롤러, 목수용 연필과 코르크 • 나무 조각과 판(단단한 것과 무른 것)

Chapter 04

PART ONE

영유아를 위한 교수매체의 분류

유아를 위한 교수매체의 분류는 어떤 관점에서 보느냐에 따라 그 분류 체계가 달라진다. 또한 각 교수매체가 실제 교수 상황에서 어떻게 적용되는가에 따라서도 여러 가지 분류 기준을 설정할 수 있다. 이 장에서는 전기 작동 유무에 따른 분류, 시각 · 청각 동원에 따른 분류, 경험의 구체성과 추상성 정도에 따른 분류, 활동 성격에 따른 분류 등에 대해 살펴보고자 한다.

1. 전기 작동 유무에 따른 분류

교수매체의 특성상 전기 작동의 기능이 있는지의 여부에 따라 교수매체를 분류할 수 있다. 교수매체에 전기 작동의 기능이 있다는 것은 교수매체가 현대의 첨단 공학의 발전을 받아들여 더욱 자동적으로 작동됨을 뜻한다. 자세한 분류의 예는 다음의 〈표 4-1〉과 같다.

비전기 작동 교수매체로는 유아교육 현장에서 오랫동안 사용해 온 그림자료, 모

〈표 4-1〉 전기 작동 유무에 따른 분류

비전기 작동 교수매체	전기 작동 교수매체
그림자료	텔레비전
융판자료	비디오
자석자료	슬라이드
게시판	필름스트립
실물	녹음기
표본	녹음자료
모형	OHP
인형	실물 화상기
디오라마	전기판
블록	컴퓨터

형, 유아용 놀이자료(블록, 그룹 게임용 놀이판 등) 등이 포함되며, 전기 작동 교수매체로는 녹음기나 슬라이드, 텔레비전 등이 있다. 이 중 컴퓨터의 유아교육 현장 적용은, 성인(교사)의 개입이 필요한 상황에서 컴퓨터에 의한 적절한 개입을 가능하게 함으로써, 유아를 위한 교수매체의 발전에 특기할 만한 것이다.

2. 시각 · 청각 동원에 따른 분류

교수매체는 그 활용 장면에서 유아의 어떠한 감각이 동원되는가에 따라 〈표 4-2〉와 같이 간단히 분류할 수 있다. 즉, 유아교육기관에서 주로 활용하는 교수매체는 시각을 필요로 하는 것, 청각을 필요로 하는 것, 시각과 청각을 겸하여 필요로 하는 것으로 분류할 수 있다.

시각을 주로 사용하게 하는 매체에는 교사가 비교적 쉽게 제작할 수 있고 별다른 기자재의 도움 없이도 사용할 수 있는 자료가 많다. 그러므로 현재 유아교육기관에서 가장 많이 사용하는 매체의 종류이기도 하다. 그러나 엄밀히 살펴보면 시각매체는 그 메시지의 구성이나 고안 면에서 특히 신중한 고려와 검토를 요구하는 자료이다. 유아기의 예민한 감수성과 모방성으로 인하여 유아는 시각자료의 내용을 후일

〈표 4-2〉 시각 · 청각 동원에 따른 분류

시 각	청 각	시 · 청각
그림, 사진, 융판, 자석판, 게시판, 투시물 자료, 모형, 실물, 궤도, 인형, 디오라마, 지구의, 포스터, 그림책, 동화책, 무성 영화 등	녹음자료, 악기, CD 플레이어, 라디오 등	슬라이드와 녹음테이프, 소리 동화집, 유성 VCR 자료, 텔레비전, 유성 영화, 인형극, 그림극

성장한 다음에까지 시각적 이미지로 기억하고 있는 경우가 많다. 즉, 유아의 머릿속에 한 번 그려진 내용을 다시 고쳐 그리기는 매우 어려운 일인 것이다. 따라서 자료에 포함되는 중심 내용은 물론, 주변 사물에 이르기까지 철저한 사전 계획과 다각적인 검토가 이루어져야 할 것이다.

시각교육 분야에서 최초로 시각자료와 교육과정을 통합시켜 『교과과정의 시각화』란 저서를 냈던 호반과 지스맨(Hoban, Hoban, & Zissman)은 시각자료를 [그림 4-1]과 같이 구체성과 추상성의 정도에 따라 분류하였다. 그에 따르면 시각자료는 가장 구체적인 전체 장면에서부터 가장 추상적인 언어에 이르기까지 구체성과 추상성의 정도에 따라 순차적으로 분류된다.

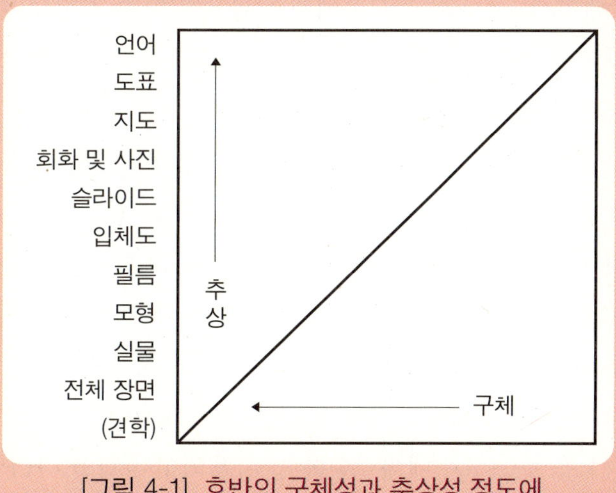

[그림 4-1] 호반의 구체성과 추상성 정도에 따른 시각자료 분류

청각매체는 대개 시각매체의 제시나 기타 주요 학습활동 시의 보조물로 인식되는 경우가 많은데 이러한 관점은 시정되어야 한다. 청각매체는 유아의 청각을 자극하여 예민한 청각적 기능을 기르고 상상력을 높이

는 등 중요한 역할을 한다. 특히 시각매체가 학습 내용을 시각적 이미지로 구체화시켜 보여 주는 데 반해 청각매체는 유아의 상상력을 자극하여 자유로운 상상의 세계로 인도하는 특징이 있다. 따라서 풍부한 감수성과 지적 능력의 발달에 큰 영향을 주는 매체라 할 수 있다.

그에 비해 시청각매체는 생생한 현장감을 제공해 준다는 특징을 갖는다. 시각적 경험과 청각적 경험이 동시에 일어나므로 유아가 마치 현장에서 직접 경험하는 듯한 느낌을 갖게 한다는 것이다. 따라서 유아의 주의를 효과적으로 집중시킬 수 있는데, 주의할 점은 사후 토의나 피드백 과정을 첨가하여 유아의 이해 정도를 알아보거나 유아에게 자신의 의견을 형성할 수 있는 기회를 주어야 한다는 것이다. 왜냐하면 주의집중의 효과가 큰 시청각매체는 시청하는 동안에 의문을 던질 기회나 스스로 생각하는 기회를 주지 않으므로 자칫 유아가 주어지는 내용만을 흡수하는 수동적인 자세를 취하기 쉽기 때문이다.

3. 경험의 구체성과 추상성 정도에 따른 분류

데일(Dale, 1969)은 교수매체를 활용한 학습 경험의 종류를 그 구체성과 추상성의 정도에 따라 [그림 4-2]와 같이 분류하고, 이를 소위 '경험의 원추(cone of experience)' 라 하였다.

경험의 원추에서 보면 데일은 학습 경험을 행동적 경험(enactive experience), 시청각적 경험(iconic experience), 상징적 경험(symbolic experience)으로 구분하고 있다. 이 분류는 부르너(Brunner, 1966)의 세 가지 학습유형 분류와 유사하다([그림 4-3]).

데일의 경험의 원추는 위로 올라갈수록 추상적 경험을 나타내고 아래로 내려올수록 구체적인 경험을 나타낸다. 그리고 위로 올라갈수록 좁고 아래로 내려올수록 넓은 것은, 구체적인 경험을 주는 교수매체일수록 많이 활용되어야 하고 추상적인 경험을 주는 교수매체일수록 덜 활용되어야 함을 나타낸다.

데일의 경험의 원추는 가장 구체적인 경험부터 가장 추상적인 경험에 이르기까지

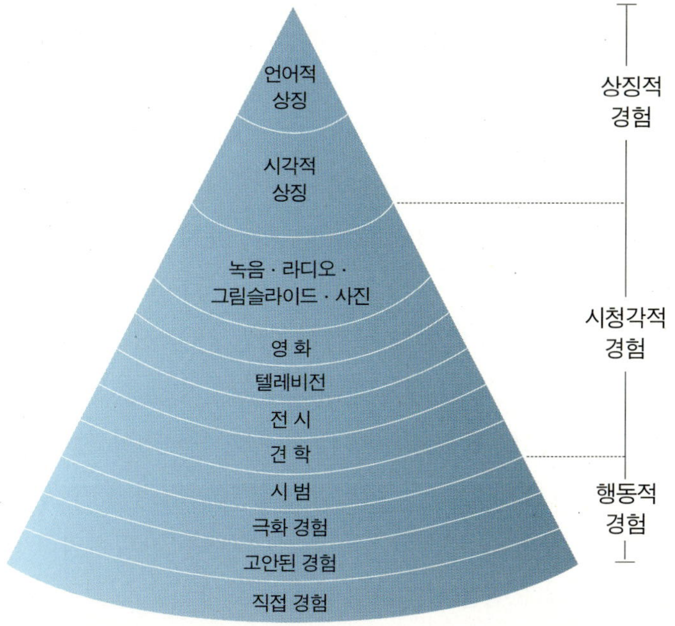

[그림 4-2] 데일(Dale)의 경험의 원추

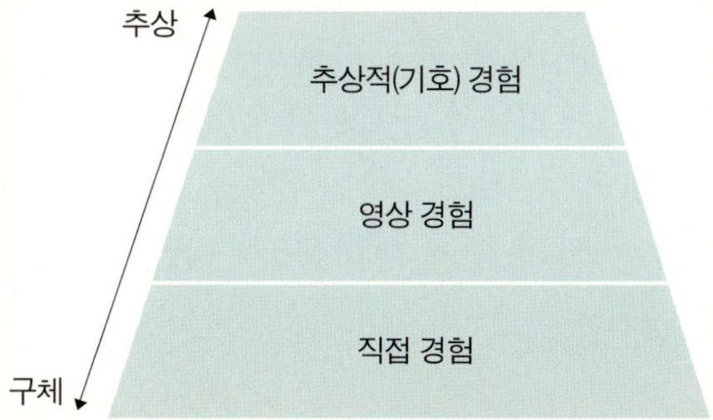

[그림 4-3] 부르너의 세 가지 학습유형 분류

여러 가지 경험을 활용하는 교수매체들을 원추 모양으로 나열하고 있으나, 이러한 나열이 실제 수업에 있어서 진행 순서나 난이도를 나타내는 것은 아니다. 예를 들어, 원추의 맨 밑에 있는 행동적 경험의 학습이 가장 쉽고 원추의 맨 위에 있는 상징적 경험의 학습이 가장 어렵다고 할 수 없는 것이다. 따라서 행동적 경험을 맨 먼저 학습시키고, 상징적 경험을 맨 나중에 학습시키는 것이 좋다고 할 수도 없다.

또한 어떤 경험이 다른 경험보다 교육적으로 더 유용하다거나 어떤 종류의 학습에 반드시 어떤 종류의 매체만을 활용할 것을 암시하지 않는다. 우리의 일상생활에서 어떤 경험을 하는 데 꼭 한 가지 매체만을 한 가지 감각을 통해서만 경험하지 않는다는 것과 같은 이치다.

유아를 위한 학습지도에 있어서도 될 수 있는 한 여러 가지 매체를 통합하여 활용하는 것이 바람직하다. 특히 데일의 경험의 원추가 행동적 경험을 가장 중요시하는 인상을 주기 쉬우므로 교사들은 이 점에 특히 유의해야 할 것이다. 구체적인 경험만 시키면 종합, 분석하고 추리, 판단하는 능력을 길러 주지 못하고, 너무 추상적인 경험만 시키면 실증적 경험의 기초가 약한, 너무 관념적이고 막연한 지식만을 갖게 된다. 각 단계의 요점을 살펴보면 다음과 같다.

1) 직접 경험

경험의 원추의 제일 아래 부분은 구체적이고 직접적이며 감각적인 경험으로 학습의 기초를 이루는 것이다. 보고, 듣고, 맛보고, 느끼고, 냄새 맡는 것을 통해, 즉 생활의 실제 경험을 통해 우리는 우리에게 의미 있는 정보와 개념을 축적한다. 예를 들어, 강아지를 직접 만져 보고, 음식을 실제로 만들거나 먹어 보고, 시장이나 관공서를 직접 견학하는 감각을 통해 각 대상물에 대한 정보나 개념이 축적되는 기본적인 경험을 하는 것이다.

2) 고안된 경험

고안된 경험은 직접 경험의 공간적 한계를 극복할 수 있게 한다. 예를 들어, 지리학을 공부하는 학생이 지구를 이해하기 위해 전 세계를 여행한다고 하더라도 그가 지구의 전체적인 구조를 파악하기는 아마 불가능할 것이다. 그래서 오히려 지구를 간소화시킨 지구의(지구본) 같은 모델이 더 이해를 도울 것이다. 이러한 고안된 경험은 실물의 복잡성을 단순화시켜 기본적인 요소만을 나타내는 것이다. 교사는 어떤 때에 실물보다 모형을 주는 것이 더 교육적 효과를 높일 수 있는지 잘 판단해서 제공해야 한다.

3) 극화 경험

고안된 경험에서 모형은 현실에서의 공간의 제한성을 극복하기 위해 사용된다. 그러나 우리는 공간 이외에도 '시간' '생각' '개념'의 한계에 의해 제한받고 있다. 극화된 경험은 우리가 직접 접할 수 없는 사건이나 개념을 경험하도록 한다. 본래의 사건은 시간이나 공간적으로 우리들로부터 멀어져 있지만, 그 사건을 재현하기 위해 새로 만들어진 경험, 즉 극화된 경험에 참여할 수 있다. 연극을 보거나 아니면 직접 출연함으로써 이미 사라져 없어진 사건이나 사상을 경험할 수 있는 것이다.

4) 시범

시범이란 중요한 사실, 생각, 과정을 시각적으로 설명하는 것이다. 이러한 과정에서 사진, 그림, 동작 등이 활용된다. 미술 교사는 물감으로 색깔을 내기 위한 적절한 사용 방법을 사진이나, 그림 또는 실제 시범을 통해 보여 준다. 음악 교사는 피아노 연주에서 특별한 코드가 활용되는 것을 시범 보일 수 있다. 또한 유아는 선생님이 손인형 만드는 것을 관찰함으로써 그것을 배운다.

이런 시범은 시각적이거나 관찰하는 경험이지만 이런 경험에 의해 곧 실지로 실행하게 하는 결과를 야기시킨다. 교사들이 시범을 보이고자 할 때 직접경험이나 시각적 또는 언어적 상징을 함께 사용하면 더 효과적일 수 있다.

5) 견학

견학은 그 일이 실제 일어나는 곳에 직접 가서 보고 경험하는 것이다. 유아들은 실제 공장이나 자연 속에서 일어나는 일을 그 자리에 가서 목적을 가지고 관찰하게 된다. 때로는 거기서 일어나는 일을 실제로 직접 실행해 보기도 하면서 경험의 기회를 확장할 수 있다.

6) 전시

전시에는 여러 가지가 있을 수 있다. 사진 전시, 그림 전시, 책 전시, 필름 전시, 포스터 전시 등이 그것이다. 어떤 전시회를 막론하고 한 가지 공통점이 있다면 그것은 무엇인가 관중에게 보일 것이 있다는 것이다. 그리고 학습자는 전시된 것을 관찰하며 그것을 통하여 배움을 얻는다.

7) 텔레비전

텔레비전은 현재 진행되고 있는 사건, 일어나고 있는 사건을 담을 수 있고, 중요한 요점들만 동시에 편집, 수록할 수 있다는 동시성을 특징으로 한다. 뿐만 아니라 텔레비전 매체의 특성 중 하나는 클로즈업 매체로 시청자들에게 거의 직접경험의 감각을 제공해 준다는 것이다. 텔레비전은 여러 가지 내용을 동시에 보여 줄 수 있을 뿐만 아니라, 글씨까지 넣을 수 있는 기재로서 그림과 글씨를 동시에 삽입시키는 장점을 가지고 있다.

8) 영화

영화는 보고 듣는 경험을 제공한다. 우리는 영화를 보면서 직접 오감을 통해 경험하지 않은 사건을 간접적으로 경험하게 된다. TV와 영화는 시청자에게 현실감을 제공할 뿐만 아니라 그 프로그램의 중요 사건이나 인물을 클로즈업 시키고 사건을 잘 조직하여 제작, 극화시킴으로써 시청자의 흥미를 유발시켜 교육적 효과를 높여 준다.

9) 사진, 그림, 라디오, 녹음, 슬라이드

녹음, 슬라이드, 사진, 그림 라디오 등의 매체들은 위에서 논의된 매체들보다 간접적인 성격을 갖는다. 그러나 때에 따라 라디오 매체가 텔레비전보다 효과적일 때가 있는데, 이는 음향 집중적인 매체의 특성이 발휘되기 때문이라고 할 수 있다.

글을 읽을 수 없는 유아에게는 인물이나 어떤 대상물들의 간단한 그림을 제시함으로써 더 쉽게 이해하도록 할 수 있다. 때로는 그림이 사진보다 효과적이다. 사진은 필요하지 않은 것들을 모두 담고 있기 때문에 학습해야 될 특별한 정보의 초점을 흐리게 하고 학습자의 주의를 흐트러뜨리는 경우가 있기 때문이다.

10) 시각적 상징

시각적 상징은 추상적인 표현을 다루는 것으로 칠판, 지도, 도표, 차트 등이 포함된다. 시각적 상징은 때로는 실제 물체를 닮기도 하지만, 때로는 매우 추상적인 경우도 있다. 중요한 점은 학습자에게 예전의 경험과 분명한 연관을 주지 못하는 시각적 상징은 상징으로서의 구실을 하지 못한다는 점이다. 가령, 지도에 표시되어 있는 동서남북, 강과 산 같은 시각적 상징을 이해하지 못한다면, 지도에 대한 이해는 거의 불가능할 것이다. 그러므로 교사는 시각적 상징을 사용하기 이전에 학습자들이 그 상징을 이해하고 있는지에 유의해야 한다. 학습자가 이런 시각적 상징을 이해하게 되면 시각적 상징의 사용으로 학습을 촉진할 수 있다.

11) 언어적 상징

언어적 상징은 그 모양새가 개념이나 목표물과 전혀 다르다. 대개 언어적 상징은 그것들이 의미하는 것과 시각적으로 아무런 연관을 갖지 않는다. 우리가 '아기' 라는 글자를 쓰면, 그 글자는 모양이나 소리 그리고 느낌이 아기와는 무관하다. 언어적 상징 또한 시각적 상징과 같이 학습자가 그 상징이 의미하는 것을 이해하고 있어야 그것을 사용할 수 있다.

데일의 경험의 원추를 기초로 하여 위틱과 슐러(Wittich & Schuller, 1980)는 [그림 4-4]와 같이 개념 형성 모델을 고안하였다.

위틱과 슐러의 개념 형성 모델은 학습 경험과 개념 형성과의 관계를 설명하고 있다. 즉, 구체적인 학습 경험에서는 개념이 학습자에게 전달되기는 쉬우나 개념의 질적 수준이 낮을 수 있고, 상징적인 경험으로 올라갈수록 포괄적인 의미까지 모두 이해할 수 있는 개념이 형성된다는 것이다. 다시 말해 구체적인 학습 경험으로서 실물을 교수매체로 제시하면 그 실물에 대한 개념은 쉽게 형성될 수 있으나, 형성된 개념의 질적 수준은 저하될 수 있다. 그러나 상징적인 학습 경험으로써 그 실물의 이름(언어)을 제시하면 학습자는 그 실물에 대해 폭넓게 추리, 상상할 수 있게 된다는 것이다. 그러므로 교사가 교수매체를 제시함에 있어서 개념 형성이 쉽게 이루어지는 것뿐 아니라 좀 더 포괄적인 의미까지 개념이 형성될 수 있는지를 함께 고려할 필요가 있음을 시사한다. 이에 위틱과 슐러의 개념 형성 모델은 구체적 학습 경험뿐 아니라 상징적인 경험의 중요성도 암시하고 있음을 알 수 있다.

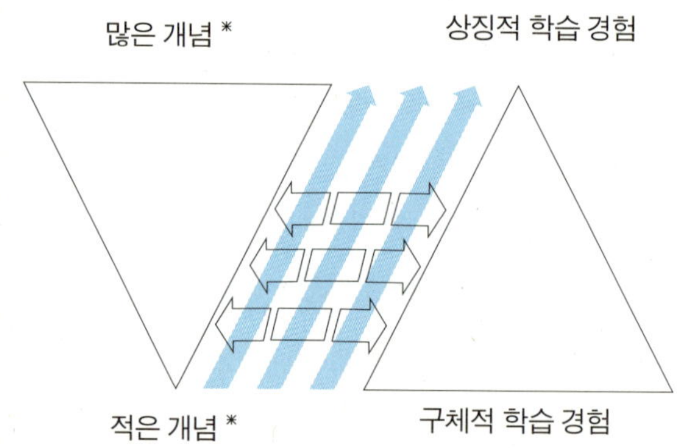

[그림 4-4] 위틱과 슐러에 의한 개념 형성 모델

* 많은 개념, 적은 개념: 여기서 '많은' '적은' 은 수적 의미가 아니라 질적 수준을 의미하는데 '적은' 은 형성된 개념의 질적 수준이 낮다는 의미이며, '많은' 은 포괄적인 의미를 모두 이해한다는 뜻이다.

4. 활동 성격에 따른 분류

유아기에 필요한 교수매체는 활동 성격에 의해 분류될 수 있다. 피니와 마가릭(Feeney & Magarick, 1984)은 활동 시 유아가 주로 사용하는 기관과 이루어지는 놀이 그리고 사용되는 자료에 따라 교수매체를 분류하였다. 즉, 감각자료/대근육활용놀이기구, 구성놀이/조작적 놀이/극화놀이자료 그리고 책과 녹음자료/미술자료 등으로 분류하고 연령별로 필요한 기본적인 교수매체를 제시하였는데, 연령의 구분을 없애고 요약해서 정리해 보면 〈표 4-3〉과 같다.

〈표 4-3〉 활동 성격에 따른 교수매체

구분	교수매체
감각자료	• 물놀잇감: 컵, 측정컵, 계란 휘젓기, 음식색소, 펌프, 깔때기 • 모래놀잇감: 여러 가지 통들, 플라스틱 삽, 컵케이크, 빵 구이판 등 각종 소도구 • 점토, 점토와 함께 사용할 도구들: 밀가루 점토, 찰흙 • 악기류: 벨, 우드블록, 트라이앵글, 북, 실로폰, 마라카스, 탬버린, 하모니카, 기타, 레코드
대근육활동 놀이기구	• 오르기 기구 • 그네류: 로프그네, 타이어 그네 • 미끄럼 • 자전거류: 세 바퀴차(소형), 두발 자전거 • 웨건, 카드 • 큰 고무공 • 롤러스케이트 • 플라스틱 야구방망이, 공 • 평균대 • 상자들, 낡은 타이어 • 볼링대 • 팥주머니와 목표물 • 실외게임: 프리스비 공차기

구성놀이 자료	• 유니트 블록과 액세서리: 동물, 사람, 나무자동차, 나무트럭, 길과 도시를 쌓을 수 있는 여러 소품 • 키우기 자료(큰 조각) • 목공놀이대, 해머(고무), 부드러운 나무, 못, 나무로 된 나사와 도구, 스크루드라이버, 나사못, 미터 측정기, 액세서리, 톱, 사포, 못 • 테이블용 블록 • 실제와 비슷한 모델 • 탈것들 • 건설자료 세트 • 할로우 블록(공간 블록)
조작적 놀이자료	• 나무 퍼즐(4~5조각), 퍼즐, 카드게임, 판게임 • 나무못 판 • 큰 나무 구슬과 끼울 끈, 작은 구슬 끼우기 자료 • 바느질 카드 • 쌓기놀이 기구 • 그림 도미노, 도미노 • 블록, 속성 블록, 분류자료 • 확대경 • 융판과 융판 그림자료 • 글자, 알파벳 글자와 수 • 털실, 큰 바늘, 헝겊 짜기 자료 • 자석
인형과 극화놀이자료	• 유아용 크기의 테이블과 의자 • 접시, 팬 • 여러 가지 옷, 모자, 구두, 셔츠 • 손인형 • 쇼핑카트 • 인형과 액세서리 • 인형 운반대 • 유아 크기의 스토브와 싱크대 • 놀이용 음식 • 인형집이나 다른 세팅과 액세서리 • 계산대, 놀이돈, 극화놀이를 위한 소품과 액세서리 • 타이프라이터
책과 녹음자료	• 그림책, 이야기, 시 • 레코드, 테이프(고전음악, 민속음악, 유아노래) • 다양한 음악녹음 • 책과 녹음 세트 • 요리책

미술자료	• 굵은 수정 매직 • 큰 종이, 작은 종이 • 핑거페인트 • 끝이 무딘 가위 • 풀, 마스킹 테이프 • 굵은 크레용 • 분필 • 콜라주 자료 • 물감, 이젤, 붓 • 스테이플러 • 펀치 • 칠판 • 단순한 카메라, 필름

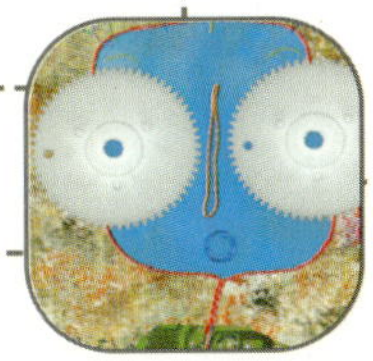

Chapter 05

PART ONE

유아교육기관에서의 교수매체의 운용

유아교육기관에서 효과적인 교수매체 운용은 교육의 질을 결정하는 매우 중요한 요인이다. 이 장에서는 유아교육기관에서 교수매체를 선정, 제작하고 이를 활용하며 보관하기 위한 기본 원리 및 방법에 대해 살펴보고자 한다.

1. 유아교육기관에서의 교수매체의 선정 및 제작

유아교육기관에서 유아의 연령, 발달단계 및 특성, 진행되는 단원(생활주제) 등을 고려하여 교수매체를 선정 또는 제작하여 준비하는 것은 필수적인 작업이다. 특히 교수-학습활동에서 최대한의 효과를 얻고자 한다면 적절한 교수매체의 선정이 중요하며, 경우에 따라 특정한 학습목표에 맞추어 교사가 직접 제작할 수도 있다.

1) 유아 교수매체의 선택 기준

유아 교수매체를 선택할 때 고려할 일반적인 기준을 제시하면 다음과 같다(권옥자 외 5인, 2001).

① 교육내용에 적합한 것인가?

교수매체는 외형적인 화려함이나 신기함으로 유아의 일시적인 흥미를 유도하기보다는 매체를 활용하는 과정이나 결과에서 유아에게 유익하고 교육적으로 가치가 있는 것을 선정한다.

② 유아의 발달수준에 적합한가?

아무리 훌륭한 교육목표를 포함한 교수매체라 할지라도 유아가 이해하지 못하고 흥미를 보이지 않는다면 쓸모가 없다. 따라서 유아의 연령이나 흥미, 발달수준에 적합한 매체를 선정한다.

③ 견고하고 내구성이 있는가?

모든 교수매체는 유아들이 반복해서 사용하기 때문에 얼마 지나지 않아 부서지거나, 사용도중 파손되기 쉽다. 따라서 튼튼한 재료를 사용하여 견고하게 제작된 자료를 선정한다.

④ 비용이 경제적인가?

교수매체를 사용하기 위해 드는 비용에 비해 교육효과가 큰 매체를 선택하여야 한다. 기존에 있는 자료를 적극 활용하고, 자연물이나 폐품 등을 활용하는 교사의 전략이 필요하다.

⑤ 안전하고 위생적인가?

아무리 교육적 가치가 풍부하더라도 유아의 안전과 위생을 위협하는 교수매체는 바람직하지 않다. 따라서 교수매체 선택 시 자료의 재질이나 페인트의 유해성 여부, 날카롭게 돌출된 부분 등을 골고루 살펴 안전하고 위생적인 관리가 가능한 교수매체를 선택한다.

⑥ 다양하고 창의적인 놀이가 가능한가?

난이도를 조절할 수 있어서 다양하고 창의적인 놀이가 가능한 교수매체를 선택한다. 유아에게 특별한 개념을 전달하기 위한 자료가 아니라면, 다양하고 창의적인 놀이가 가능한 개방형의 자료를 선택하여 모든 유아가 실패하지 않고 적극적으로 참여할 수 있는 교수매체를 선택한다.

⑦ 유아에게 매력적이어서 호기심을 끌 수 있는가?

교육적 가치나 활용방법이 동일하다면, 좀 더 유아에게 매력적인 자료를 선정하는 것이 중요하다. 유아의 발달에 적절한 색이나 크기, 소리, 냄새 등 지각적인 요인을 충분히 고려하여 유아의 호기심을 끌 수 있도록 하는 것이 좋다.

한편, 유아교육기관에서 교사가 계획하는 대 · 소집단 활동이나 자유선택활동 또는 일상적 활동을 운영하다 보면 상품화된 기존의 교수매체나 자연물, 일상용품 만으로는 학습 목표의 성취를 극대화하기에 어려울 때가 종종 있다. 즉, 기존의 자료 외에 교육과정의 생활주제나 유아들의 흥미 및 개인차에 맞추어 교수매체를 제작해야 하는 경우가 있게 된다. 이렇게 교사가 직접 교수매체를 제작할 때에는 조직적이고 철저한 계획을 세워 효율적인 방법으로 제작할 수 있는 능력이 필수적이다.

2) 유아 교수매체의 제작 시 고려할 점

유아를 위한 교수매체를 제작하고자 할 때 고려해야 할 사항은 유아를 위한 교수매체를 선정하고자 하는 기준과 거의 유사하다. 즉, 진행되는 주제나 유아의 흥미, 연령, 요구 등을 고려하여 적절한 교수자료를 제작해야 한다. 교수매체의 제작 시에는 먼저 교수매체의 일반적인 선택 기준들(교육내용의 적합성, 발달수준의 적절성, 견고성 및 내구성, 비용의 경제성, 안전성, 창의적인 놀이 유발 가능성 등)을 고려해야 하며 첨가해서 고려할 점은 다음과 같다.

① 전개하고자 하는 학습목표와 내용에 적절한 교수매체를 제작한다.

교수자료를 제작하고자 할 때는 먼저 전개하고자 하는 교수-학습활동의 목표와 내용을 고려해야 한다. 교사가 자료를 제작할 때 범하기 쉬운 실수는 목표를 고려하지 않은 채, 주변에서 구할 수 있는 손쉬운 자료나 또는 제작하기 쉬운 형태로 제작하는 것이다. 이렇게 제작된 매체를 이용해서 활동을 전개하다 보면 목적적 교수가 이루어지기 어렵다. 즉, 본래의 목표와 상관없이 활동이 전개될 가능성이 크다. 예를 들면, '우리를 도와주는 여러 가지 도구들' 에 대한 이야기 나누기 자료를 제작한다고 할 때, 주변에서 흔히 구할 수 있는 여러 가지 물건의 사진들을 그대로 이용하기 쉽다. 그러나 유아의 연령이나 사전 경험에 따라 다루어지는 내용의 범위와 깊이가 달라야 한다. 즉, 어린 영아의 경우 '유모차' 나 '연습용 젓가락' 등이 적절한 예라면, 연령이 많은 유아의 경우 '컴퓨터' '자동차' '망치' 등이 적절한 그림자료라고 할 수 있다. 또한 단순히 명칭을 알게 하려는 것인지 기능에 따라 분류해 볼 수 있도록 하기 위한 것인지 등 목표에 따라 그림자료의 구성이 달라야 한다.

② 다양한 소재를 이용하여 제작한다.

교수매체를 제작할 때는 상품화된 교구에서 얻을 수 없는 이점을 극대화할 필요가 있다. 특히 다양한 소재를 활용해 교수매체를 제작하는 것은 유아의 흥미를 자극하며 창의성과 심미적 발달에 도움이 된다. 예를 들어, 계절의 변화에 대한 그림자료를 제작할 때 그림을 그리거나 또는 인터넷에서 적절한 그림을 찾아 인쇄하는 것이 일반적이지만 헝겊이나 솜, 나뭇가지, 여러 가지 직물 등을 활용하여 제작한다면 시각적 경험뿐만 아니라 촉각적 경험을 함께 제공할 수 있어 흥미롭다. 교수매체 제작 시 다양한 소재의 창의적 사용은 그 자체로 심미감과 창의성 발달을 자극해 줄 수 있다.

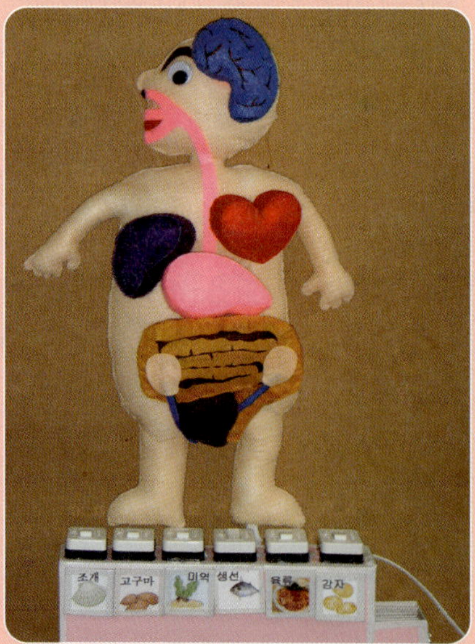

[그림 5-1] 교사가 제작한 교수자료의 예

③ 이동이나 보관이 쉽도록 제작한다.

교수매체를 제작할 때는 활용뿐 아니라 이동 및 보관을 고려하여야 한다. 따라서 되도록 이동이 쉽고 분리 및 개폐가 가능하게 제작하는 것이 좋다. 또한 보관 시 가능하면 손쉽게 분류하고 공간을 절약할 수 있도록 제작해야 한다.

④ 최소한의 비용과 노력으로 최대의 효과를 낼 수 있도록 제작한다.

상품화된 교구로도 가능한 경우에는 굳이 교수매체를 제작할 필요가 없다. 또한 직접 제작할 때는 최소한의 비용과 노력을 들여 최대한의 효과를 얻을 수 있도록 아이디어와 재료를 활용한다.

2. 유아교육기관에서의 교수매체의 활용

교사는 현재 진행하고 있는 교육과정의 주제나 학급의 유아 수, 유아의 연령과 발달 단계 등을 고려하여 효율적인 교수-학습목표를 설정하고 그에 적절한 교수-학습활동을 계획, 실시한다. 최적의 교수-학습 상황을 만들기 위해서는 교수매체의 효율적 활용이 중요하다. 동일한 목표를 지닌 교수매체라 하더라도 교사가 언제, 어떻게 활용하느냐에 따라 그 교육적 효과는 크게 달라질 수 있기 때문이다. 본 절에서는 유아교육기관에서의 교수-학습활동을 집단활동 및 개별활동, 그리고 기타 활동으로 나누어 각 활동 시 교수매체의 효율적 활용에 대하여 살펴보고자 한다.

1) 집단활동에서의 교수매체의 활용

유아교육기관에서 집단활동은 교사와 학급의 모든 유아가 함께 모여서 하는 대집단활동과 유아를 둘 또는 세 집단으로 나누어 교사가 함께 하는 소집단 활동으로 구분된다. 집단활동으로는 주로 이야기 나누기, 동화, 동시, 음악활동(새노래 부르기, 음악 감상, 악기연주), 게임, 신체표현활동, 과학(실험 및 관찰, 요리), 급식이나 간식, 휴식 및 낮잠, 평가 및 귀가활동 등이 있다. 최근에는 간식의 경우 자유선택활동 시간에 개별적으로 원할 때 먹게 하는 자율 간식의 방법도 사용되고 있다.

이 중 급·간식이나 휴식 및 낮잠을 제외하고는 집단활동 시간에는 대개 교사가 준비한 계획적 교수-학습활동이 이루어지며 이때 적절한 교수매체의 활용이 필수적이다. 유아가 집단활동에 참여하는 과정에서 적절한 지식이나 기술, 개념 등을 형성해 갈 수 있도록 교사는 활동목표와 내용에 맞는 교수매체를 준비하여야 하며 활동에 따라 적절히 활용하는 능력이 요구된다.

이 절에서는 대표적인 집단활동인 이야기 나누기와 동화, 새노래 부르기 그리고 게임, 신체표현을 중심으로 집단활동에서의 교수매체자료의 활용에 대하여 알아보기로 하자.

(1) 이야기 나누기에서의 교수매체의 활용

이야기 나누기는 교사와 유아가 함께 특별한 주제에 대하여 생각과 느낌을 나누는 활동이다. 이를 통해 주변 사물이나 현상 등에 대한 유아의 지식과 흥미를 넓혀 주고, 호기심을 가지고 탐색해 보는 과정에서 유아의 탐구능력과 태도를 길러준다. 또한 유아는 다른 사람의 이야기를 잘 듣는 태도와 함께 자신의 생각이나 느낌, 경험 등을 언어로 표현하는 능력을 발달시킬 수 있다.

이야기 나누기 활동을 전개할 때 교사는 유아의 주의집중과 효과적인 의사소통을 돕기 위해 교수매체를 활용한다. 이야기 나누기에서는 주로 그림자료(사진), 모형, 인형, 슬라이드나 비디오 등의 교수매체를 사용하는데 주제에 관련된 개념을 전개시키는 데 효과적이므로 유아와 교사 간 유아와 유아 간 상호작용을 도모할 수 있는 자료와 활용방법이 요구된다.

교수매체는 주제에 맞는 것으로 유아의 연령이나 집단 형태에 따라 적절한 것을 사용해야 한다. 예를 들면, 4세 유아들과 함께 '개구리'에 관한 이야기 나누기를 진행할 경우 교사는 '개구리와 관련된 동화' '개구리 관련 사진' '개구리 알'에 관한 모형, 실제 올챙이와 개구리를 찍어 만든 '개구리의 일생'에 관한 슬라이드, 실제 채집해 온 '올챙이 알' 등의 다양한 자료들을 활용하여 이야기 나누기를 전개할 수 있다. 또한 이러한 사실이나 개념 형성을 위한 것 이외에도 학급의 갈등상황이나 규칙, 사회적 약속 등의 주제도 이야기 나누기에서 다루어질 필요가 있다. 이때에도 주로 사진이나 그림자료 또는 실물자료 등이 활용이 되는데, 학기 초 유아들이 흥미영역을 정리하지 않았을 때 교사가 사진을 찍어 그림자료로 만들어 사용하거나, 실제 유아들의 갈등 상황을 사진을 찍어 활용하는 방법들을 사용할 수도 있다. 예를 들면, 정리가 되어 있지 않은 신발장이나 조각이 없어진 게임판 등 실제적 상황에 대한 사진을 찍어서 사용하면 효과적이다. 이밖에 유아들이 현장견학 등에 참여 후 찍어 온 사진을 시각매체로 활용하는 것도 이야기 나누기를 좀 더 생생하고 흥미롭게 진행할 수 있는 방법이 될 수 있다.

[그림 5-2] 이야기 나누기 활동

이야기 나누기를 마친 후에는 사용하였던 자료들(실물, 그림, 사진 등)도 종류에 따라 유아들이 자유선택활동 시간에 개별적으로 재구성해 볼 수 있도록 제시해 준다.

최근 컴퓨터가 보편화되면서 교사들은 적절한 자료를 인터넷 등에서 검색하여 적절히 확대하거나 축소하여 사용하는데, 이러한 경우는 원본 사진의 해상도 등을 고려해야 한다.

(2) 동화 들려주기에서의 교수매체의 활용

동화는 유아를 대상으로 한 서정적이거나 환상적 또는 사실적 이야기로서, 유아에게 예술적인 심미감을 길러 주며, 모국어의 아름다움을 느낄 수 있게 해 주고, 상상력을 길러 주어 언어 발달을 도모한다. 유아에게 들려줄 동화의 내용은 주제가 간단하면서도 뚜렷하며, 대화체가 풍부하고 친숙한 사건이 전개되는 것이 좋다.

유아교육기관에서는 다양한 방법으로 동화를 들려주는 활동을 실시한다. 그림동화를 비롯하여 융판동화, 앞치마동화, 자석동화, 손인형동화, 손가락동화, 줄인형

동화, 막대동화, 그림자동화, 테이블동화 TV 동화, 슬라이드 동화, OHP 동화, 실물화상기 동화 등 다양한 매체를 이용한 동화 들려주기 활동이 제공된다.

동화를 들려줄 때 일반적으로 많이 활용하는 것은 그림동화로 동화책의 내용과 그림을 집단의 크기나 대상 연령 등을 참고하여 대집단에게 적합한 크기로 제작한 것이다. 이때 그림이나 내용에 약간 변화를 주거나 일부 움직임을 포함시켜 입체로 제작하여 활용할 수 있다.

최근에는 다양한 컴퓨터 프로그램이 발달되어 동화 들려주기에 있어서도 교사의 시간과 노력을 아낄 수 있는 효과적 방법들이 이용되고 있다. 가령, 유아에게 들려줄 동화책을 선정하고 이를 디지털카메라로 찍거나 스캔하여 디지털화한 후 포토샵 프로그램이나 기타 그림판 자료들을 활용하여 적절히 수정, 변환하여 텔레비전이나 컴퓨터 모니터 등을 이용하면 새롭고 효과적인 동화 들려주기가 가능하다.

유아들에게 동화를 들려주는 방법으로 많이 활용되는 자료로는 융판이나 자석동화가 있다. 융판이나 자석동화는 교사가 유아들에게 이야기를 들려준 후, 언어영역에 놓아 주면 자연스럽게 언어활동의 일부로 포함될 수 있다. 융판이나 자석 동화로는 배경에는 큰 변화가 없고 등장인물이 계속 첨가되거나 소거되는 내용이 적합한데, 『사과가 쿵』이나 『커다란 무』 등의 동화가 그 예다. 융판동화는 적당히 변형하여 부직포 앞치마 동화로도 활용이 가능하다. 또한 유아에게 동화를 들려준 후 간단한 손인형 자료 등은 다른 활동 시에 유아의 주의집중을 유도하기 위해서나 전이 활동에서 사용할 수 있다.

한편, 유아에게 들려준 동화 중 일반적으로 길이가 짧고, 반복되는 대화체로 구성되어 있으며, 역할을 표현하기에 용이한 동화의 경우 동극을 진행할 수 있다. 동극을 하기 위해서 교사는 유아들과 함께 등장인물 머리띠 가면이나 배경 등을 함께 만드는 작업을 할 수 있으며, 동극에 사용한 자료들은 다음날 유아들이 다시 해 볼 수 있도록 역할놀이 영역에 내어 주는 것도 좋다.

(3) 새노래 지도에서의 교수매체의 활용

좋은 음악을 많이 듣고, 노래를 마음껏 불러 보는 음악활동을 통해 유아는 음악에 대한 관심과 흥미를 가지며, 아름다운 정서를 발달시킨다. 새노래 지도는 교육과정의 주제에 맞추어 새로운 노래를 가르쳐 주는 활동으로 보통 한 주에 한 번 정도 이루어지는 활동이다. 노래의 선정 시에는 주제와의 연관성을 고려하는 외에 내용이 단순하고 짧은 것 또는 유아의 생활 경험과 관계된 것을 선택하는 것이 좋다.

새노래 지도 시에는 피아노 반주가 필수적인 것은 아니며 노래의 분위기나 내용에 따라 알맞은 멜로디 악기나 리듬악기를 다양하게 사용하는 것이 좋다. 특히 피아노의 경우 교사가 유아에게 시선을 주기 어렵기 때문에 기타 등의 악기가 더 적절하다.

유아들에게 새노래를 지도할 때 문자로 노래가사만을 기록한 자료를 제시하기보다는 노랫말과 관련된 이야기를 중심으로 문자와 함께 그림이 사용된 자료를 제시하는 것이 좋다. 일부 기관에서는 오선지에 악보를 그려 넣은 자료를 준비하여 유아들에게 새노래를 지도하기도 하나, 이는 유아의 발달적 욕구를 고려할 때 바람직한 방법이 아니므로, 악보 형태로 제작한 자료보다는 글자를 읽지 못하는 유아들도 쉽게 따라 읽을 수 있는 그림자료로 제작한 새노래판을 제시하는 것이 좋다.

예를 들어, 교통기관 주제에 '씨앗' 라는 새노래를 유아들과 함께 불러 보려고 할 때 적절한 새노래판을 제작하는 것이 필요하다. 우선은 노래가사를 잘 생각해 보아 '씨' '물' '싹' '꽃' 등의 가사 내용을 착안하고, 적절한 크기(대집단 활동 시 약 4절 정도)로 관련된 사진이나 그림 등을 넣어 새노래 자료를 제시한다면 유아들은 더욱 쉽게 새노래를 배울 수 있을 것이다. 또한 활용한 새노래 자료판은 음률영역 등에 녹음이 된 노래 테이프와 함께 제시한다면 유아들은 손쉽게 노래를 들어 보고 불러 볼 수 있어서 자연스럽게 노래를 익히게 될 것이다.

(4) 게임에서의 교수매체의 활용

집단활동으로 이루어지는 게임은 주로 대근육 움직임이 포함된다. 따라서 유아교육기관에서의 게임은 유아들의 운동 능력을 발달시키고 자신감을 기르며 일상생활 속에서 생기는 갈등이나 감정을 해소하고 정서적인 만족감을 제공하는 가치가 있다. 일반적으로 편게임, 원게임, 자유대형 게임 등으로 구분할 수 있다. 연령이

[그림 5-3] 편게임 활동

어릴 경우는 편을 나누어 승패를 나누는 게임보다는 원게임이나 자유대형게임 등 승패와 관계없이 함께 즐겁게 참여할 수 있는 게임이 적절하다.

게임을 위해 간단한 자료를 제작할 수 있다. 가령, 융판자료를 이용하여 자료를 붙이고 돌아오거나 떼어 돌아오는 게임 등이 가능하다. 이외에도 교사는 그림자료로 게임 규칙판을 제작하여 사용할 수 있고, 점수판이나 깃발, 반환점 등의 자료를 다양하게 활용하여 게임의 흥미를 북돋울 수 있다.

(5) 신체표현활동

집단활동으로 이루어지는 신체표현활동은 신체탐색활동이나 이동 동작, 비이동 동작 활동 그리고 창의적으로 신체를 표현할 수 있는 다양한 활동들로 구분할 수 있다.

자신의 신체를 탐색해 보는 활동이나 이동 동작, 비이동 동작 시에는 신체 각 부위와 관련된 그림자료 등을 활용하면 좋다. 또한 창의적인 신체표현에 있어서는 그림자료, 표현을 위한 다양한 소품(스카프, 풍선, 리본테이프 등), 표현에 관련된 시청각 자료(비디오, 음악 테이프 등) 등을 활용해서 좀 더 창의적인 표현을 촉진할 수 있다. 또한 사용한 자료는 자유선택 활동 시 음률영역에 제시하여 유아의 자유로운 표현활동의 기회를 제공하는 것이 효과적이다.

[그림 5-4] 스카프를 활용한 신체표현활동

2) 개별활동에서의 교수매체의 활용

유아교육기관에서는 주로 자유선택활동 시간에 흥미영역을 중심으로 유아의 개별적 활동이 이루어진다. 물론, 때에 따라 자연스럽게 유아들이 소그룹으로 활동하기도 하지만 이는 유아의 선택에 의한 것으로 교사가 계획한 소집단 활동과는 그 의미가 다르다. 자유선택활동 시간에 유아는 자신의 흥미와 요구에 따라 선택한 활동 속에서 교사와 또래, 교구와의 상호작용을 통해 자신만의 속도로 학습해 나간다. 따라서 자유선택활동이야말로 유아가 신체, 인지, 사회, 정서, 언어적 측면에서 통합적으로 발달해 갈 수 있는 중요한 기회라 할 수 있다. 이에 교사는 흥미영역별로 적절한 활동을 계획하고 역동적 학습을 자극하는 다양하고 풍부한 교수매체를 제공할 수 있어야 한다.

[그림 5-5]
개별활동에 참여하고 있는 유아

자유선택활동의 효율적인 운영을 위해서 교사는 흥미영역을 적절히 배치하고 알맞은 교수매체를 제공해야 한다. 교실의 크기나 유아의 수에 따라 흥미영역의 수를 조절할 수 있으나 쌓기놀이 영역, 역할놀이 영역, 언어영역 등 기본적인 영역은 항상 운영하는 것이 좋다. 너무 많은 교구를 한꺼번에 제공해 주는 것은 바람직하지 않으며 계절이나 주제, 유아의 요구 등에 따라 교체해 주어 유아의 흥미를 지속시키는 것이 필요하다. 한편, 집단활동에서 활용했던 교수매체들은 활동이 끝난 후에 적절한 흥미영역에 제공해 주어 유아들이 자율적으로 사용해 볼 수 있도록 하는 것이 효과적이다.

이 절에서는 기본 영역인 쌓기놀이 영역, 역할놀이 영역, 언어영역을 중심으로 개별활동에서의 교수매체의 활용에 대하여 살펴보고자 한다.

(1) 쌓기놀이 영역

쌓기놀이 영역은 구성놀이를 가장 효과적으로 전개할 수 있는 영역으로, 유아가 여러 가지 공간구성 방법 및 형태에 대하여 생각하는 과정을 통해서 공간구성력을 키우며, 다양한 블록의 크기나 수, 형태 등을 비교하고 분류하는 과정 속에서 다양한 물리적 지식 및 논리 수학적 지식을 형성할 할 수 있도록 돕는다.

[그림 5-6] 블록놀이 영역 구성

쌓기놀이 영역은 일반적으로 활동적이며, 건조한 곳에 배치하며 역할놀이 영역과 인접시켜 두 영역의 활동이 연계, 확장될 수 있도록 하는 것이 효과적이다. 쌓기놀이 영역은 활동을 위한 충분한 공간을 필요로 하며, 소음을 줄이기 위해 바닥에 깔개를 깔아 주어야 한다. 연령이 많은 유아에게는 나무블록이나 유니트블록 등이 좋으며, 어린 유아들에게는 종이벽돌 블록이나 스펀지 블록, 우레탄 블록 등 가벼운 블록이 좋다. 또한 여러 가지 보조자료(교통표지판, 가족인형, 동물인형, 자동차 모형 등)를 제공해 주어 놀이가 좀 더 풍부해지고 다양해질 수 있도록 돕는다.

(2) 역할놀이 영역

역할놀이 영역은 구체적인 사물을 가지고 실제 생활을 표현해 보는 영역으로 활동적이면서 물을 사용하지 않은 영역에 위치하는 것이 좋다. 또한 가정과 같은 편안한 분위기를 느낄 수 있는 공간구성이 필요하다. 역할놀이 영역을 단지 소꿉놀이를 위한 영역으로 잘못 인식하기 쉬우나 역할놀이 영역은 이름 그대로 다양한 역할을 경험하고 표현해 보는 영역이다. 따라서 소꿉놀이를 기본으로 하되 진행되는 교육과정의 주제에 따라 병원이나 시장놀이, 미장원놀이, 우주선놀이 등 여러 가지 다양한 역할놀이가 이루어질 수 있도록 적절한 자료를 제공해 주어야 한다.

역할놀이 영역에는 기본적으로 싱크대, 냉장고, 식탁과 의자 등 부엌가구나 옷

[그림 5-7] 역할놀이 영역 구성

[그림 5-8] 부직포를 활용하여 교사가 제작한 음식점 놀이 소품자료

[그림 5-9] 역할놀이를 도와주는 소품

장, 화장대 등 방안 가구, 그 외 옷, 신발, 가방, 화장품, 구두, 넥타이 등 역할놀이를 위한 다양한 소품을 준비해 준다. 역할놀이를 위한 이러한 소품들은 주변에서 쉽게 구할 수 있으며 처음부터 많은 자료를 준비해 주기보다는 유아들이 놀이에 익숙해져갈수록 다양한 소품 등을 제공해 주고, 새로운 것으로 바꾸어 주는 것이 효과적이다.

(3) 언어영역

언어영역은 단순히 동화책을 읽는 도서영역을 의미하는 것이 아니라 말하기, 듣기, 읽기, 쓰기활동이 통합적으로 이루어지는 영역이다. 주로 자연 조명이 되는 창문 옆에 배치하며, 필요에 따라서는 인공조명을 달아 주어 조용하고 밝은 분위기를 조성해야 한다.

[그림 5-10] 책의 전면이 보이도록 구성한 책꽂이와 푹신한 깔개로 구성한 언어영역

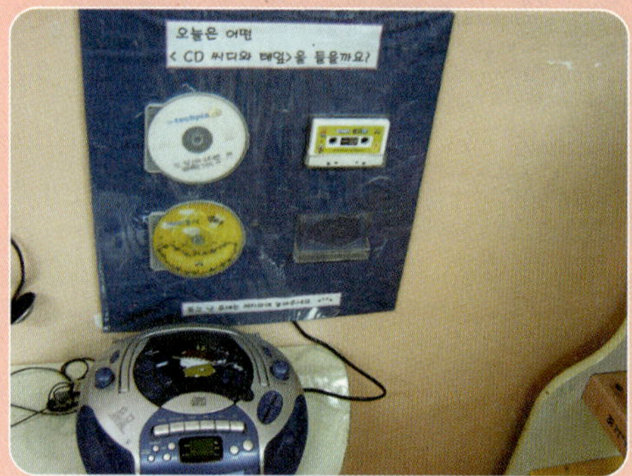

[그림 5-11] 언어영역에 제시한 녹음기와 녹음자료

읽기활동을 위해서는 푹신한 깔개나 유아용 안락의자 등을 준비해 주어 편안한 분위기에서 책을 볼 수 있도록 배려한다. 책은 전면이 보이도록 전시해 주는 것이 좋고, 진행되는 교육과정의 주제에 적절한 내용의 책을 함께 제공하며, 전래동화, 창작동화, 동시 등 다양한 장르의 책을 균형 있게 제공하도록 한다. 연령이 어린 유아들을 위해서는 입에 넣어도 안전한 헝겊 책 등 유아 연령의 발달 특징에 맞는 책을 제공해야 한다.

쓰기활동을 위해서는 쓰기를 촉진시킬 수 있는 다양한 교수자료를 제공한다. 자석판으로 만들어진 모래놀이 글자나, 사포로 만들어진 글자판, 다양한 쓰기자료, 즉 예를 들면 촉이 부드러운 색연필, 그림과 글자가 쓰인 글자판, 다양한 모양종이, 이면지 등 유아의 쓰고 싶은 욕구를 자극하고 충족시킬 자료가 필요하다.

듣기활동을 위해서는 녹음기와 책, 교사가 녹음한 이야기 녹음테이프나 녹음한 CD 자료 등을 준비해 주고 자유롭게 들어 볼 수 있는 기회를 제공한다.

말하기 활동을 위해서는 동화 들려주기 시간에 활용한 다양한 동화자료(융판동화, 자석동화, 그림동화, 인형극 자료 등)나 여러 가지 역할놀이용 머리띠(동물 머리띠 등), 인형극을 표현할 수 있는 놀이극장 등을 준비해 준다. 이렇게 함으로써 유아의 말하기에 대한 두려움이나 부담을 줄여 주며 흥미롭게 적극적으로 자신의 느낌이

[그림 5-12] 말하기 활동을 도모하는 인형자료

[그림 5-13] 교사가 제작한 동시판

[그림 5-14] 동화책과 연계한 인형극 자료

나 생각을 말로 표현해 보도록 격려해 줄 수 있다.

일부 유아교육기관에서는 언어영역을 단지 쓰기활동을 위한 영역으로 간주하는 경향이 있다. 특히 초등학교에서 사용하는 8칸 노트에 단어를 의미 없이 반복적으로 써 보게 하거나 동일한 내용과 형태의 학습지나 활동지 등을 이용해 의무적인 쓰기를 강조하는 경우가 있는데 이는 유아의 개인적인 요구와 흥미를 무시한 활동으로 자유선택활동의 본질적 성격에 상반된 것이다. 또한 주의할 것은 읽기활동의 경우도 언어활동에 통합된 일부로서 단순히 읽기 기술을 훈련하기 위한 교재는 적절치 않다. 참고로, 과학영역이나 기타 교사가 필요하다고 느끼는 흥미영역에 진행되는 교육과정의 주제에 맞는 도서를 한두 권 비치해 주는 것도 좋은 방법이 될 수 있다.

3) 기타 활동에서의 교수매체의 활용

유아교육기관에서 하루 일과를 운영하다 보면 집단활동과 개별활동 이외에도 일상적 활동이나 전이활동 역시 유아의 발달을 지원하는 교육적 기회가 될 수 있다. 일상적 활동이나 전이활동이 교육적 의미를 갖기 위해서는 역시 적절한 교수매체의 활용이 중요하다. 새로운 매체를 제작하여 사용할 수 있지만 다른 집단 활동이나 개별활동에서 활용한 매체를 다시 활용하는 것도 통합적인 후속활동을 꾀할 수 있다는 점에서도 효과적이다.

[그림 5-15] 그림자료로 제작한 날짜판

[그림 5-16] 일상생활에서 활용 가능한 그림자료: 화장실에서 지켜야 할 약속

일상적 활동으로는 유아가 자신의 소지품을 보관하거나 화장실을 사용하기, 손 씻기와 이 닦기가 있다. 발달수준을 고려한 물품과 자료를 제공하여 유아가 안전하게 독립적으로 사용할 수 있어야 하며 무엇보다도 위생적으로 관리해야 한다. 교사 입장에서 유아를 관리하기 좋은 방법이 아니라 유아의 자율성과 협동심을 키워 줄 수 있는 방식으로 일상적 활동이 이루어질 수 있어야 한다.

일상적 활동 시의 기본적인 교수매체는 신발장이나 개인 사물함, 식수대, 유아의 가방 등이라고 할 수 있다. 사물함이 필요 없이 크지 않은지 고려해 보아야 하며 특히 교실이 좁아 흥미영역의 배치 공간이 부족한 경우에는 유아의 사물함이나 식수대를 복도로 빼 주는 것이 효과적일 수 있다. 또한 사물함 등에 유아의 이름과 사진을 붙여 주거나 화장실에 변기나 휴지의 사용법이나 손 씻는 방법에 대한 그림 안내판을 게시해 주며, 교실 내에 정리정돈 시 지켜야 할 규칙을 게시해 줄 수 있다. 이때 이야기 나누기 활동 등에서 활용했던 자료를 이용하면 효율적이다. 이외에도 교실 내에 날짜판 제작에 있어서도 그림자료를 이용하여 활용할 수 있다.

한 가지 활동을 마치고 다른 활동으로 넘어가는 전이활동 시에도 매체를 적절히 활용하면 교육적 효과를 높일 수 있다. 간단한 손인형을 이용하는 것만으로도 유아의 주의집중을 돕고 흥미를 자극해서 원활한 전이를 도울 수 있다. 집단활동 시간에 활용했던 동화자료나 노래 부르기 자료를 다시 사용하면 효율적이다.

3. 유아교육기관에서의 교수매체의 보관

유아교육기관에서는 교수매체를 체계적으로 보관, 관리하는 것이 효과적인 교수매체 운용의 기본이 된다. 가능하면 충분한 공간을 마련하여 쉽게 꺼내 사용할 수 있도록 조직적으로 분류해서 보관할 필요가 있다. 자료실을 별도로 마련하여 활동자료를 영역별 또는 주제별로 정리해 두며, 보관함을 별도로 만들어 내용물의 이름이나 사용법 등을 기록하고 비품 관리대장을 마련하여 체계적으로 관리하는 것이 업무 효율성을 높이는 데에도 도움이 된다.

자료실은 교사실 가까이에 위치하는 것이 좋으며 햇빛이 많이 들지 않으며, 먼지가 없고, 습기나 곰팡이가 끼지 않는 통풍이 잘 되는 곳으로 선택한다. 만일 별도로 자료실이 없다면, 교사실 또는 상담실이나 계단 및 공간, 복도 벽의 윗부분이나 참관실 선반, 그 외 크고 작은 공간 등 영유아의 활동에 방해받지 않는 공간을 정하여 분산 보관한다. 자료실 내에는 교사들이 자료를 넣고 꺼내기 수월하도록 교구장을 배치하는 데 주로 자료의 무게를 지탱할 수 있는 나무 선반이나 철재 앵글 등을 이용하여 자료의 규격에 따라 가로와 세로 칸막이를 적절히 나누어 준다.

한편, 교수매체의 제작을 위해서는 교사실에 작업용 책상과 필요한 재료들을 모아놓는 것이 편리하다. 교실 내에 교사용 책상을 놓고 개인적으로 자료들을 보관하는 것은 비효율적이다.

유아교육기관에서 교수매체를 보관하는 구체적인 방법을 살펴보면 다음과 같다.

[그림 5-17] 교구 사용 설명서와 함께 상자에 보관한 이야기 나누기 자료

① 각각의 교수매체별로 카드를 작성해 둔다.

새로 제작하거나 구입할 때마다 교육목표와 활동방법, 유의점 등을 기록해 두면 다음 사용 시에 편리하다. 카드에 여백란을 두면 추후에 사용하는 교사가 첨가할 내용이나 아이디어를 기록할 수 있어서 효과적이다.

[그림 5-18] 커다란 지퍼백에 보관한 그림자료의 예

② 교수매체 활용 후 분실되거나 손상된 부분을 보수하고, 내용물을 잘 점검한다.

교수매체의 내용물 중 부속물이 분실, 손상, 오염된 것이 있는지 확인하여 보충한다. 보관되는 매체의 상자 안쪽에 필요한 부속물의 숫자를 기입해 둔다(말: 2개, 주사위: 2개 등). 만일 교사가 제작한 자료라면 분실 등에 대비해 좀 더 여분의 부속물을 제작해 놓는 것도 좋은 방법이다. 또한 교구 사용 설명서 등을 기록하여 함께 보관한다면 다른 사람이 사용하기에 좀 더 용이하다.

③ 자료의 내용이나 형태에 따라 다른 보관함을 사용한다.

투명 비닐 지퍼팩 및 비닐 봉투 등 내용물이 보이는 봉투를 다음과 같이 자료의 크기에 따라 준비해서 사용한다.

- 두껍지 않고 크지 않은 평면 그림자료(이야기 나누기, 간단한 동화, 동시 자료)는 클리어 파일에 주제별로 이름을 써서 정리해 둔다.
- 크기가 큰 자료는 먼지가 타지 않도록 비닐이나 천 등에 싸서 선반 위에 보관한다.
- 봉투에 넣어 보관하기 부적절한 실물이나 입체자료는 가벼운 개방식 바구니나 플라스틱 상자를 이용하여 보관한다.

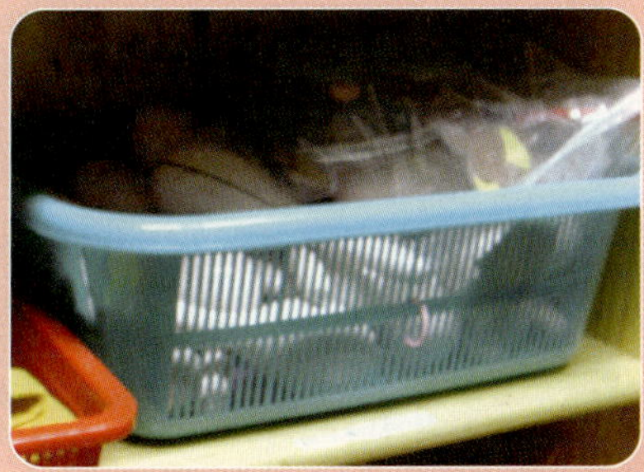

[그림 5-19] 개방식 바구니에 담아둔 자료의 예

참고로, 자료를 제작할 때 보관을 고려하여 가능하면 부피를 최소화할 수 있도록 제작하는 것이 좋다. 예를 들어, 크기가 큰 게임판을 만들 때, 반으로 나누어 중간에 벨크로 테이프(찍찍이)를 이용함으로써 분리와 접착이 가능하고, 보관도 용이하게 만들 수 있다.

④ 비디오나 테이프, CD나 유아용 소프트웨어는 눈에 띄는 선반에 보관한다.

이러한 교수매체는 크기가 작고, 대부분 사이즈가 동일하기 때문에 일련번호를 두고 정리해서 보관하여 언제든 활용하고자 할 때 손쉽게 활용할 수 있어야 한다.

⑤ 적절한 분류기준을 정하고 그에 따라 분류한다.

각각의 자료를 분류기준에 따라 분류하고, 견출지, 라벨지 등에 분류번호를 기입한 후, 보관함의 앞면에 제목과 사진을, 측면에는 분류번호를 부착하여 언제든지 손쉽게 교수매체를 찾을 수 있도록 세분화한다. 교수매체를 분류기준의 우선순위와 세분화 정도는 각 기관의 목표와 편의에 따라 융통성 있게 정할 수 있다. 이때 중요한 것은 손쉽게 분류의 기준을 알 수 있도록 작성해야 한다는 것이다. 분류기준이 될 수 있는 것은 생활주제, 흥미영역, 활동유형 그리고 교재의 유형 등이다.

유아교육기관에서 일반적으로 많이 쓰이는 분류방법의 예를 소개하면 다음과 같다(권옥자 외 5인, 2000).

[그림 5-20] 플라스틱 바구니를 이용하여 단원별로 정리한 예

[그림 5-21] 플라스틱 바구니를 이용하여 주제별로 정리한 예

[그림 5-22] 철재선반을 이용하여 구성한 자료실의 예

- 생활주제별 분류: 전체 교수매체를 생활 주제별로 나눈 후 각 활동유형별로 다시 세분화한 것이므로, 교사는 각 생활주제가 전개되기 전에 주제와 관련하여 보관되어 있는 모든 활동을 점검할 수 있다는 장점이 있다.

▶ 생활주제별 분류 번호를 정한 후, 각 활동유형의 일련번호를 정한다.

생활주제 분류	생활주제 명	활동유형 분류	활동유형 명
I	교통기관	A	이야기 나누기
II	우리나라	B	동화
III	우주	C	동시
IV	가을	D	게임
V	불조심	E	음률

▶ 새로 제작된 교수매체는 분류대장의 해당 생활주제와 활동유형을 찾아서 대장에 올리고 일련번호를 확인하여 고유번호를 준다.

Ⅰ. 교통기관-B. 동화			
일련번호	제 목	유 형	자 료
-1	부릉부릉 달려라	테이블	자동차 2, 사람 2, 주유소
-2	꼬마 자동차 덜컹이	낱장	그림 10장, 부분 움직임
-3	칙칙폭폭 칙칙폭폭	손인형	손인형 2(기관차, 기차)

예를 들어, 위의 분류대장에서 본 동화 '꼬마 자동차 덜컹이'는 Ⅰ-B-2라는 고유분류 번호를 갖게 된다.

▶ 생활주제 번호-활동유형 번호-일련번호의 순으로 매겨진 고유 분류 번호를 교수매체 제작카드에 기입한 후, 제작카드의 내용도 기록한다.

• 활동유형별 분류: 이 분류방법은 각 기관이 보유하고 있는 교수매체가 각 활동유형별로 어느 정도나 되는지, 어떤 활동유형의 교수매체가 상대적으로 많거나 적은지를 알고자 할 때 편리하다.

활동유형 분류	활동 유형	생활주제 분류	생활주제 명
Ⅰ	노래	A	즐거운 유치원
Ⅱ	동시	B	나와 친구
Ⅲ	이야기 나누기	C	봄
Ⅳ	게임	D	여름

분류방법은 생활주제별 분류와 순서만 바꾸면 간단하다. 즉, 활동유형 번호-생활주제 번호-일련번호의 순이다.

▶ 새로 제작된 교수매체는 분류대장의 해당 생활주제와 활동유형을 찾아서 대장에 올리고 일련번호를 확인하여 고유번호를 준다.

분류방법에 의하면 노래 '사이좋게'의 고유분류 번호는 Ⅰ-B-3이다.

Ⅰ. 노래-B. 나와 친구			
일련번호	제 목	출 처	자 료
-1	차례차례로	노래동산	순서 그림자료 3장
-2	함께 치우자	노래동산	손인형 2개
-3	사이좋게	교육인적자원부	상황 그림 1, 막대인형 2

• 누적식 기록방법: 생활주제나 활동유형으로 정한 분류기준을 다시 세분화하지 않고 계속 제작된 교수매체를 누적식으로 기록해가는 형태다. 즉, 하나의 생활주제(혹은 활동유형)에 대하여 자료가 제작되는 대로 활동(혹은 생활주제)을 구분하지 않은 채, 대장에 누가적으로 기록해 나간다.

생활주제 분류	생활주제 명	활동유형 분류	활동유형 명
Ⅰ	가족	A	노래
Ⅱ	지역사회	B	이야기 나누기
Ⅲ	여름	C	게임

일련번호	제 목	생활주제	활동유형	자 료
-1	우리 가족	Ⅰ	A	장갑, 인형 5개
-2	키 재기	Ⅱ	B	게임판, 주사위 2, 말 2
-3	편지가 오기까지	Ⅲ	C	그림자료 6장

제2부

영유아를 위한 교수매체의 제작과 활용

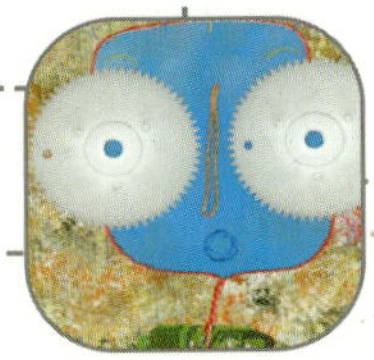

Chapter 06

PART TWO

그림자료

그림자료란 교사나 유아가 직접 그린 그림, 잡지나 카탈로그 등에 실린 그림이나 사진 등 교사가 어떤 개념이나 학습을 전개하고자 하는 목적으로 준비한 평면적이고 정적인 시각자료를 의미한다. 유아기의 발달적 특징상 추상성이 강한 언어만으로는 이해가 어렵기 때문에, 영유아를 위한 교수학습과정에서 그림자료는 기본적인 교수매체로서 가장 많이 사용된다. 이 장에서는 그림자료의 특성과 선택, 제작 및 활용에 대해 살펴보고자 한다.

1. 그림자료의 특성

그림자료는 언어로만 이루어진 교수-학습활동에 비해 보다 생생하고 신속하게 의미를 전달할 수 있어 유아의 시선을 고정시키고 주의 집중력을 높여 학습의 효과를 높일 수 있다.

1) 그림자료의 장점

① 자료의 수집과 제작이 용이하다.

교사가 직접 그리거나, 신문이나 잡지, 카탈로그나 책 등에서 필요한 그림을 오리거나 복사하여 사용할 수 있다. 또한 컴퓨터에서 적절한 그림자료를 찾아 확대하거나 축소하여 쉽게 제작할 수 있다.

② 사용이 편리하다.

그림자료는 특별한 기자재 없이 그림자료만으로 활용이 가능하다.

③ 직접 경험할 수 없는 자료에 대해 시각적 경험을 제공한다.

가령 과거의 일이라든가 거리상의 문제로 실물을 보거나 현장학습이 어려운 경우 그림자료만으로도 충분한 시각적 경험을 제공할 수 있다.

④ 다양한 교육활동의 자료로 활용할 수 있다.

진행되는 교육과정의 주제에 알맞은 이야기 나누기나 게임, 동시, 새노래 지도, 부모나 유아를 위한 게시판 구성 등 그림자료는 다양한 활동에 활용될 수 있다.

2) 그림자료의 제한점

① 동작의 움직임을 나타낼 수 없다.

동작의 정지 상태에 대한 자세한 정보가 필요할 때 효과적이나 움직임을 보여 주어야 하는 학습에는 적당하지 않다.

② 사물의 거리나 깊이에 대한 이해가 어렵다.

그림을 그릴 때 원근법 등이 고려되기는 하지만, 실제 사물처럼 입체적으로 나타내 주기에는 무리가 있다.

2. 그림자료의 선택

잡지나 카탈로그, 클립아트, 인터넷 등 그림자료를 쉽게 얻을 수 있는 자원은 풍부하지만 중요한 것은 적절한 그림자료를 선택하는 일이다. 그림자료의 선택 시 고려해야 할 사항은 다음과 같다.

① 전달하고자 하는 분명한 메시지를 담고 있어야 한다.

특히 정확한 정보나 개념학습을 위해 그림자료를 사용할 경우 전달하고자 하는 메시지가 그림 한 장 한 장에 정확하게 표현되어 있어야 한다.

② 사용 목적에 적합한 그림 형태를 고려한다.

그림자료가 개념학습을 목적으로 하는 경우라면 사실적이고 구체적이어야 하며, 게임판의 제작에 사용할 그림자료라면 약화된 그림을 제시하는 것이 더 효과적이다. 예를 들어, 과학영역에 제공할 '개구리의 일생' 에 관한 그림자료라면 '알' 에서 '개구리' 가 될 때까지의 사실적 모습을 순서대로 나타낸 것이어야 한다. 그러나 '개구리의 일생' 에 관한 판게임 자료라면 약화된 그림이 더 적절할 수 있다.

③ 사용 목적에 적합한 채색법을 선택한다.

사실적인 정보의 제공을 위해서 그림자료를 사용할 경우에는 실제에 가까운 채색이 필요하다. 그러나 유아의 창의성과 상상력을 자극하고자 하는 목적의 그림자료인 경우에는 굳이 사실적인 색을 고집할 필요가 없고 그보다는 색의 조화와 심미성을 고려하여 선택한다.

3. 그림자료의 제작

필요에 따라서는 교사가 직접 그림자료를 제작하여 사용할 수 있다. 이 절에서는 그림을 확대, 축소시켜 그리는 방법과 움직임의 효과를 주는 방법, 그리고 그림 동화를 제작하는 방법으로 나누어 살펴보고자 한다.

1) 그림을 확대, 축소시켜 그리는 방법

(1) 정간법

원본 그림의 크기가 적절치 않아 가로 또는 세로로 확대하거나 축소해서 그릴 때에는 정간법(grid drawing)을 활용할 수 있다. 정간법을 이용하여 원본보다 작게 그림을 그리고자 할 경우를 예로 들어 살펴보면 다음과 같다.

① 그리고자 하는 원본 그림 위에 바둑판 무늬를 그린다.
② 그림을 그릴 종이에 원본 보다 작게 바둑판 무늬를 그린다.
③ 원본의 바둑판 무늬 속에 포함된 그림을 맞추어 가며 옮겨 그린다.

원본보다 크게 그림을 그리고자 할 경우에는 그리고자 하는 종이에 바둑판 무늬를 크게 그린 후 축소할 때와 같은 방법으로 그리면 된다.

(2) OHP를 이용한 방법

그림을 확대해서 그리는 경우 OHP를 이용하는 방법이 있다.

① OHP용 아세테이트 필름에 원하는 그림을 복사한다.
② 벽면에 그림 그릴 종이를 붙인다.
③ ①의 OHP 자료를 OHP기에 올려 그림 그릴 종이 위에 영사한다.
④ 종이 위에 투사된 형상대로 스케치한다. 이때 원본의 그림에서 원하는 대로 생략, 첨가할 수 있다. 또한 필요하다면 같은 방법으로 다른 그림을 적당한 위치와 크기로 합성해서 그릴 수도 있다.

2) 움직임의 효과를 주는 그림자료 제작방법

그림자료가 움직임을 나타낼 수 있으면 좀 더 흥미롭게 활용할 수 있다. 정적인 그림자료를 가지고 움직임의 효과를 주는 그림자료로 제작하기 위해 배경판은 어느 정도 두께가 있는 것이 적당하다. 또한 움직이려는 조각 그림은 다른 종이에 따로 그려 코팅을 하거나 두꺼운 도화지에 그려야 한다.

다음은 움직임의 효과를 주는 제작방법들로 이 중 한 가지 방법만을 사용할 수도 있고, 몇 가지 방법을 혼용해서 함께 사용할 수도 있다. 중요한 것은 전달하고자 하는 내용을 가장 적절하게 표현할 수 있는 방법으로 움직임의 효과를 내야 한다는 것이다.

(1) 할핀을 이용하여 움직이게 하는 방법

신체의 일부분을 움직이거나 데굴데굴 구르는 모습 등 위치의 이동 없이 제자리에서 움직이는 것을 표현하고자 할 때 할핀을 사용할 수 있다. 배경판의 적당한 부분과 움직일 조각 그림에 구멍을 뚫은 다음 할핀을 끼워서 고정시키면 된다.

[그림 6-1] 할핀을 이용한 움직이는 그림자료

(2) 낚싯줄을 이용하여 움직이게 하는 방법

직선의 움직임을 표현하고자 할 때 낚싯줄을 사용할 수 있다. 조각 그림을 움직이고자 하는 구간의 양쪽 끝에 구멍을 낸 후 낚싯줄을 꽂아 팽팽하게 연결한다. 그림판 뒷면에서 낚싯줄을 매듭한 후 셀로판테이프나 뿅뿅이 등을 이용하여 손잡이를 만들고 그림판 앞면의 낚싯줄에는 움직일 조각 그림을 붙인다. 만일 두 개의 조각 그림을 동시에 움직이고자 할 때에는 먼저 각각의 조각 그림을 낚싯줄로 연결한 다음 뒤에서 두 개의 낚싯줄을 한 번에 움직일 수 있도록 나무막대로 연결한다.

[그림 6-2] 낚싯줄을 이용한 그림자료

[그림 6-3] 칼집을 이용한 그림자료

(3) 칼집을 이용해서 움직이게 하는 방법

완만한 곡선의 움직임을 표현하거나 배경은 그대로 두고 움직일 조각그림만 바꾸고자 할 때 칼집을 내어 사용할 수 있다. 배경판에 칼집을 낼 때 너무 얇게 칼집을 내면 곡선의 움직임이 부드럽지 못할 수 있으므로 1mm 정도의 두께로 칼집을 낸다. 움직일 조각그림 뒷면에는 칼집 사이에 끼운 후 조작할 수 있도록 손잡이를 만들어 붙인다. 손잡이는 조각그림을 코팅해서 오려 내고 남은 코팅지를 이용해 만들면 된다. 가장자리의 자투리 부분을 길게 오려서 반을 접어 테이프를 이용해 조각 그림 뒤에 수직으로 붙인다.

(4) 자석을 이용해서 움직이게 하는 방법

자유롭게 움직이는 모습을 표현하는 그림자료를 제작할 때는 자석을 사용한다. 조각 그림을 자석으로 잘 조정하기 위해서는 배경그림과 조각그림의 종이 재질이 너무 두껍지 않아야 한다. 즉, 마닐라지나 또는 도화지 정도의 두께가 적당하며, 그림 앞부분의 조각그림에 붙인 자석보다 뒤에서 조정하는 조정막대에 붙인 자석의 자력이 더 강해야 한다.

[그림 6-4] 자석을 이용한 그림자료

3) 그림자료를 활용한 동화 제작방법

(1) 낱장식 그림동화

낱장식 그림동화는 유아교육기관에서 가장 많이 사용하는 그림자료로서 그 제작 방법은 다음과 같다.

① 선정한 동화의 내용에 따라 적절한 그림 매수를 정한다.

② 동화를 그릴 종이를 선정한다.

종이는 너무 얇거나 두껍지 않은 마닐라지가 적당하며, 종이 크기는 대집단에서 활용이 가능하도록 4절이 적당하다.

③ 종이 위에 동화의 장면을 스케치한다.

그림 속의 등장인물은 가능한 한 잘리지 않도록 하며 가장자리에 테이프 처리할 것을 고려하여 사방 1cm 안쪽에 그림을 그린다.

④ 동화의 내용이나 분위기에 따라 적절한 방법으로 채색한다.

파스텔, 그림물감, 포스터컬러, 색연필, 크레파스 등의 재료를 사용하며 두 개 이상 섞어 사용할 수 있다. 또한 필요에 따라 옷감, 노끈, 한지, 잡지, 색상지 등 다양한 재료를 사용할 수 있다.

⑤ 필요한 경우 입체적인 장면이나 움직이는 장면을 표현한다.

낚싯줄, 할핀, 자석, 칼집 등을 사용한다(움직임의 효과를 주는 그림자료의 제작 방법 참고).

⑥ 그림이 완성되면 각 장의 가장자리를 마스킹테이프로 마무리한다.

그림 앞면에 사방 1cm 정도만 나오도록 하여 마스킹테이프로 감싼다.

⑦ 각 장의 뒷면에 일련번호와 동화의 내용을 적는다.

움직임을 나타내는 장면이 포함되지 않은 경우는 동화의 내용을 바로 앞의 장면에 적는다. 즉, 첫째 그림의 내용은 맨 앞의 표지 뒷면에 적고, 두 번째 그림의 내용은 첫 번째 그림의 뒷면에 적는다. 부분적인 움직임의 효과를 준 장면의 경우는 해당 그림의 뒷면에 적는다. 즉, 세 번째 장에 움직임이 포함될 때 그 세 번째 장의 뒷면에 내용을 적는다.

⑧ 가방이나 상자를 만들어 보관한다.

가방이나 상자를 만들고 겉에 교구 분류번호나 생활주제, 동화제목 등의 기본 정보를 기록한다. 두꺼운 비닐로 만들면 내용을 들여다볼 수 있어서 편리하다.

[그림 6-5] 그림동화자료

(2) 텔레비전 동화

텔레비전 동화는 틀을 이용하여 화면을 연속적으로 제시할 수 있으며 그림이 움직일 수 있어 유아의 흥미가 높은 자료다. 텔레비전 동화의 제작방법은 다음과 같다.

[그림 6-6] 텔레비전 동화자료

① 동화를 선정한다.

② 동화를 그릴 종이를 선택한다.

동화배경을 그릴 종이는 잘 말아지면서 비치지 않는 정도의 두께가 좋다. 4절지를 길게 연결하거나 전지를 길게 잘라 사용할 수 있다. 전지로 동화를 그릴 경우 화면 크기에 맞게 뒷면에 점선으로 표시해 준다. 종이의 세로 길이는 텔레비전 틀 화면의 세로 길이보다 약 5cm 정도 길어야 적당하다. 종이가 너무 길면 잘 말리지 않고 화면 길이와 같거나 짧으면 텔레비전 틀의 뒷부분이 보이기 때문이다.

③ 종이 위에 동화 장면을 스케치한다.

그림은 화면의 크기보다 1~2cm 정도 더 큰 크기로 그려야 한다. 이는 동화를 들려주는 과정에서 그림을 돌리다 흰 여백이 보이는 것을 방지하기 위한 것이다.

④ 동화의 내용이나 분위기에 적절한 채색방법으로 채색한다.

⑤ 동화의 내용은 따로 종이에 적어 해당되는 장면의 그림 뒤에 붙인다.

⑥ 각 장면을 테이프를 이용하여 붙인다.

앞에서 볼 때 왼쪽부터 동화의 제목이 나오고 그 다음 장면이 순서대로 나오게 연결한다. 즉, 틀의 뒤쪽에서 볼 때 시작 부분이 교사의 오른쪽에 위치하고, 끝 부분은 왼쪽으로 향하게 하여 반듯하게 붙인다.

⑦ 그림의 뒷면에 각 장의 분리선을 긋는다.

이는 동화 틀의 화면에 장면이 정확하게 보이도록 제시하기 위한 것이다.

⑧ 동화 틀의 원기둥 막대에 연결한 그림자료를 붙인다.

원기둥 막대 밑면에서 2~3cm 정도 위에 붙인다. 또한 그림자료는 사용 전후에 원기둥에서 붙였다 떼였다 해야 하므로 손상되지 않도록 그림자료의 시작과 끝 부분에 50cm 정도 여분의 종이를 붙여 투명 시트지나 셀로판테이프로 씌워 준다.

(3) 회전판 동화

회전판 동화는 두 장의 원판을 겹쳐 원의 중심을 할핀으로 고정시킨 후 앞 장의 오려진 칸을 통해 뒷장의 그림을 돌려가며 부분적으로 보여 주는 동화다. 『쥐의 결혼』처럼 비교적 이야기 진행이 단순하며 배경이 중요하지 않는 동화에 사용하는 것이 적당하다. 회전판은 동화 이외에도 동시, 수수께끼, 이야기 나누기 등의 활동 자료로도 활용할 수 있다. 수학이나 언어 영역의 판 게임자료로도 활용할 수 있는데 이때에는 앞 장을 돌리는 것이 일반적이다. 회전판 동화의 제작 방법을 살펴보면 다음과 같다.

[그림 6-7] 회전판 이야기 나누기 자료

① 하드보드지와 같이 두꺼운 종이에 지름 30cm 정도 크기 원을 두 장 그려 오린다.

② 한 장의 원판에는 동화의 내용을 그린다. 이때 동화를 회전

시키는 상태에서 그림이 똑바로 보이도록 방향을 고려하며 원판을 피자조각 모양으로 6~8등분하여 각 장면을 그린다.

③ 다른 한 장의 원판은 그려진 그림의 한 조각 크기만큼 오려내어 동화 장면이 보이도록 만들고 나머지 부분에는 동화의 제목 또는 전체적인 배경을 나타내는 공간으로 활용한다.

④ 할핀을 이용하여 동화의 내용 그림을 뒤에 놓고 두 장을 고정시킨다.

4. 그림자료 활용 시의 유의점

① 계획된 활동 시간의 길이를 고려하여 제시할 그림자료의 수를 결정한다.

② 대상 유아가 모두 잘 볼 수 있도록 집단의 크기와 자료의 크기를 고려한다.

③ 그림의 내용을 비교 또는 대조해야 하는 경우를 제외하고는 한 번에 한 장의 그림자료만 제시한다.

④ 그림자료를 코팅하거나 비닐을 씌운 경우 빛이 반사되어 잘 보이지 않을 수 있으므로 유아의 입장에서 빛의 방향을 고려한다.

Chapter 07

융판 및 자석자료

융판자료나 자석자료는 그림자료 등과 같은 평면자료 뒷면에 벨크로테이프(찍찍이)나 자석을 붙여 만든 자료로서, 유아교육기관에서 손쉽게 제작하고 활용할 수 있다. 그림자료의 뒷면에 벨크로테이프를 붙이면 융판자료가 되며, 자석을 붙이면 자석자료가 된다.

1. 융판 및 자석자료의 특성

융판자료나 자석자료는 유아교육기관의 다양한 교수-학습활동에서 활용된다. 간단한 이야기 나누기 자료에서부터, 동화자료, 새노래판, 게임자료, 요리순서표의 제작 및 활동실 내 지켜야 할 일반적인 규칙을 소개하는 판에 이르기까지 융판이나 자석자료로 손쉽게 제작할 수 있다. 이처럼 유아교육기관에서 가장 일반적으로 사용되는 융판 및 자석자료의 특징은 다음과 같다.

① 제작 방법이 비교적 간단하다.

가령 이야기 나누기용 자료를 제작할 때는 인터넷 사이트에서나 잡지 또는 기타 자료 등을 활용하여 적절한 그림을 찾아 오린 후, 뒷면에 찍찍이나 자석 등을 붙이면 손쉽게 제작이 가능하다. 또한 융판동화자료의 경우 필요한 배경과 등장인물 등을 선정하고, 오려서 벨크로테이프만 붙이면 간단히 제작할 수 있다.

② 사용이 비교적 용이하다.

특별한 기구나 전기의 사용이 필요치 않고 교사가 자료를 융판이나 자석판에 붙이고 떼어내기만 하면 된다. 따라서 언제 어디서나 손쉽게 활용할 수 있다.

③ 융통성 있게 사용할 수 있다.

자료의 순서나 전개 속도에 구애받지 않고 융통성 있게 활동을 전개할 수 있다. 즉, 동일한 자료라 하더라도 진행되는 상황이나 집단의 크기, 유아의 연령 등에 따라 융통성 있게 활용할 수 있다.

④ 다루기가 쉽고 보관이나 운반도 용이하다.

별다른 기술이 필요치 않아 유아들도 다루기 쉽고 자료가 가볍고 안전하며 부피가 작아 보관이나 운반이 쉽다.

⑤ 자석자료의 경우 융판자료와 달리 자석의 붙는 성질을 이용해서 겹쳐 붙이기가 가능하다.

[그림 7-1] 시중에 판매되고 있는 융판 및 자석판 겸용 교구

출처: kmchild.com

2. 융판 및 자석자료의 제작

1) 융판의 제작 방법

융판은 상품으로 제작되어 판매되는 것이 많으나, 진행되는 활동의 목적이나 집단의 크기, 내용 등을 고려하여 제작할 수 있다. 기본적으로 하드보드지나 스티로폼, 우드락판 위에 부직포나 펠트지를 붙여서

융판을 제작할 수 있으며 그 모양에 따라 다음과 같이 삼각 융판, 평면 융판, 앞치마 융판 등으로 나누어 볼 수 있다.

(1) 삼각 융판

삼각 융판은 언어영역 등의 흥미영역에 제시되어 개별 또는 소집단 활동용으로 많이 사용된다. 하드보드지를 이용하여 제작하는 경우가 일반적이며, [그림 7-2]와 같이 제작 시 맨 아랫부분을 벨크로테이프를 이용해서 제작하고, 보관할 때는 반으로 접어서 보관하도록 한다.

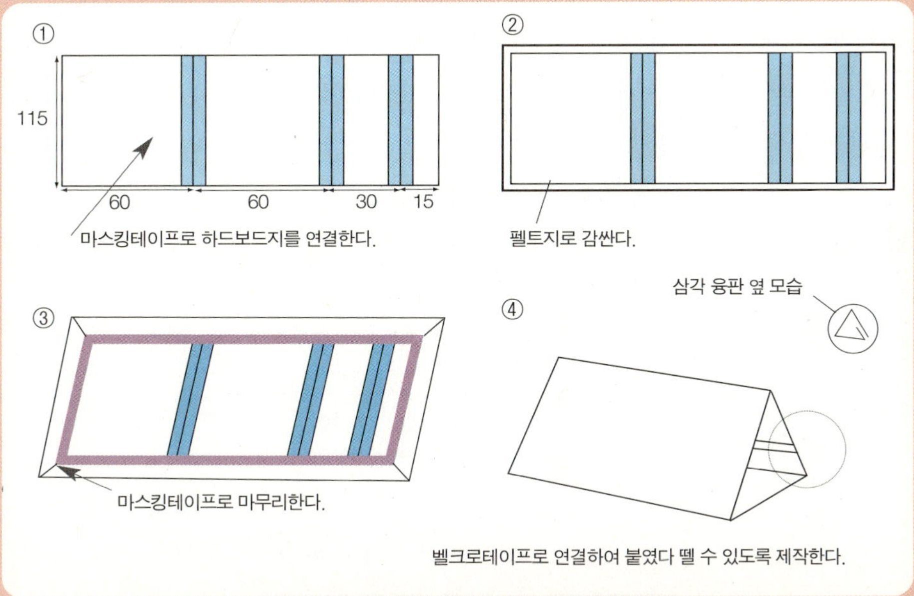

[그림 7-2] 삼각 융판 제작 방법

[그림 7-3] 삼각 융판

(2) 평면 융판

평면 융판은 베니어판이나 하드보드지 또는 스티로폼에 부직포나 펠트지 등을 씌워서 제작한다. 주로 교구장 뒷면이나 교실 벽면 등에 부착하여 활용하는데, 무게를 고려하여 크기가 큰 경우는 우드락이나 스티로폼 등을 이용해서 제작한다. 평면 융판의 구체적 제작방법은 다음과 같다.

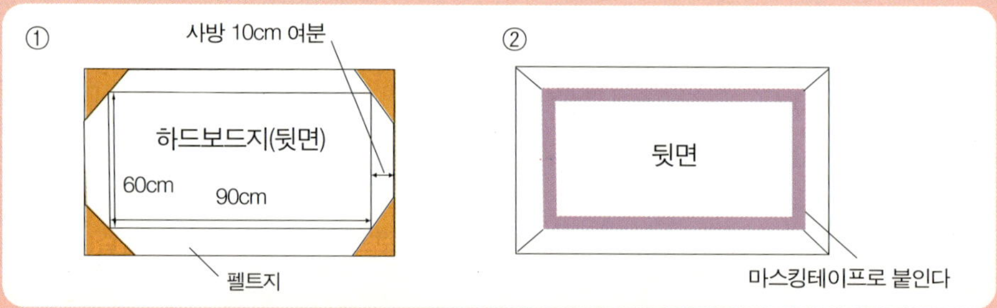

[그림 7-4] 평면 융판 제작 방법

[그림 7-5] 평면 융판 구성

(3) 앞치마 융판

앞치마 융판은 교사가 동화를 들려줄 때 많이 활용하는 유형으로 융판을 앞치마 모양으로 만든 것이다. 주로 배경이 간단하며, 등장인물이 많지 않은 동화자료나 간단한 이야기 자료의 활동 시에 사용하면 적당하다. 집단의 크기가 크지 않을 때 더 효과적이다.

동화자료의 경우 앞치마에 자료 보관을 위한 주머니를 적절한 위치와 크기로 함께 제작하면 좋다. 보통 앞치마 융판의 배경을 주머니로 활용하는 경우가 많은데, 예를 들면 구름 장면이 배경인 경우 구름의 아랫부분은 박음질을 하고 윗부분은 박음질을 하지 않고 주머니로 활용할 수 있다. 앞치마 융판의 구체적인 제작방법은 다음과 같다.

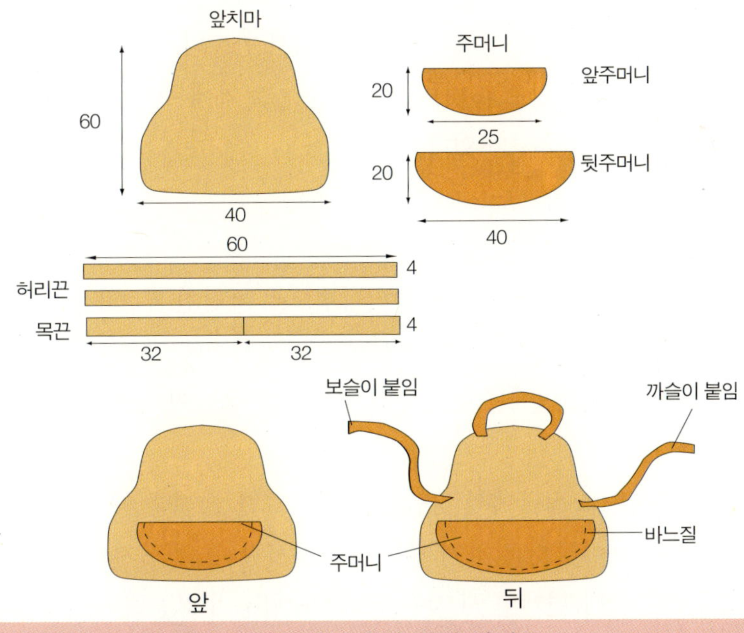

[그림 7-6] 앞치마 융판 제작 방법

[그림 7-7] 앞치마 융판

2) 자석판의 제작 방법

자석판은 일반적으로 제작하여 판매되는 것이 많으나, 게임에 활용하거나 언어 영역 등에 제시하는 자석판의 경우 교사가 제작, 사용할 수 있다.

자석판은 보통 하드보드지나 우드락 위에 함석판을 붙이고, 그 위에 시트지나 기타 자성이 통과할 수 있는 다른 재료를 붙여서 만든다. 자석판은 그 모양에 따라 삼각 자석판, 평면 자석판으로 나눌 수 있으며, 그 외에 주변에서 쉽게 구하는 분유통 등을 이용하여 제작할 수도 있다.

(1) 삼각 자석판

삼각 자석판은 삼각 융판과 동일한 방법으로 제단한 후, 자석자료를 붙이고자 하는 위치에 함석판을 대고 그 위를 시트지로 싸서 만든다. 삼각 자석판의 앞면에는 함석판을 붙이고, 뒷면에는 부직포나 펠트지를 붙이면 자석판과 융판을 동시에 사용할 수 있다.

삼각 자석판은 소집단에서 간단한 동화자료를 들려줄 때나 혹은 개별 활동으로 언어영역에서 유아들의 말하기 활동을 촉진시킬 수 있는 자료로 활용할 수 있으며, 또한 그룹게임이나 편게임 시 점수판으로도 활용이 가능하다.

(2) 평면 자석판

평면 자석판은 평면 우드락이나 하드보드지에 함석판을 댄 후 시트지로 싸서 만든다. 주로 교구장 뒷면이나 교실 벽면 등에 부착하며 원하는 크기를 고려하여 제작한다. 평면 자석판은 평면 융판과 마찬가지로 수학영역 등 흥미영역의 교구장 뒷면에 부착하여 칠교놀이 등 교구를 제공해 주거나 벽면에 부착해서 출석판, 간식 도우미, 금붕어 먹이 당번 등 교실 내의 안내판으로 활용할 수 있다.

그 외에도 분유통을 이용하여 자석판을 제작할 수도 있다. 주변에서 흔히 구할 수 있는 분유통은 그 자체가 자석의 붙는 성질이 있으므로 쉽게 자석판으로 활용할 수 있으며 사용한 자석자료는 통 속에 넣고 뚜껑을 닫아 보관할 수 있어 편리하다.

3) 융판 및 자석자료 제작 방법

(1) 융판자료 제작 방법

융판자료는 융판에 붙였을 때 떨어지지 않을 정도의 가벼운 재료로 제작해야 한다. 따라서 종이에 그려진 그림자료나 인쇄된 사진 또는 부직포 등을 이용하여 만드는 것이 적당하다. 그 밖에 융판자료의 제작 시 고려할 점은 다음과 같다.

① 융판자료의 크기를 고려해야 한다.

교사는 융판의 크기를 고려하여 자료의 크기를 결정해야 하며 동시에 배치되는 자료의 수를 고려해서 무리하지 않은 크기로 제작해야 한다. 또한 대상 집단의 형태에 따라 융판자료의 크기를 조절한다. 만일 대집단용 이야기 나누기 자료로 사용할 경우에는 적어도 16절지 정도의 크기로 제작하는 것이 좋다. 더불어 제시되는 자료들 간의 실물 크기를 고려해야 한다. 코끼리와 쥐의 자료를 제시하고자 할 때 코끼리는 쥐보다 훨씬 커야 한다. 이는 유아의 개념학습에 도움을 주기 위한 것이다.

② 융판자료의 색상을 고려해야 한다.

교사는 제시하는 융판자료의 배경 색을 고려하여 제시하는 자료가 눈에 잘 보이고 조화를 이루도록 유의한다. 보통 초록색 융판을 많이 활용하는데 이러한 경우 어두운 색보다는 보색 계열의 노란색이나 흰색 등의 배지를 대어 자료를 제작하는 것이 좀 더 깔끔하고 심미적이다. 더불어 제시되는 자료들 간의 색상이 조화로운지 고려한다. 자료를 제작할 때 배색을 고려하지 않고 기관에서 구하기 쉬운 색상지나 형광색지 등을 이용하는 것은 좋지 않다. 덧붙여 다양한 색깔과 질감의 재료를 사용하여 창의적으로 자료를 제작하는 것이 바람직하다.

③ 융판자료의 방향을 고려해야 한다.

가령, 『해와 달이 된 오누이』 동화를 융판자료로 제작한다면 호랑이가 산속에서 엄마를 만나 위협하는 장면을 위해 호랑이와 엄마가 서로 마주 보고 이야기를 나누는 형태로 제작해야 한다.

④ 융판과 융판자료의 접착성을 고려한다.

융판자료가 융판에서 떨어지지 않도록 제작해야 하며, 떼어내고자 할 때 어려움 없이 뗄 수 있어야 한다. 접착테이프가 붙여져서 판매되는 벨크로테이프는 코팅한 그림자료에 잘 달라붙고 떨어질 염려가 없으며 손쉽게 뗄 수 있다. 그러나 부직포로 만든 자료에는 잘 붙여지지 않으며 또한 떼어낼 때에도 벨크로테이프는 융판에 붙어 있고, 부직포로 만든 자료만 떨어지는 경우도 있으므로 반드시 마지막에 실로 박음질을 하고 제시 전에 미리 사용해 보아야 한다.

⑤ 제시되는 순서를 고려해야 한다.

『커다란 무』처럼 등장인물이 순차적으로 나오는 경우 자료의 뒷면에 나오는 순서대로 번호를 매겨서 좀 더 손쉽게 구연할 수 있도록 제작한다. 또한 앞에서 나온

[그림 7-8] 융판자료

등장인물이 뒤에서 다시 반복되어 나오는 경우 나오는 순서의 번호를 모두 매겨서 제작한다. 예를 들면, 『아기돼지 삼형제』의 경우 맨 처음 나오는 첫 번째 돼지가 나중에 일곱 번째로 다시 반복되어 나올 때는 첫 번째 돼지의 뒷면에 ①번과 ⑦번을 매겨 순서대로 제시할 수 있도록 제작하면 효과적이다.

(2) 자석자료 제작 방법

자석자료를 제작하는 방법은 융판자료의 제작방법과 거의 동일하나 다만, 자성을 활용해서 겹치기 효과를 낼 수 있도록 제작한다는 점에서 차이가 있다. 예를 들면, 『예방주사는 무섭지 않아』라는 동화에서는 맨 마지막 장면에서 '거인 아저씨' 가 예방주사를 맞는 장면은 '찡그린 표정' 이나 주사를 맞은 후에는 '행복해하는 표정' 을 나타내야 한다. 이 경우 찡그린 표정과 웃는 표정의 거인 아저씨를 따로 그리지 않고 거인 아저씨의 찡그린 얼굴 부분만 웃는 얼굴로 바꾸어 주면 간단하다. 이때 반드시 N극과 S극이 서로 마주하도록 유의하여 잘 붙여질 수 있도록 제작한다.

그 외에 자석자료를 제작할 때, 교사는 자석의 무게나 세기를 고려해야 한다. 다시 말하면 제시하는 자료의 무게와 자석의 무게를 고려하여 두꺼운 자료일 경우 한 개의 자석보다는 두세 개의 자석을 함께 붙여 미끄러지거나 떨어지지 않도록 제작해야 한다. 또한 자석을 붙일 경우 한 곳에 여러 개를 붙이기보다는 위, 아래 등 골고루 자석을 붙여 무게 중심을 분산시켜 잘 붙을 수 있도록 제작한다.

3. 융판 및 자석자료 활용 시의 유의점

교사가 이야기 나누기나 동화 들려주기 활동에서 융판이나 자석자료를 활용할 때 유의해야 할 점은 다음과 같다.

① 사전 준비를 철저히 한다.

활동 전에 자료를 언제, 어느 자리에 붙이고 떼어낼지 생각해 둔다. 또한 제시할 순서대로 잘 정리하여 유아들이 볼 수 없도록 작은 상자 속이나 가리개로 덮어 놓는다.

② 필요한 자료만 제시한다.

너무 많은 자료를 한꺼번에 제시하지 않는다. 또한 이미 활용한 자료는 특별히 필요한 경우 외에는 바로 떼어낸다.

③ 융판이나 자석판과 교사의 위치를 고려한다.

교사가 오른 손을 사용하는 경우에는 융판이나 자석판을 오른쪽에 두고, 왼손을 사용하는 경우에는 융판이나 자석판을 왼쪽에 둔다.

④ 빛의 방향을 고려한다.

제시되는 자료가 코팅된 것일 경우 빛이 반사되어 유아의 눈이 피곤하지 않도록 주의한다.

Chapter 08

게시판

게시판은 유아나 부모에게 알리고자 하는 정보나 지식을 전달하고자 할 때 이용하는 시각매체다. 게시판은 OHP나 비디오, 슬라이드 등 능동적으로 지식을 전달하는 시청각 교수매체와는 그 특성이 다르다. 즉, 학습자가 관심을 가지고 다가와야만 정보나 지식을 얻을 수 있다. 따라서 학습자가 관심과 흥미를 가질 수 있도록 게시할 내용과 그래픽, 색상 등을 조직적으로 계획하는 것이 무엇보다 중요하다. 또한 대상이나 용도에 따라 제공하고자 하는 메시지를 명확히 해야 한다.

1. 게시판의 특성

① 게시판은 모든 유아에게 동일한 정보를 제공한다.

② 게시판은 특정한 주제의 정보 및 개념에 대해 유아의 관심과 주의를 집중시킬 수 있다. 학습할 새로운 주제에 대해 안내함으로써 새롭게 전개될 새로운 특정 주제에 대해 유아의 흥미 및 주의를 집중시킬 수 있다.

③ 게시판은 특정한 주제에 대한 정보 및 개념을 간접적으로 전달하는 시각자료다. 게시판은 교육활동 중 충분히 이해하지 못한 유아에게 특정 주제에 대한 정보 및 개념을 개별적으로 탐색해 보거나 재검토해 볼 수 있는 기회를 제공할 뿐 아니라 학습을 강화하는 데 도움을 준다.

④ 게시판은 게시자료 및 내용에 따라 다양하고 창의적으로 구성할 수 있다. 평면 자료뿐만 아니라 실물이나 모형 등의 입체자료의 게시도 가능하며, 창의적으로 다양하게 자료를 배열할 수 있다. 또한 게시자료의 위치와 높이 등도 게시 목적에 따라 다양하게 변화를 줄 수 있다.

2. 게시판의 종류와 위치

1) 게시판의 종류

게시판의 종류는 설치장소와 사용목적에 따라 다음과 같이 분류된다.

(1) 설치장소에 따른 분류

① 실내용

유아교육기관의 실내공간인 현관, 복도, 교실, 화장실 등의 장소에는 목적에 따라 다양한 정보 및 내용의 게시판이 설치된다. 즉, 원에 들어오는 현관에는 기관의 운영정보 및 부모교육 관련 내용 등을 게시하며, 화장실에는 화장실 사용 순서도 및 손 씻는 순서 등을 게시할 수 있다. 또한 교실의 벽면이나 교구장, 책상, 바닥 등에는 교육과정의 주제와 관련된 다양한 정보 및 기관에서의 유아의 생활에 도움을 주는 안내도, 계획판, 당번판 등을 게시하며 유아의 작품을 게시할 수도 있다.

[그림 8-1] 현관에 게시된 원 운영 정보

[그림 8-2] 현관에 게시된 유아 활동 사진

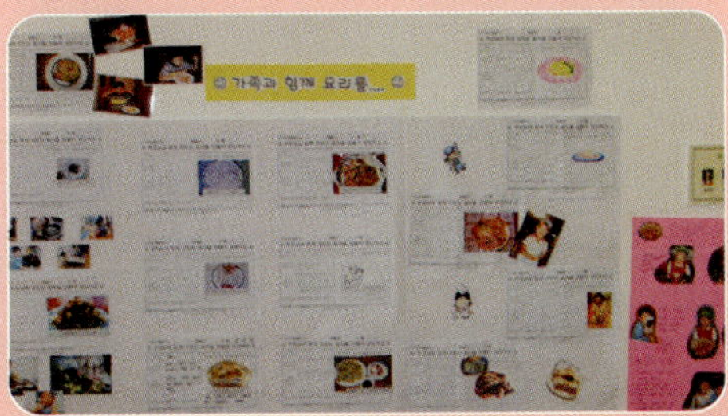

[그림 8-3] 교실에 게시된 유아 활동자료

[그림 8-4] 교실에 게시된 생일 안내

[그림 8-5]
복도에 모빌 형태로 게시된 유아 작품

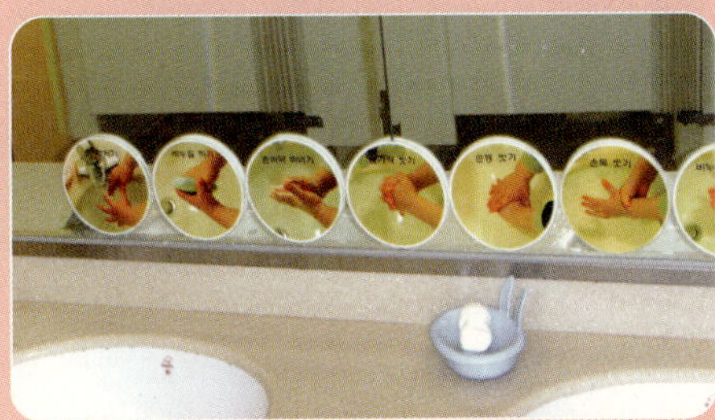

[그림 8-6]
화장실에 게시된 손 씻기 순서도

② 실외용

원의 실외에는 실외 시설물들의 이용을 안내하거나 동물사육장의 동물에 대해 소개하는 내용의 게시판이 설치될 수 있다. 또한 유아들의 작품이나 활동 결과물들을 다양하게 전시하여 소개할 수도 있다.

[그림 8-7] 실외놀이터 안전수칙

[그림 8-8] 실외 놀잇감 사용 안내

(2) 사용목적에 따른 분류

① 학습자료 게시용

[그림 8-9]
주제 관련 학습자료 게시

유아의 학습을 위해 교육과정의 주제와 관련된 내용으로 다양한 사진, 포스터, 주제 조직망 등 관련 정보들을 게시할 수 있다.

② 학습결과물 게시용

학습활동의 결과물이나 유아의 작품 등을 게시할 수 있다. 가령 실험 결과에 대한 기록이나 유아들이 좋아하는 색을 조사해서 작성한 그래프 등을 게시해 주면 학습에 대한 흥미가 지속될 수 있으며 평면적, 입체적 표현 작품을 게시해 줌으로써 심미감과 성취감을 느끼도록 도울 수 있다.

[그림 8-10] 유아의 학습결과물 게시

③ 행사 안내 자료 게시용

원에서 이루어지는 연간, 월간, 주간 행사 등에 대해 유아나 부모들에게 알리기 위해 행사 안내 자료를 게시할 수 있다.

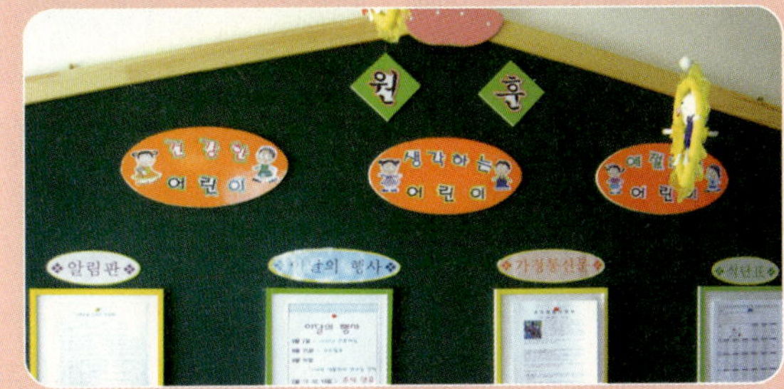

[그림 8-11] 현관에 게시된 교육계획 및 행사 안내

④ 생활교육 지도자료 게시용

교육기관에서의 유아의 생활을 안내하고 지도하기 위해 규칙판 등 생활교육 관련 자료를 게시할 수 있다.

[그림 8-12] 유아가 만든 출석판

[그림 8-13] 화장실에서 지켜야 할 약속

[그림 8-14] 작업 안내 순서도

[그림 8-15] 녹음기 사용 안내

⑤ 부모교육 자료 및 시사문제 게시용

부모들이 볼 수 있도록 부모교육 자료나 유아교육 및 유아와 관련한 시사문제를 게시할 수 있다.

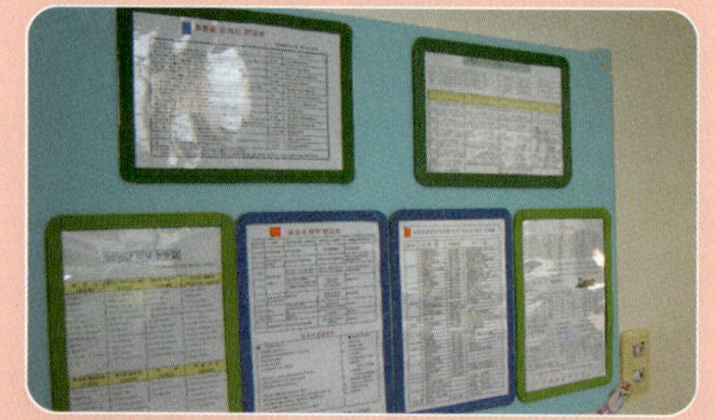

[그림 8-16]
부모교육 및 유아 관련 시사문제 게시

⑥ 원에 대한 정보 안내용

유아교육기관에 대해 소개하기 위해 운영철학, 교육목표, 프로그램의 특성, 교육시간, 종사자의 구성 등 시설에 관련된 정보를 게시할 수 있다.

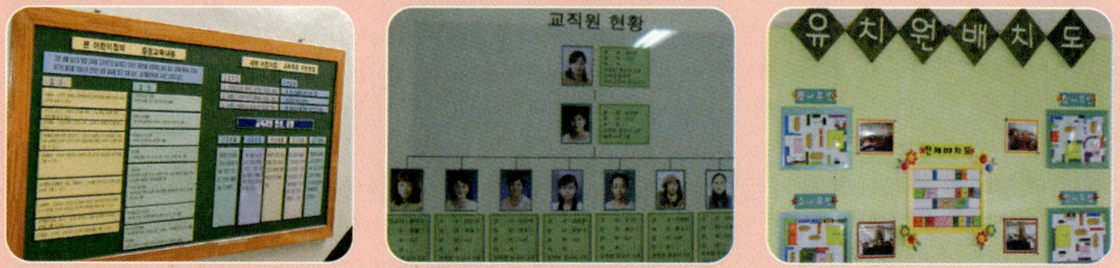

[그림 8-17] 원 정보 게시

2) 게시판의 위치

게시판의 위치는 사용 목적과 대상자에 따라 달라야 한다. 따라서 유아에게 학습 정보를 제공하기 위한 내용을 게시할 때는 유아가 잘 살펴볼 수 있도록 유아의 눈높이에 맞는 위치에 게시해야 하며 게시판의 맨 윗부분의 높이가 150cm가 넘지 않는 것이 좋다. 그러나 유아에게 학습정보를 제공하는 것이 목적이 아니라 미적 감상을 위한 것이라면 유아에게 시각적인 아름다움을 더해 줄 수 있다면 유아의 눈높이에서 약간 벗어난 위치라도 상관없다.

[그림 8-18]
유아 작품을 모빌형태로 제시한 예

[그림 8-19]
유아 작품을 창문에 게시한 예

[그림 8-20]
유아 작품을 책상에 게시한 예

3. 게시판의 구성

효과적인 게시를 위해서는 다음과 같이 주제 및 내용 결정, 자료의 수집, 자료의 구성 계획 및 제작, 게시작업의 순으로 진행한다.

(1) 주제 및 내용 결정

게시판을 통해 전달하고자 하는 주제 및 내용을 결정한다. 기본적인 주제 및 내용이 되는 것은 진행 중인 교육과정의 주제와 계절적인 특성, 기본생활습관에 관한 내용, 부모교육 내용과 원행사 및 운영정보 등이다.

(2) 자료의 수집

주제 및 내용에 따라 게시할 자료를 수집한다. 신문이나 잡지의 화보나 사진, 유아의 작품 등이 모두 자료가 될 수 있다.

(3) 자료의 구성 계획 및 제작

자료가 수집되면 이 자료들을 어떻게, 어떤 공간에 게시할 것인지를 계획해야 한다. 같은 게시물이라 하더라도 어떤 디자인으로 배치하는가에 따라 시각적 효과가 달라질 수 있다. 따라서 다음의 기본적인 구성 원리를 고려해야 한다.

① 단순하며 통일감이 있도록 자료를 구성한다.
너무 많은 내용물을 배치하거나 통일감 없이 배치하면 정확한 정보 전달이 어려울 수 있다.

② 균형감을 살리는 동시에 강조하는 부분이 돋보이도록 구성한다.
자료를 제시할 때 가운데 세로축이나 가로축을 중심으로 양쪽이 대칭을 이루도록 배열하는 것이 쉽게 균형감을 이루는 방법이다. 그러나 이러한 형식적 균형은 변화감이 없어 다소 지루한 느낌을 줄 수 있다. 따라서 게시목적에 따라 비형식적 대칭구도나 파격적인 비대칭 구도로 약간의 변화를 주어 보는 것

도 효과적일 수 있다. 또한 대부분의 사람들이 왼쪽 위부터 시선이 집중되는 경향이 있으므로 배치도면을 삼등분 하였을 때 1/3에 해당하는 부분, 특히 왼쪽 상단부분에서부터 중요한 내용을 배치하는 것이 효과적이다.

③ 전체적인 색상의 조화가 이루어지도록 구성한다.

유아를 대상으로 하는 게시판은 주로 유채색을 사용하여 유아의 시각적 홍미를 유도하는 것이 좋으며, 강조하고자 하는 부분은 색의 대비를 뚜렷이 하는 것이 좋다. 또한 여러 자료의 상호 관련성을 나타내는 게시일 경우에는 같은 계열의 색상에 단계적 명암의 차이를 두어 통일감을 주는 것도 좋다.

④ 글자나 기호는 유아들이 보기 쉽게 제작한다.

유아기는 글자와 기호를 인식하고 배우는 과정이므로 지나치게 변형된 글자나 디자인 글자보다는 명조체에서 크게 벗어나지 않은 글자들을 이용하는 것이 바람직하다. 글자는 또한 교사가 직접 써서 제작할 수도 있지만 컴퓨터에서 출력한 글자나 상품화된 다양한 색깔과 형태의 문자 도안(lettering), 플라스틱 스티커 글자, 색상지로 제작한 글자 등을 활용할 수 있다.

⑤ 다양한 자료 및 다양한 제작방법을 활용하여 변화 있게 구성한다.

예를 들면, 직물, 벽지, 코르크판, 골판지, 입체 작품 등의 다양한 자료들을 활용하여 게시판을 구성해 볼 수 있으며, 모빌자료, 입체자료, 벽면제시자료 등으로 제작하여 배치할 수도 있다. 또한 같은 자료라 하더라도 구겨 보거나 말아보는 등의 다양한 방법을 활용하여 변화를 주는 것이 효과적이다.

⑥ 미리 배치도를 그려 본다.

배치도는 자료의 구성계획 및 제작에 도움이 된다. 즉, 게시를 하기 전에 게시판의 가로와 세로 비율을 맞춘 용지에 배치도를 그려보면 게시될 게시물들의 전체적인 조화와 통일감, 주제의 명확성 등이 효과적으로 나타나는지 살펴볼 수 있다.

(4) 게시 작업

전체적인 조화와 통일감, 주제의 명확성 등이 효과적으로 이루어지도록 게시를 한다. 게시를 할 때 필요하다면 몇몇 자료의 위치를 바꾸어 다시 배치해 보는 융통성을 발휘할 수도 있다.

게시 작업 시에는 게시판 또는 벽면 등 게시하고자 하는 면의 재질을 고려해야 한다. 예를 들면, 기존의 상업용 융판 게시판에 게시를 할 경우에는 접착제, 풀, 양면테이프 등은 게시판의 표면을 손상시킬 수 있으므로 자제하고, 스테이플러나 압정, 실핀 등을 이용하여 게시해야 한다. 단, 압정과 실핀은 게시자료에 위로 표시가 나므로 지저분해 보일 수 있을 뿐 아니라 낮게 게시한 경우 자칫 빠져서 유아가 찔릴 위험이 있으므로 주의해야 한다. 이런 경우 게시자료의 뒷면에 벨크로테이프(까슬이)를 붙여 게시하면 좋다. 또한 벽면에 직접 자료를 게시할 때 양면테이프나 녹색테이프 등을 사용하면 자국이 남거나 손상될 수 있으므로 셀로판테이프를 이용한다. 벽면이 수성페인트로 칠해진 경우 아크릴 판을 두르거나 코팅 페인트를 칠해 두면 게시에 의한 벽면 손상을 줄일 수 있다. 또한 교실 벽면의 하단에 함석판 등을 댄 후 벽지나 수성페인트를 칠해 마감하면 자석판이 되어 고무자석 등으로 손쉽게 자료를 부착할 수 있으며 자국이 남지 않아 유용하다. 이 밖에 천장 등에 모빌형태로 자료를 게시하고자 할 경우 마운트를 천장 등에 부착한 후 낚싯줄이나 피아노줄 등을 이용하여 게시할 수 있다.

Chapter 09

인형

유아에게 있어 인형은 친숙하고 친밀감을 느끼게 하는 매력적인 놀잇감으로 유아는 인형을 통해 자신의 정서를 표출하여 긴장감이 해소되고 정서적 안정감을 얻을 수 있다. 또한 다양한 소재로 꾸며진 입체물인 인형을 가지고 놀이함으로써 창의력과 상상력 발달에 도움이 된다. 인형은 유아교육기관의 여러 교육과정 주제와 교수-학습활동의 전개 시에 다양한 활용이 가능한 가치 있는 교수매체다.

1. 인형의 특성

① 인형은 유아의 학습동기를 이끌 뿐 아니라 학습에 대한 흥미와 관심을 지속시켜줄 수 있다. 인형은 다양한 자료 및 방법으로 만들어진 입체자료로 유아의 흥미와 관심을 자극할 뿐 아니라 유아가 직접 조작 및 인형극의 연출 과정에 참여함으로써 적극적인 학습이 이루어지도록 돕는다.

② 인형은 다양한 주제별 학습활동에 쉽게 활용될 수 있다. 가령, '동물' 주제 전

개 시에는 다양한 동물인형이 활용될 수 있고 '우리 동네' 주제 전개시에는 여러 직업을 나타내는 인형이 활용 가능하다.

③ 인형은 다양한 형태의 교수-학습활동에 활용될 수 있다. 인형극 공연뿐 아니라 하루일과 중 이야기 나누기, 노래 부르기, 출석 확인, 주의 집중, 전이활동, 귀가지도 등 많은 활동에서 활용될 수 있다.

④ 인형은 유아의 상상력과 창의성을 증진시켜 줄 뿐 아니라 언어, 인지, 사회성, 정서 등 모든 측면의 발달에 폭넓은 영향을 미친다.

2. 인형의 제작 및 조작 방법

인형은 제작 및 조작 방법에 따라 손인형(hand puppet), 손가락 인형(glove-and-finger puppet), 막대인형(rod puppet), 그림자 인형(shadow puppet), 탈인형(mask puppet), 테이블 인형(table puppet), 줄인형(marionette) 등으로 그 종류를 나눌 수 있다. 본 장에서는 인형의 각 종류별로 제작 및 조작 방법에 대해 살펴보고자 한다.

1) 손인형

손인형은 손가락이나 손을 인형 안으로 집어넣어서 인형을 움직이는 것으로 인형의 머리와 팔, 입 등을 움직이게 제작할 수 있다.

(1) 머리와 팔을 움직이게 만든 손인형

머리와 팔을 움직이게 만든 손인형은 인형의 머리와 팔부분에 손가락을 끼울 수 있는 공간을 비워 두고 제작한 인형으로서, 검지손가락은 머리에 넣고 엄지와 장지 또는 엄지와 새끼손가락은 양팔 부분에 넣어 조작할 수 있다. [그림 9-1]에서와 같이 머리와 팔이 움직이는 인형은 손을 흔들거나 고개를 숙여 인사를 할 수 있어 보다 자연스러운 연출이 가능하다.

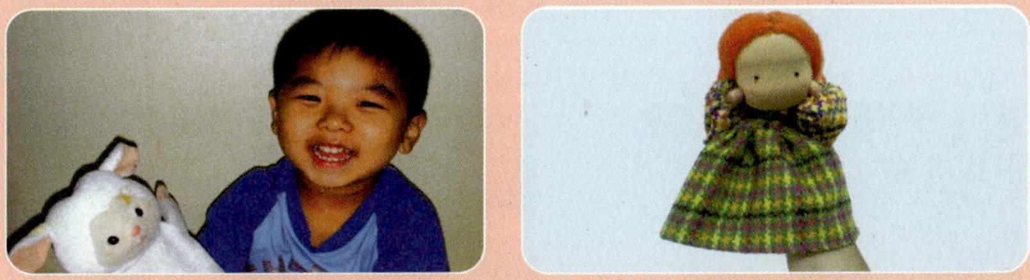

[그림 9-1] 머리와 팔을 움직이게 만든 손인형

(2) 입을 움직이게 만든 손인형

입을 움직이게 만든 손인형은 손을 인형 입속에 넣어 벌렸다 닫았다 하면서 말하는 것처럼 보이도록 조작하는 것으로 다음과 같이 재료에 따라 제작방법이 다양하다.

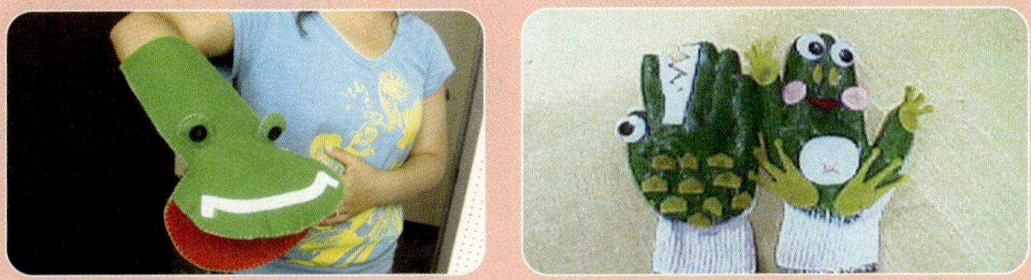

[그림 9-2] 입을 움직이게 만든 손인형

① 양말을 이용하여 제작하는 방법

① 양말의 어느 부분을 입과 얼굴로 할 것인지를 정한 후 입 부분을 절개한다.

② 부직포로 입 모양을 오린 후 양말의 절개된 부분에 맞추어 꿰맨다.

③ 눈알, 헝겊, 단추 등을 이용하여 장식한다.

[그림 9-3] 양말을 이용한 손인형 만드는 순서

② 봉투나 쇼핑백을 이용하여 제작하는 방법

① 각대봉투를 접는다.

② 얼굴 모양으로 장식한다. 봉투를 벌렸을 때 보이는 부분이 입안이 되므로 이곳도 장식을 하여 완성한다.

[그림 9-4] 봉투를 이용한 손인형 만드는 순서

③ 상자를 이용하여 제작하는 방법

① 우유팩이나 과자상자 중앙 부분의 세 면을 자른 후 남아 있는 한쪽 면 쪽으로 접어, 손을 넣어 움직일 수 있도록 한다.

② 색상지나 부직포 등을 이용하여 얼굴을 만든 후 눈알, 단추 등의 다양한 자료를 이용하여 장식한다.

[그림 9-5] 상자를 이용한 손인형 만드는 순서

2) 손가락 인형

손가락 인형은 손가락에 인형을 끼워 조작하는 인형이다. 손가락 인형의 종류는 조작 방법에 따라 다음과 같이 손가락에 끼우는 인형, 장갑인형, 손가락이 인형의 일부가 되는 인형 등이 있다. 다음은 종류별로 제작방법을 살펴보면 다음과 같다.

(1) 손가락에 끼우는 인형

① 부직포로 손가락 크기의 골무 또는 고리를 만든다. 종이로 만들어 코팅하여 사용할 수도 있으며 고리의 경우, 고무줄을 사용할 수도 있다.

② 등장인물들을 만들어 붙인다. 이때 얼굴 부분에 솜을 약간 넣으면 입체감 있게 만들 수 있다.

[그림 9-6] 손가락에 끼우는 인형

(2) 장갑 인형

① 헌 장갑이나 매직장갑을 이용하여 부직포, 실, 단추 등으로 인형을 꾸민다.

② 벨크로테이프(찍찍이)를 활용하여 장갑에 인형을 붙여 볼 수 있도록 제작할 수도 있다.

[그림 9-7] 장갑에 붙이는 손가락 인형

(3) 손가락이 인형의 일부가 되는 인형

① 팔이나 다리, 코, 귀 등의 일부를 미완성하여 제작한다.

② 미완성된 부분에 손가락을 끼울 수 있는 홈이나 고리 등을 만든다.

③ 손가락 자체가 인형 역할을 하도록 손가락에 그림을 그려 활용할 수도 있다.

[그림 9-8] 손가락이 인형의 일부가 되게 제작한 손가락 인형

3) 막대인형

막대인형은 인형에 막대나 철사를 연결하여 그 막대를 잡고 조작하는 인형이다.

막대인형의 종류는 그림이나 화보를 이용한 평면 막대인형부터 부직포, 스펀지, 종이컵 등을 이용해 만든 입체인형까지 다양하다. 막대로는 나무젓가락, 철사, 빨대, 수수깡, 재활용품 막대, PVC관, 아크릴 막대 혹은 플라스틱 필름 등이 다양하게 사용된다. 또 주걱이나 숟가락을 이용하여 막대인형을 만들 수도 있으며 머리와 몸통, 가슴과 손, 가슴과 발 등이 연결되는 부위에 할핀이나 다른 막대를 연결하여 움직일 수 있게 만들기도 한다. 막대인형의 종류별로 제작 방법을 살펴보면 다음과 같다.

(1) 평면 막대인형

[그림 9-9] 평면 막대인형

① 그림자료를 오린 후 그림을 코팅한다.

② ①의 뒷면에 막대를 붙인다. 막대는 무대 구성에 따라 위쪽이나 아래쪽 또는 중간에 붙일 수 있다.

③ 양면으로 사용할 수 있도록 제작할 경우 인형의 앞면과 뒷면 사이에 막대를 끼운다.

④ 인형의 팔, 다리, 머리를 부분적으로 움직이게 하려면 우선 움직이려고 하는 부분을 몸체와 분리하여 오린 다음, 할핀이나 고무밴드 등으로 연결한다. 할핀을 꽂을 경우 겹친 부분만큼의 길이가 짧아지므로 그림을 그릴 때 이를 감안해야 한다.

(2) 입체 막대인형

[그림 9-10] 입체 막대인형

① 인형을 입체적으로 제작하고, 막대나 철사를 연결한다.

② 손, 다리 등에 별도의 막대 또는 끈을 달아 움직이게 할 수 있다.

(3) 컵 막대인형

① 종이컵이나 컵라면 용기에 들어갈 수 있는 크기의 인형을 준비하고 인형의 몸통에 나무젓가락 등 막대를 연결한다.

② 컵의 아랫부분에 구멍을 뚫은 후 인형과 연결된 막대를 구멍 안으로 넣고 인형의 옷 부분과 컵의 윗부분을 연결한다.

③ 컵을 한 손으로 잡고 다른 손으로 막대를 아래로 잡아당기면 인형이 컵 속으로 사라지고 위로 올리면 인형이 나타나므로 유아의 흥미와 주의를 끌기에 적절하다.

[그림 9-11] 컵 막대인형

4) 그림자 인형

그림자 인형이란 스크린 뒤에서 조명을 받아 그림자로 보여 주는 인형을 말한다. 그림자 인형은 다른 인형 종류보다 신비감을 불러일으킬 수 있으며 상상력이나 창의성을 유발할 수 있다는 장점을 가진다. 그림자 인형의 제작방법은 다음과 같다.

① 마닐라지나 검정 색지에 기본그림을 그리고 그림의 윤곽을 나타내기 위한 선을 그린 후 오린다.

② 얼굴이나 눈, 입 등 조명이 비치게 하고 싶은 특정 부분을 칼로 잘라낸다. 색을 표현하고 싶은 부분은 색 셀로판지나 OHP용 컬러필름을 붙이거나 코팅하여 유성펜으로 색칠한다.

③ 검은 색지에 셀로판지를 붙인 다음 코팅을 할 경우 조금 낮은 온도에서 코팅한 후 오려 그대로 그림자 자료로 사용할 수도 있다.

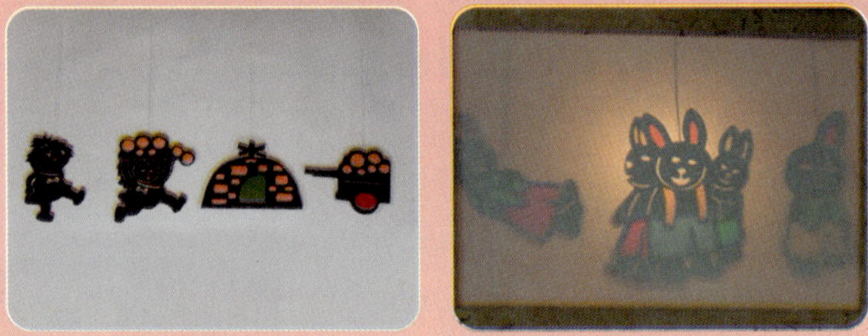

[그림 9-12] 그림자 인형

④ ② 또는 ③의 뒷면에 철사 등을 이용하여 조정막대를 붙인다. 조정막대는 막대의 그림자가 생기지 않도록 투명아크릴 막대를 사용하면 좋다.

⑤ 그림자 인형의 경우 스크린이 반드시 필요하다. 공연용 스크린이 없는 경우 얇은 광목이나 모조지 등으로 제작하여 사용할 수 있다.

5) 테이블 인형

테이블 인형은 세울 수 있도록 만든 인형으로 테이블 위에 인형을 놓고 이동시키면서 이야기를 들려줄 수 있어 편리하다. 테이블 인형을 세우기 위해서는 병이나 화장지 상자, 풀 뚜껑, 코르크나 지우개, 삼각대나 필름통 등 다양한 자료를 이용한다. 테이블 인형의 무대는 수평면 형태로 된 것이 좋다. 보통 유아용 책상을 많이 활용하며 우드락 판을 이용하거나 나무로 제작된 상품화된 테이블 무대를 사용할 수도 있다.

[그림 9-13] 테이블 인형

6) 줄인형

줄인형은 줄로 조정하는 인형으로 조작적인 인형 중에서 가장 발달된 형태의 것이다. 그러나 유아들이 조작하고자 할 때에는 줄이 꼬이거나 조작이 어려워 좌절감을 줄 수 있다. 따라서 유아를 위한 줄인형은 간단하게 한 줄 또는 두 줄만 달아 제작하는 것이 좋다. 발부분에는 둥근 자석이나 고무점토 덩어리를 매달아서 안정감 있게 움직이도록 한다.

[그림 9-14] 다양한 줄인형

7) 탈 또는 모자인형

탈인형은 가면 인형이라고도 하며 얼굴에 직접 쓰고 활용하는 인형이다. 우리나라의 전통 탈이 대표적이며 유아용으로 다양한 탈이 제작, 판매되고 있다. 소극적인 유아들도 탈을 쓰는 경우 자신의 생각이나 느낌을 자유롭게 표현할 수 있다는 장점이 있다. 휴지나 신문을 물에 불려 풀을 섞어 종이죽을 만들어 탈을 제작할 수 있는데 이는 건조와 채색 등 작업과정이 길고 복잡하다. 따라서 재활용 교육활동으로, 또는 유아와 함께 하는 과정에 의미를 둔 작업활동으로서 진행하는 경우에 적합하다. 간단한 탈인형 제작방법으로 바구니를 이용해서 천으로 꾸미거나 종이봉투에 눈과 입 부분의 구멍을 뚫어 만들 수도 있다.

탈인형 이외에 [그림 9-15]와 같이 머리에 쓰고 활동하는 모자인형도 있다. 모자

인형은 부직포나 마닐라지로 머리띠를 만든 후 얼굴 모양의 그림을 붙여서 간단하게 제작할 수 있다. 이때 머리띠는 유아의 머리 크기에 맞게 조정할 수 있도록 머리띠 양쪽 끝에 벨크로테이프를 붙여 주면 좋다. 동물 모자인형을 제작할 경우 꼬리나 날개 등의 보조품을 함께 제작해 주면 더 흥미롭게 활용할 수 있다.

[그림 9-15] 머리에 쓰고 활동하는 모자인형

3. 인형극의 무대 및 공연 시 유의점

유아들이 인형을 활용하여 극화활동을 하기 위해서는 인형뿐 아니라 적절한 무대가 필요하다. 즉, 인형극 틀이 있는 경우 보다 효과적일 수 있다. 기존의 인형극 틀을 사용하는 것도 좋으나 책상, 의자, 블록 등 교실 내의 물품을 이용하여 꾸밀 수 있다.

또한 [그림 9-17]처럼 교실 한편에 유아가 직접 인형을 조작해 볼 수 있는 인형극장을 마련해 두면 보다 적극적인 유아의 참여를 이끌 수 있다.

한편, 인형극을 공연할 경우에 유의할 점을 정리하면 다음과 같다.

첫째, 간단한 인형극의 경우 교사가 직접 인형을 조작하며 대사를 하는 것이 융통성 있고 생동감이 있다.

둘째, 등장인물이 많거나 조작이 복잡한 인형의 경우에는 녹음자료를 준비하는 것이 바람직하다. 이때 배경음악이나 효과음을 이용하면 더욱 흥미롭다.

셋째, 사전에 연습을 충분히 하고 자료 준비를 철저히 한다.

넷째, 유아가 주의 집중을 잘할 수 있도록 공연 장소와 자리 배치를 고려한다.

다섯째, 인형자료와 녹음자료를 언어영역 등에 제공하여 유아들이 자유선택활동 시간에 자유롭게 활용해 볼 수 있도록 한다.

[그림 9-16] 인형극 틀

[그림 9-17] 그림자 인형

Chapter 10

PART TWO

디오라마

디오라마는 전달하고자 하는 작은 모형들을 입체적으로 전시해 놓은 자료다. 작은 모형의 입체적인 전시는 유아들에게 새로운 흥미를 유발할 수 있으며, 특히 관련된 작은 소품들을 직접 조작해 보도록 할 때 교육적 효과가 더 커질 수 있다. 또한 환경구성을 위한 게시물로서 디오라마를 사용하는 경우도 있다. 이 장에서는 디오라마의 특성과 활용, 그리고 제작방법에 대해 살펴보고자 한다.

[그림 10-1] 회전식 십자형 디오라마

1. 디오라마의 특성

디오라마가 가진 특성을 간단히 소개하면 다음과 같다.

① 디오라마는 어떤 상황이나 장면을 한눈에 보여 줄 수 있다.

동그란 원의 형태로 제작한 디오라마나 박스를 오려 만든 디오라마의 경우 작은 배경에 필요로 하는 상황이나 장면을 약식으로 표현하여 한눈에 나타내 준다.

② 디오라마는 입체 모형으로 제작하기 때문에 구체적인 현실감을 제공한다.

2. 디오라마의 활용

디오라마는 유아교육기관에서 여러 다양한 활동에 활용될 수 있다. 디오라마는 일반적으로 동화자료를 만들 때 이용할 수 있다. 즉, 동화의 등장인물과 소품을 제작하고, 동화의 배경판을 제작하면 된다. 예를 들면, 『빨간 모자』 동화를 자료로 제작하는 경우, 주인공(빨간 모자, 엄마, 늑대, 할머니, 사냥꾼)은 테이블 인형으로, 배경은 동그란 원판을 세 부분(빨간 모자의 집, 숲 속 배경/할머니집 내부 구조)으로 나눈 Y자형 디오라마를 제작할 수 있다. 완성된 자료는 교사가 동화를 들려줄 때 활용할 뿐 아니라 흥미영역에 유아의 극놀이나 말하기 활동을 위한 자료로 제공할 수 있다. 이는 유아의 상상력과 창의성 발달에 매우 효과적이다.

그 밖에 디오라마는 동물농장 구성하기, 숲 속 배경 구성하기, 집안 꾸미기 등 다양한 내용으로 제작이 가능하며, 관련된 다른 동물 소품이나 인형 등을 함께 제공해 주면 유아가 보다 흥미롭게 활용할 수 있다.

3. 디오라마의 제작

디오라마는 [그림 10-2]와 같이 십자형(cross type)이나 [그림 10-3]과 같이 섀도 박스형(shadow box)으로 제작할 수 있다. 또한 윗면과 앞면을 잘라 다각도에서 내용물을 볼 수 있게 만든 탑뷰형(top-view)으로 제작하기도 한다.

[그림 10-2]
십자형 디오라마

[그림 10-3]
섀도 박스형 디오라마

1) 디오라마의 배경 제작

① 두꺼운 상자의 윗면과 한쪽 측면을 잘라 내고 하드보드지를 이용해 소품을 놓을 배경, 즉 무대가 되는 기본판을 만든다.
② 디오라마의 배경이 되는 기본판은 전시하고자 하는 장소의 밑면의 형태에 맞게 하드보드지나 케이크상자의 밑면을 잘라서 만든다. 예를 들면, 벽면의 한쪽 구석진 곳에 전시하고자 할 경우에는 바닥을 부채꼴 모양으로 잘라서 기본판을 만든다.
③ 잘라놓은 기본판의 수직면을 배경으로 꾸민다. 예를 들어, 집안 꾸미기라면 적절하게 집안의 모습에 관한 사진 자료 등을 붙인다. 이때 먼 곳에 있는 물건은 작게, 가까운 곳에 있는 물건은 크게 구성하는 등 원근법을 고려한다. 또한 전체적인 색깔의 조화도 고려한다.

2) 디오라마 소품 제작

① 필요한 내용의 소품 종류와 수를 결정한다.
② 디오라마의 배경 크기를 고려하여 종이에 필요한 소품을 그려 코팅해서 오리거나 부직포를 오려 만든 후, 요구르트병, 풀 뚜껑이나 필름통 등에 붙여서 세

울 수 있게 만든다. 또한 [그림 10-4]와 같이 지점토나 컬러믹스 또는 다른 폐품 등을 활용하여 입체적으로 제작하는 것도 좋다.

[그림 10-4] 지점토와 컬러믹스로 제작한 소품

[그림 10-5]
집안 꾸미기 활동을 위한 디오라마

[그림 10-6]
단군신화 동화를 내용으로 한 디오라마

디오라마는 내용에 따라 제작방법이 달라질 수 있다. [그림 10-5]와 같이 집안 꾸미기 활동을 위한 디오라마의 경우 구체적인 제작방법을 살펴보면 먼저 베니어판이나 하드보드지로 집안의 전면이 보이도록 제작하고 집안에는 소품들을 놓을 수 있는 3~4개의 선반과 계단 등을 만들어 부착시킨다. 그 후 집안 꾸미기에 필요한 소품(옷장, 식탁, 의자, 침대, 찬장, 인형 등)들을 지점토로 제작하거나 기존의 물품을 그대로 제공한다.

다음으로 동화를 내용으로 한 디오라마의 경우는 '곰 세 마리' 나 '돼지 삼형제' 처럼 등장인물이 적은 동화가 좋다.

그 밖에 동물농장 디오라마를 제작하려면 하드보드지 등의 기본판 위에 연못을 그려놓고, 나무, 울타리, 동물 등의 소품을 제작하여 제공한다. 또한 교통기관 디오라마의 경우에는 기본판에 도로, 횡단보도 등의 표시를 하여 배경판을 제작하여 놓고 다양한 교통기관과 교통표지판을 소품으로 제작한다.

Chapter 11

PART TWO

모형과 표본

1. 모형

모형은 실물과 흡사한 입체적 교수매체다. 실물의 크기가 아주 크거나 작아서 유아들의 직접 관찰할 수 없는 경우 또는 너무 먼 거리에 있거나 또는 아주 미세하여 기관에서 실물을 직접 활용하기 어려운 경우 실물과 유사하게 제작하여 활용하는 것이다. 모형의 종류는 활용하고자 하는 목적에 따라 매우 다양하며 유아교육기관에서도 공룡 모형, 지구본 모형, 인체의 내부 모형, 여러 가지 자동차 모형 등 다양한 모형이 활용된다. 모형의 특성과 활용에 대해 살펴보면 다음과 같다.

1) 모형의 특성

① 모형은 실제에 가까운 심도를 가진 입체자료로 실물과 같은 느낌을 준다.

② 모형은 전달하고자 하는 개념을 좀 더 손쉽게 전할 수 있다.
모형은 복잡한 물체를 단순화하거나 중요한 부분을 강조하여 제작한 것으로

어떤 경우에는 실물보다도 더 목적하는 정보의 전달에 효과적이다.

③ 모형은 진행되는 주제에 따라 다양하게 활용할 수 있다.

④ 모형은 주변에서 접하기 어려운 실물을 손쉽게 관찰할 수 있게 해 준다. 가령 유아에게 흥미로운 대상이라 하더라도 공룡을 복원시켜 실물을 보여 줄 수는 없다. 이러한 경우 공룡에 관련된 책이나 사진 등 그림자료를 활용하지만 공룡의 실제 모습을 유추할 수 있는 효과적인 방법은 모형을 제시하는 것이다.

2) 모형의 활용

모형은 대집단 활동시간이나 자유선택활동시간에 모두 활용할 수 있다. 교사는 교육과정의 주제와 관련하여 유아의 이해를 돕기 위해 평면자료와 함께 모형을 제시함으로써 보다 구체적인 경험을 통해 개념 학습에 도움을 줄 수 있다. 또한 유아의 놀이를 풍부하게 해 주기 위해 놀이자료로 제공해 줄 수도 있다. 예를 들면, 쌓기영역에 자동차 모형이나 교통표지판 모형 등을 제공하면 놀이가 좀 더 심화, 확장될 수 있다.

[그림 11-1] 세계 여러 나라의 고유의상과 집

유아교육기관에 가 보면 현관이나 복도 등의 유리장 속에 여러 모형을 전시해 놓은 것을 볼 수 있다. 유아가 자유롭게 관찰하거나 조작해 볼 수 없는 이런 전시는 장식을 위한 것일 뿐 교육적 가치는 없는 것이다. 또한 과학영역 등 흥미영역에 같은 모형을 1년 내내 전시하는 것은 바람직하지 않다. 진행되는 주제를 고려하여 적절한 모형을 교체해 주어야 한다.

2. 표본

표본이란 실물의 모습을 그대로 유지되도록 가공하여 학습의 편의에 따라 분류, 보관해 놓은 것이다. 유아교육기관에서 주로 활용하는 표본으로는 동물표본, 식물표본, 광물표본 등이 있다. 그러나 표본은 실물의 실제 모습과는 다소 차이가 있기 때문에 실물의 생태를 자세히 담은 그림자료나 관련된 책과 함께 활용하는 것이 바람직하다. 표본의 특성 및 활용에 대해 살펴보면 다음과 같다.

[그림 11-2] 표본

1) 표본의 특성

(1) 장점

① 표본은 학습상황을 보다 구체적이고 흥미 있게 만들 수 있다.

표본은 실제 실물과 가장 가까운 매체다. 따라서 새나 곤충의 경우 표본을 활용하면 실제 서식지에 가지 않고도 자세히 관찰할 수 있다.

② 표본은 비슷한 사물들 간의 비교를 가능하게 한다.

예를 들어, 똑같이 바다 속 어류라고 해도 바다 속의 깊이나 해수의 온도 등에 따라 모양이나 특징, 색깔 등이 다르다. 잘 제작된 표본은 실제 바다 속을 관찰하는 것보다도 오히려 더 쉽게 그 특징 및 차이를 비교할 수 있게 해 준다.

③ 표본은 장기간 관찰 및 보관이 용이하다.

표본의 경우 특별한 약물처리 등의 방법으로 변질되지 않도록 제작된 것으로 장기간 관찰하고 보관할 수 있다.

(2) 단점

① 표본은 실물의 실제적인 움직임 관찰이 불가능하다.

따라서 동물 등의 움직임을 관찰할 필요가 있을 때에는 표본은 적절치 않다.

② 표본은 형태만 유지하고 있기 때문에 생생한 느낌을 줄 수 없다.

생동감을 줄 수 없으므로 유아의 흥미를 감소시킬 수도 있다.

2) 표본의 활용

표본은 유리장 속의 장식품 같이 전시 효과를 목적으로 사용하기보다는 교육과정의 주제와 관련된 개념이나 정보를 전달하기 위한 자료로 활용되어야 한다. 또한 사진이나 그림, 책 등 다른 교수매체와 함께 표본자료를 활용할 때 더 효과적으로 개념학습을 촉진시킬 수 있다. 예를 들어, 바위나 암석에 관해 알아보고자 할 때 여러 가지 돌의 종류와 모양 등에 대한 사진자료 등을 관찰하고 '광물표본' 자료를 제시하여 함께 토의하면 유아는 돌에 대해 더 구체적인 흥미와 관심을 가질 수 있게 될 것이다.

[그림 11-3] 생물의 성장과정 표본

Chapter 12

PART TWO

슬라이드

슬라이드(slide)는 정적인 장면에 대한 확대영상을 제공하여 많은 사람들이 동시에 동일한 장면을 볼 수 있도록 하는 효과적인 교수매체다.

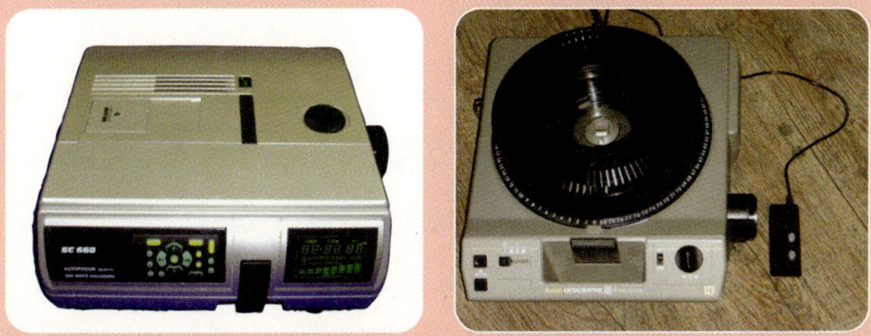

[그림 12-1] 슬라이드 환등기와 필름

1. 슬라이드의 특성

1) 슬라이드의 장점

① 슬라이드는 확대된 영상을 제공하여 동시에 다수의 유아에게 동일한 경험을 제공해 줄 수 있다.

② 슬라이드는 유아의 연령, 흥미, 이해 정도 및 집단의 크기에 따라 임의로 속도를 조절해서 활용할 수 있다.

③ 슬라이드는 낱장으로 구성되어 있어 적합한 순서로 재배열하거나 이미 지나간 화면을 되돌려 볼 수 있어 유아의 이해를 도울 수 있다.

④ 슬라이드는 현재 진행 중인 교육과정의 주제에 적합하게 교사가 직접 제작할 수 있으며, 비교적 제작비가 적게 들어 경제적이다.

⑤ 슬라이드는 설치가 간단하고 조작이 용이하여 교사가 직접 작동하면서 교육활동을 전개할 수 있다.

⑥ 슬라이드는 다른 매체에 비해 부피가 작아 보관이 간편하다.

2) 슬라이드의 단점

① 슬라이드는 정지된 정적인 화면을 통한 학습에는 효과적이나 움직임을 나타내는 동적인 화면을 다루는 학습에는 적합하지 않다. 예를 들면, 축구선수가 공을 차는 순서에 대한 내용을 알려 주고자 할 때에는 슬라이드 자료가 효과적이지만 골 넣는 빠른 연속동작을 탐색하고자 할 때는 바람직하지 않다.

② 슬라이드 필름은 낱장으로 구성되어 있어 순서가 뒤바뀌거나 분실될 수 있으므로 정리 및 보관 시 유의해야 한다.

③ 슬라이드는 암막장치가 된 어두운 교실이나 빛이 차단된 장소에서 사용되어야 하기 때문에 어두운 것에 대해 무서워하는 연령이 어린 유아의 경우에는 사용에 어려움이 있기도 하다. 또한 어두운 곳에서 영상을 제공하기 때문에

유아의 반응을 살피는 것이 어렵다.

2. 슬라이드의 제작

슬라이드는 기본적인 사진촬영 기술만 있으면 누구나 쉽게 제작할 수 있다. 슬라이드 제작은 기획, 내용구성 및 스토리보드 작성, 촬영 및 현상, 편집, 녹음의 절차를 거친다. 단, 그림동화를 촬영하여 슬라이드 동화를 제작할 경우처럼 절차를 생략하는 경우도 있다.

1) 기획

슬라이드 제작을 위한 기획 시 고려할 점은 다음과 같다.

첫째, 학습주제를 명확히 결정한다.

둘째, 학습목표를 구체적으로 세운다. 학습목표가 분명해야 슬라이드의 내용이 명확하고 조리 있게 전개될 수가 있기 때문이다.

셋째, 슬라이드의 형태(흑백/컬러, 시간 길이, 녹음 동반 여부 등)를 결정한다.

넷째, 제작에 드는 경비와 소요되는 기간을 결정한다.

2) 내용 구성 및 스토리보드 작성

(1) 내용 구성

기본적인 기획이 끝나면 전체내용을 어떤 장면들로, 총 몇 장으로 구성할지를 구체적으로 계획한다. 그리고 학습목표 및 유아의 흥미와 이해에 가장 효과적인 제작방법을 결정한다. 제작방법으로는 실물을 직접 촬영하거나 그림이나 사진 같은 그래픽자료를 촬영하는 방법이 있다. 또한 OHP 필름에 직접 유성펜으로 그리는 방법도 사용된다.

(2) 스토리보드 작성

스토리보드(story board) 또는 콘티(continuty)는 실제 촬영을 위한 구체적 밑그림으로 각 장의 슬라이드에 나타날 장면과 해설내용에 대한 계획이다. 스토리보드에는 장면 번호, 장면의 제목, 장면에 대한 시각적 스케치와 해설, 배경음악과 음향효과 등이 기록되어야 한다.

3) 촬영 및 현상

촬영을 위해선 먼저 슬라이드용 필름(positive film)을 준비하고 작성해 놓은 스토리 보드를 여러 번 읽어 숙지한 후 촬영에 들어간다. 촬영 시 피사체(사진을 찍는 대상이 되는 물체) 앞에서 비추는 빛인 순광을 이용하거나 측면에서 비추는 사광을 이용하면 선명하고 깨끗한 화면을 얻을 수 있다. 피사체 뒤에서 비추는 빛인 역광을 이용하여 촬영하면 사진이 검게 나올 수 있으므로 주의해야 한다.

촬영 후 필름을 현상소에 맡기면 대개의 경우 바로 투시할 수 있도록 마운팅까지 완성된 슬라이드 자료로 만들어 준다. 일반적으로는 슬라이드 필름을 사용하여 사진기로 촬영을 하나 OHP용 아세테이트 필름에 직접 그림을 그리거나 복사하여 투시할 화면을 만들고 마운팅하여 제작할 수도 있다.

4) 편집

제작된 슬라이드를 장면 번호 순서대로 모두 늘어놓고 환한 빛이나 환등기를 사용하여 순서에 따라 한 장씩 구도, 노출, 초점 등의 측면에서 점검한 후 스토리보드에 맞게 배열한다. 꼭 필요한 부분이 촬영이 잘 안 되었을 경우는 재촬영해야 한다. 마지막으로 완성된 슬라이드의 하단 우측에 화면 번호를 기입하고 슬라이드 시트나 플라스틱 케이스에 넣어서 보관한다.

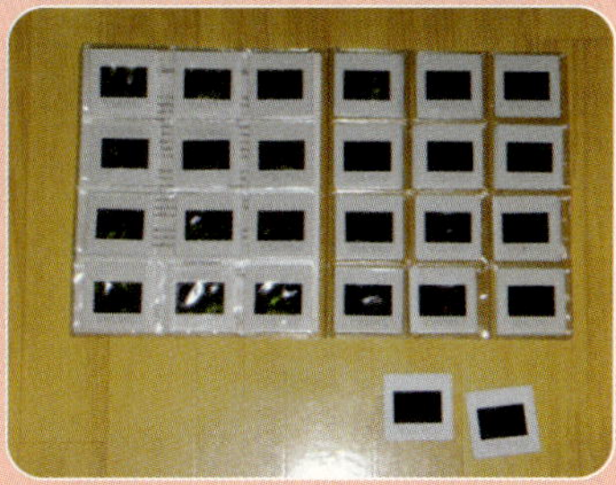

[그림 12-2] 슬라이드 보관

5) 녹음

슬라이드 자료에 녹음자료가 필요한 경우 해설을 녹음하여 사용한다. 녹음 시에는 스토리보드의 장면 내용에 따라 해설과 배경음악, 음향효과, 장면 전환 신호 등을 넣는다. 해설은 대체로 한 장면당 5~15초 정도의 길이로 하며 가능한 간단하고 명료한 짧은 문장을 사용한다. 녹음의 과정은 다음과 같으며 리허설을 하면 녹음하는 사람의 마이크의 위치나 정확한 시간 등 여러 면을 점검할 수 있어 효과적이다.

① 녹음기와 마이크, 음향도구, 대본 등의 자료가 빠짐없이 준비되었는지 확인한다.

② 녹음 장소의 방음을 확인한다. 방음된 녹음실이 아니라면 잡음의 원인이 되는 요인들을 제거해야 한다. 즉, 녹음하는 방은 가능하면 좁고 바닥에 카펫이 깔려 있으며 커튼을 칠 수 있는 곳이 좋다.

③ 녹음기의 모든 채널은 중립으로 놓고 스위치가 녹음으로 되어 있는지 확인한다. 녹음기의 볼륨은 가장 낮게 톤은 중간 수준으로 설정한다. 이는 재생 시 소리의 볼륨이나 톤을 조절할 수 있도록 하기 위해서다.

④ 녹음하기 전에 테이프를 미리 조금 감아둔 뒤 녹음을 시작하고, 끝부분에도 같은 양만큼의 테이프를 남겨 둔다.

⑤ 마이크와 녹음기 사이는 적어도 30~45cm 떨어져 있어야 한다.

⑥ 배경음악은 꼭 필요한 부분에만 넣는다.

⑦ 슬라이드 동화의 경우 벨, 트라이앵글 등을 이용하여 장면 전환을 알려 주는 신호를 넣어 녹음해 준다. 신호음은 전체적인 흐름에 방해가 되지 않도록 작은 소리로 녹음하는 것이 좋다.

3. 슬라이드 환등기 사용 방법

[그림 12-3]
트레이에 슬라이드 필름 꽂는 방법

① 슬라이드 트레이에 슬라이드 필름을 번호순으로 넣는다. 트레이에 필름을 넣을 때는 [그림 12-3]처럼 필름 마운트의 우측 하단에 표시된 화면 번호나 썸스팟(thumb spot)이 오른쪽 위로 향하도록 슬라이드를 꽂아야 한다. 화면번호 혹은 썸스팟이 없는 슬라이드 필름의 경우는 비추어 보아 화면이 거꾸로 되도록 꽂는다.

② 둥근 덮개(lock ring)를 시계 방향으로 돌려 잠가 필름이 쏟아지지 않게 한다.

③ 슬라이드 환등기의 전원 코드를 전원에 연결한 후 전원을 켠다.

④ 초점조절 나사를 돌려 초점을 맞춘다.

⑤ '앞으로 가기' 와 '뒤로 가기' 버튼을 이용해서 슬라이드를 본다.

⑥ 슬라이드를 다 본 후에는 스위치를 팬상태로 놓고 5~10분 정도 열을 식힌다.

⑦ 전원 스위치를 끈다.

최근에는 녹음기과 연결해 놓으면 녹음테이프의 화면전환 신호에 맞추어 자동적으로 슬라이드가 전진되는 자동식 슬라이드 환등기도 판매되고 있으나 수동식에 비해 가격이 고가여서 보급률이 그리 높지 않다.

[그림 12-4] 슬라이드 환등기의 구조

PART TWO

Chapter 13

OHP

OHP(Overhead Projector) 자료는 OHP용 아세테이트지에 그림을 그리거나 글씨를 써서 만든 시각자료로 투시물 환등기인 OHP로 자료를 확대 영사하여 활용한다.

1. OHP 및 OHP 자료의 특성

1) OHP의 특성

① 장소에 구애받지 않는다. 밝은 곳에서도 선명한 상을 볼 수 있기 때문에 특별히 암막 시설을 필요로 하지 않는다.

② 기기 조작이 간단하다. 전원스위치를 켜고, 초점 조절나사를 조절한 다음 헤드 미러를 조정하기만 하면 된다.

③ 큰 영상을 얻을 수 있다.

④ 유아와 교사가 마주 보고 앉아서 활동을 진행할 수 있다. 따라서 유아의 반응을 관찰하면서 학습의 속도를 융통성 있게 조절할 수 있다.

2) OHP 자료의 특성

① 자료의 제작이 비교적 쉽다. 특히 중복적으로 제시되는 자료의 경우 한 번만 제작하여 겹쳐서 제시할 수 있으므로 효율적이다.

② 다양한 제시방법을 사용할 수 있다. 겹치기법(Overlap)이나 부분영사법, 기입소거법, 움직임기법 등을 다양하게 활용해 유아의 흥미를 높일 수 있다.

③ 경제적이다. OHP용 아세테이트지는 가격이 저렴하며 보관이 용이하고 유지비가 적게 든다. 또한 보존할 필요가 없는 경우는 제거제를 사용하여 지운 후 재사용할 수 있어 비용이 절약된다.

2. OHP의 구조 및 조작법

1) OHP의 구조

OHP의 구조는 [그림 13-2]와 같다.

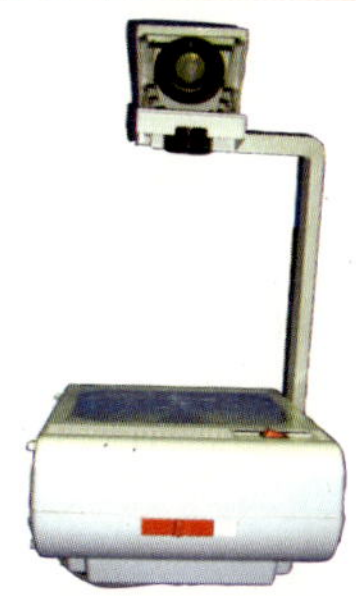

[그림 13-1] OHP

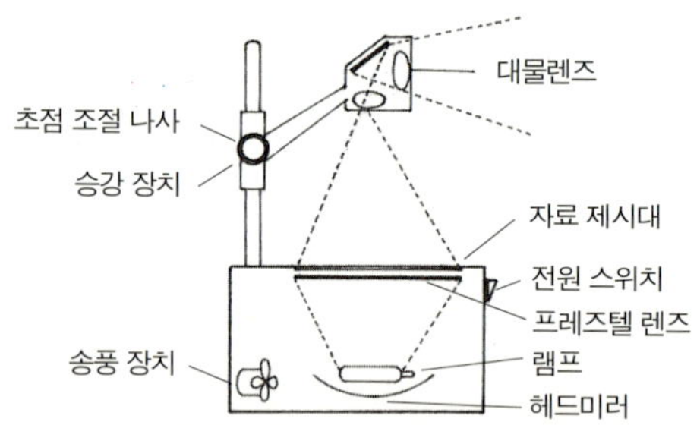

[그림 13-2] OHP의 구조

2) OHP의 조작법

OHP의 조작법은 기종에 따라 다소 차이가 있긴 하지만, 일반적인 사용방법은 다음과 같다.

① 전원 코드를 연결한 후 전원스위치를 켠다.
② 자료 제시대에 OHP 자료를 올리고 스크린과 OHP 사이의 거리를 이동시켜 상의 크기를 결정한다. 보통 상의 가로 길이의 1.3배 정도(약 2m)를 유지한다.
③ 헤드미러로 화면의 위치와 모양을 조절한다.
④ 초점 조절나사로 상을 또렷하게 한다.
⑤ 사용 후에는 스위치를 끄고 전원 코드를 뺀 후 정리한다. 자동온도 조절장치가 있는 기종의 경우 팬이 멈춘 후 전원을 끄며 수동 냉각팬이 부착된 경우에는 3분 정도 팬의 열을 식힌 후 전원을 끈다.

3. OHP 자료의 제작

OHP 자료의 제작에 필요한 재료는 OHP용 아세테이트 필름과 유성펜, 그리고 투명컬러 접착지 등이다. 또한 수정을 위한 아세톤, 그리고 마무리를 위한 마운팅 프레임과 마스킹테이프 등이 필요하다. 자료를 이용한 활동 진행 시 그리거나 쓴 것을 지우면서 자료를 활용하고자 할 때는 수성펜을 사용한다.

1) 자료의 크기

① OHP 자료는 OHP의 자료 제시대의 면적(25×25cm)보다 작아야 한다. 일반적으로 판매되고 있는 마운팅 프레임의 크기는 25×18.5cm이며 일반적으로 A4 크기의 OHP용 아세테이트 필름을 사용한다.
② 자료의 그림은 프레임의 화면 크기보다 작게 그려야 한다. 화면에 꽉 차게 그리면 시각적으로 답답한 느낌을 주게 되므로 [그림 13-3]과 같이 사면으로 1cm 정도 여백을 두는 것이 좋다.

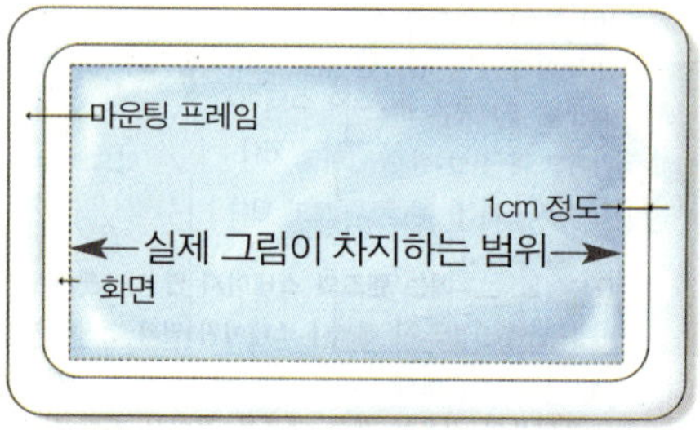

[그림 13-3] OHP 제작 시 실제 그림이 차지하는 범위

2) 제작 방법

(1) 손으로 그리는 방법

손으로 그리는 방법은 비용이 가장 적게 들고 간단한 방법으로 유성펜으로 직접 그림을 그리거나 글씨를 써서 제작한다. 이때 OHP용 아세테이트 필름에 손자국이 남지 않도록 보호용 종이를 대고 그린다. 채색 시에는 윤곽이 번지거나 옆의 색과 혼합되는 것을 예방하기 위하여 OHP용 아세테이트 필름의 앞뒤를 번갈아 가며 채색하는 것이 좋으며, 잘못 그려진 경우 면봉에 아세톤을 묻혀 조금씩 문질러 지운다. 그러나 넓은 면이 잘못 그려졌을 경우 아세톤으로 지우면 자국이 남을 수 있다. 또한 흰색을 표현하고자 할 때는 아무런 채색 없이 여백을 두면 된다.

OHP용 아세테이트 필름에 그림을 그릴 경우 넓은 면을 채색할 때는 투명 컬러 접착지를 활용하는 것이 더 효과적이다. 펜을 사용하는 경우 깔끔하게 채색하기 어려우나 투명 컬러 접착지를 사용하게 되면 균일한 채색의 효과를 볼 수 있다. 투명 컬러 접착지를 사용하는 절차는 다음과 같다.

① OHP용 아세테이트 필름 위에 유성펜을 사용하여 윤곽선을 그린다.

② 원하는 색의 투명 컬러 접착지를 채색하려는 부분의 그림보다 약간 더 크게 오려 붙인다.

③ 칼끝을 이용하여 윤곽선을 따라 여분의 접착지를 떼어낸다.

④ 접착지가 OHP용 아세테이트 필름에 완전히 밀착되도록 손끝으로 문지른다.

(2) 복사기를 이용하는 방법

흰 종이에 그림의 윤곽을 그린 후 OHP용 아세테이트 필름에 복사하여 제작할 수 있다. 이렇게 하면 채색을 할 때 윤곽선이 번지지 않아 깨끗한 그림을 얻을 수 있다. 그러나 채색이 잘 되지 않는 경우도 있는데 이런 경우 채색할 면을 아세톤으로 살짝 문지른 후 채색하면 된다.

(3) 컴퓨터를 이용하는 방법

컴퓨터를 이용하여 그림이나 글씨로 내용을 제작한 후 한 면이 까칠까칠한 컴퓨터프린트용 OHP 필름에 출력하여 제작한다. 컴퓨터를 이용할 경우 별도로 채색을 하지 않아도 되기 때문에 제작 시간이 절약되며, 한 번 만든 자료들은 저장할 수 있어 재출력해서 사용할 수 있다는 이점이 있다.

컴퓨터를 이용하여 문서자료를 제작할 경우에는 일반문서 작성방법과 동일하며 그림을 제작할 경우에는 그리기 상자에서 다운받아 편집하거나 스캐너로 스캔받아 불필요한 선이나 글자를 수정한 후에 프린터용 OHP 필름에 출력하면 된다.

3) OHP 자료의 효과적 활용 방법

OHP 자료는 활용방법에 따라 제작 방법이 달라질 수 있으며 다음과 같은 다양한 방법으로 활용할 수 있다.

(1) 겹치기법

겹치기법은 오버랩(Overlap)법 또는 합성법이라고도 하는데 기본 OHP 자료 위에 한 장 이상의 다른 OHP 자료를 겹쳐가면서 활용하는 방법이다.

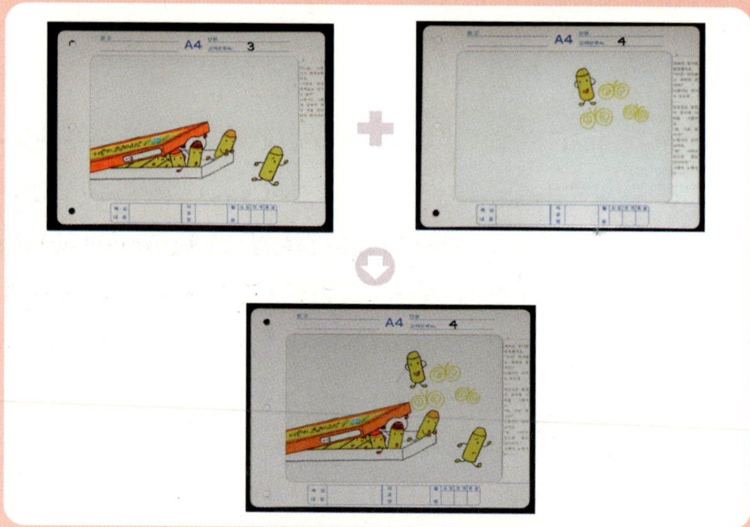

[그림 13-4] 겹치기법을 활용한 예

2) 부분영사법

OHP용 아세테이트 필름 위에 불투명한 종이를 겹쳐서 필요한 부분만 부분적으로 빛이 투과되도록 하는 방법이다. 강조하고자 하는 부분을 덮개로 가려 두었다가 제거해 줌으로써 유아의 흥미를 높일 수 있다. 가령, 까만 밤을 표현하고자 할 경우 검정색을 칠하는 것보다 밤하늘로 표현할 부분만 종이로 가리는 것이 더욱 효과적이다. [그림 13-5]는 OHP용 아세테이트 필름 위에 다양한 색으로 겹겹의 원을 채색한 후, 복사지를 사용하여 불꽃이 퍼지는 모습을 칼로 오려낸 다음 서로 겹치게 한 것이다.

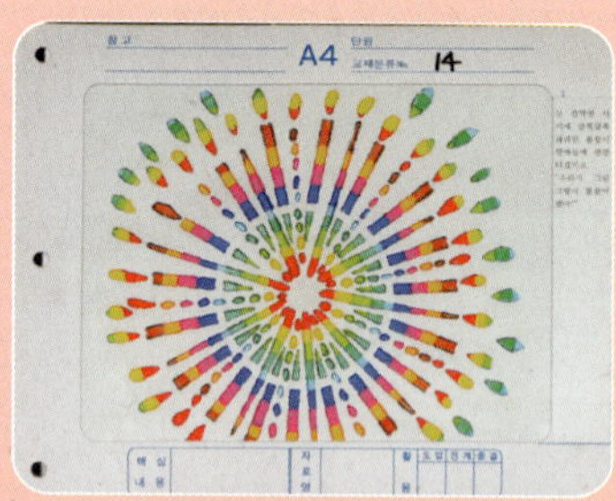

[그림 13-5] 부분영사법을 사용한 OHP 자료

(3) 기입소거법

교사가 활동을 진행하면서 그림을 그리거나 글씨를 쓰고 지우면서 자료를 활용하는 방법이다. 예를 들면, 규칙 만들기나 노래 가사 바꾸기 등의 활동을 할 때 사용하면 효과적이다. 활동 과정 중에 쓰고 지워야 하므로 쉽게 지워질 수 있는 수성펜을 사용하며 내용을 지우고자 할 때는 수건이나 솜을 이용한다.

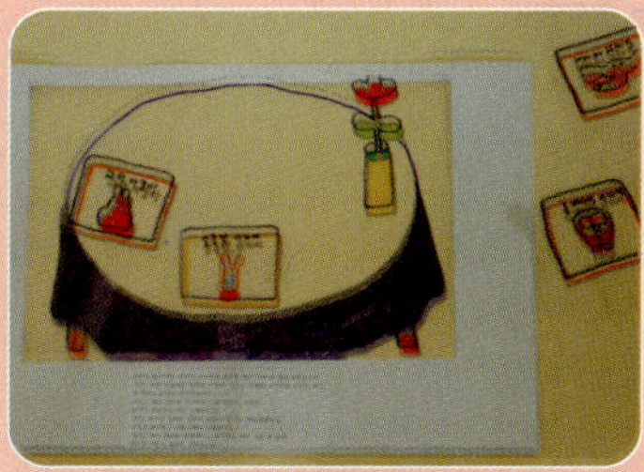

[그림 13-6]
움직임기법을 사용한 OHP 자료

(4) 움직임기법

기본 배경이 그려진 OHP 자료 위에서 움직임이 필요한 내용의 OHP 자료를 조작하면서 활용하는 방법이다. 먼저 기본 배경을 그린 후, 다른 OHP용 아세테이트 필름에 움직일 그림자료들을 따로 그린 후 손잡이 부분을 포함해 오려서 사용한다.

4. OHP 자료 활용 시의 유의점

① 램프 스위치는 필요한 시간 동안만 켠다. OHP 자료를 제시하기 전후에 램프를 켜두면 유아의 관심이 교사의 이야기보다 OHP 자료의 영상에 집중되기 쉽다. 또한 램프를 계속 켜두면 광선이 유아들의 눈을 피로하게 만들 수 있다.

② 영상의 크기가 적절하고 반듯한 사각형이 되도록 한 후 스크린에 비춰지는 상이 또렷하도록 조절한다.

③ 적당한 양의 자료를 제시한다. 동화자료는 예외이지만 보통 수업 보조물로 활용할 때는 6~7매 정도를 넘지 않는다.

④ 충분한 시간을 제공한다. OHP 자료에 담긴 내용을 유아가 충분히 경험할 수 있는 시간을 준다.

⑤ 기기를 깨끗이 관리한다. 조금의 오염으로도 화면에 얼룩이 나타나므로 클리너와 부드러운 천을 이용하여 헤드 미러와 자료 제시대를 닦아 준다.

Chapter 14

PART TWO

실물화상기와 디지털카메라

1. 실물화상기

실물화상기는 실물을 스크린에 투사시켜 유아들에게 보다 큰 화면을 제공하는 전기작동 교수매체로, 비교적 사용법이 간단하고, 조작이 쉬우며, 실제 사물의 영상을 그대로 전달할 수 있다는 장점이 있어 유아교육기관에서 많이 쓰이고 있다. 실물화상기는 자료의 제작에 있어 시간이 많이 소요되지 않으며, 구체적이고 실제적인 개념을 제공할 수 있다.

이 밖에 디지털 실물화상기는 그림책이나 신문, 동전, 나뭇잎 등 빛을 투과하지 않는 불투명한 자료와 슬라이드 필름이나 OHP 자료를 투영하여 볼 수 있다는 장점과 함께 제시된 물체를 축소하거나 확대하여 투영이 가능한 특성이 있어, 물체의 종류나 집단의 크기를 고려하여 사용할 수 있다는 장점이 있다.

1) 실물화상기의 특성

실물화상기의 특성은 정지된 영상을 비춘다는 점에서 OHP가 가지는 특성과 비교적 일치한다.

① 장소에 구애받지 않는다. 밝은 곳에서도 비교적 선명한 상을 볼 수 있기 때문에 특별한 암막시설이 필요하지 않다. 그러나 어두운 곳에서 좀 더 선명하고 뚜렷한 상을 볼 수 있다.

② 사용법과 기기 조작이 간단하다. 전원 스위치를 켜고, 제시하고자 하는 실물을 제시대에 올리고 초점나사를 조절하여 비추어진 영상을 보기만 하면 된다.

③ 제시되는 영상의 축소와 확대가 가능하여 작은 물체라도 큰 영상으로 확대하여 세밀하게 관찰가능하다.

④ 유아와 교사가 마주 보고 앉아서 활동을 진행할 수 있다. 따라서 유아의 반응을 관찰하면서 학습의 속도를 융통성 있게 조절할 수 있다.

2) 실물화상기의 구조 및 조작법

(1) 실물화상기의 구조

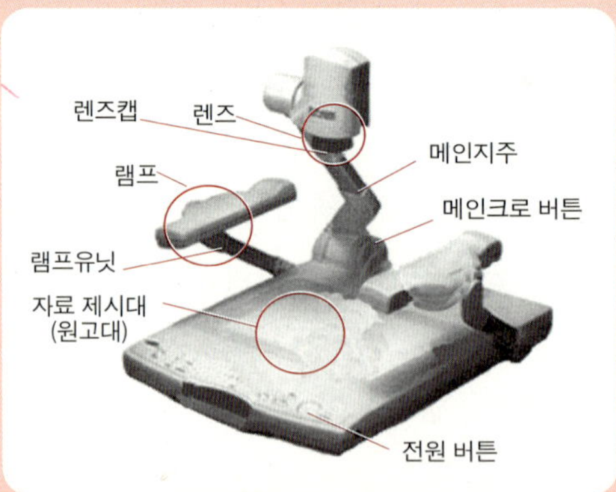

[그림 14-1] 실물화상기의 구조

출처: www.samsungsvp.co.kr

(2) 실물화상기 조작법

실물화상기의 조작법은 기종에 따라 다소 차이가 있긴 하지만, 일반적인 사용법은 다음과 같다. 주로 실물화상기 위에 물체를 올려놓고, 스크린에 정지된 영상으로 투영하여 보는 방법이 일반적이다. 그러나 디지털 실물화상기는 다양한 외부영상 출력단자(텔레비전 모니터, 컴퓨터 모니터 등)와 연결이 가능하기 때문에 저장 및 출력이 가능하기도 하다.

① 메인크로 버튼을 눌러 메인지주를 세운다.
② 램프 유닛을 사용하기 적당하도록 세우고, 원고대 중심에 세팅한다.
③ 좌우 램프의 위치를 원고대 중심으로 맞춘 후, 렌즈부가 수직으로 아래로 향하게 한다.
④ 렌즈부의 렌즈캡을 제거한다.
⑤ 전원스위치를 켠다.
⑥ 자료 제시대에 제시하고자 하는 자료를 올리고 스크린과 실물화상기 간의 거리를 이동시키거나 축소 또는 확대버튼을 사용하여 상의 크기를 결정한다. 보통 상의 가로 길이의 1.3배(약 2m)를 유지한다. 또한 외부영상 출력단자(컴퓨터, 텔레비전 등)를 사용하는 경우에 제시하는 영상이 잘 투영되었는지 확인한다.
⑦ 사용 후에는 스위치를 끄고 전원 코드를 뺀 후 정리한다.

(3) 실물화상기 활용 시 유의점

① 실물화상기는 습기가 없고, 통풍이 잘 되는 곳에 보관한다. 온도가 너무 높은 곳(35℃)과 낮은 곳(5℃)은 피하는 것이 좋다. 또한 실물화상기와 벽면 사이를 약 10cm 정도 떨어뜨린 곳에 설치하는 것이 좋다.
② 램프 스위치는 필요한 시간 동안만 켠다. 자료를 제시하기 직전에 스위치를 켜야 유아들의 주의를 집중시킬 수 있으며, 램프를 계속 켜 두게 되면 광선이 유아들의 눈을 피로하게 만들 수 있다.

③ 제시대 위에 물기가 있는 그릇이나 물체를 올려놓지 않으며, 또한 충격을 가하거나, 바닥이 평평하지 않은 곳은 피하는 것이 좋다.

④ 기기를 깨끗이 관리한다. 조금의 오염도 화면에 얼룩이 나타나므로 클리너나 부드러운 천을 이용하여 제시대를 닦아 둔다.

2. 디지털카메라

디지털카메라는 필름카메라와 구조는 비슷하나 CCD(Charged-Couple Device)* 유닛이 추가되어, 필름에 사진을 기록하는 대신에 CCD로 이미지를 전기신호로 바꾸어서 메모리 카드에 저장한다는 차이점이 있다. 그 외 나머지 부분인 렌즈구조와 빛의 양을 조절하는 조리개와 노출을 결정하는 셔터의 원리는 필름카메라와 같다. 디지털카메라는 컴퓨터의 대중화와 컴퓨터를 기반으로 손쉽게 접근할 수 있다는 장점으로 빠르게 보급되어 활용되고 있다.

[그림 14-2]
디지털카메라의 CCD

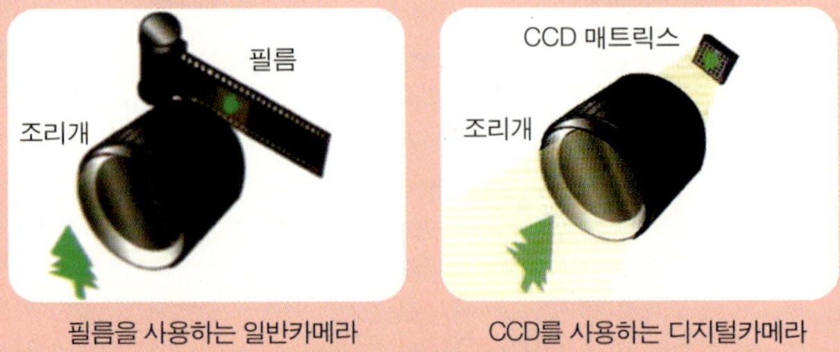

[그림 14-3]
디지털카메라의 차이점

* CCD(Charged-Couple Device: 전자결합소자)는 빛을 받아들여 전기적인 신호로 전환해 주는 발광 다이오드의 직접체로 직사각형의 모양이다. 현재 1/3인치, 1/2.7인치, 2/3인치의 CCD 렌즈가 통상적으로 쓰이고 있다. 이 CCD는 빛의 강도를 전하에 양으로 변환, 전자로 만들어 축적하는 역할을 하며, 이것은 찍고 싶은 피사체를 빛의 명암과 색으로 잡은 후, 전기신호로 변환하여 저장한다.

1) 디지털카메라의 특성

① 필름카메라를 찍을 때는 뷰파인더에 눈을 바짝 대고 찍어야 했지만 디지털카메라는 LCD로 액정모니터를 보면서 사진이 어떻게 찍혔는지 바로 알 수 있다. 또한 바로 찍고 나서 확인이 가능하고 마음에 안 들면 지우고 다시 촬영할 수 있다.

② 필름카메라가 필름을 넣어 사진을 찍는 것과 달리 디지털카메라는 사진을 찍을 메모리와 배터리만 있으면 메모리 용량만큼 사진을 찍을 수 있다.

③ 디지털카메라로 찍은 사진을 케이블이나 메모리카드 리더기를 통해 컴퓨터로 사진을 옮긴 후 바로 프린터로 이용해 출력하거나 웹에서 인화주문을 통해 바로 인화할 수 있다.

④ 디지털카메라로 찍은 사직을 찍은 날짜와 사진 테마별 메모형식으로 디렉터리(폴더)의 이름을 지정하여 저장해 두면 찾고자 하는 사진을 언제든 쉽게 찾을 수 있어 별도의 앨범을 따로 제작할 필요가 없다.

⑤ 디지털카메라로 찍은 사진은 CD나 하드디스크에 파일만 있다면 언제든 손상과 변색 없는 사진을 뽑을 수 있다.

⑥ 디지털카메라로 찍은 사진은 컴퓨터로 본 후 잘 나온 사진만 골라 인화할 수 있다.

⑦ 디지털카메라는 컴퓨터에서 편집 프로그램(Adobe photoshop, Paintshop pro 등)을 이용하여 사진을 편집하고 글자를 넣거나 장식을 할 수 있다.

⑧ 디지털카메라는 필름카메라와는 달리 거의 모든 기능이 전기에 의해 작동되기 때문에 필름카메라에 비해 전기적 소모가 많아 배터리가 부족할 수 있다. 이에 디지털카메라 촬영 시에는 여분의 배터리나 충전기를 준비하는 것이 좋다.

⑨ 컴퓨터를 통해 디지털 사진을 볼 때와 프린터로 프린트된 사진과 색이 다를 수 있다. 이는 모니터상에 보이는 사진 이미지는 모두 빨간색(Red), 초록색(Green), 파란색(Bule)의 '빛의 삼원색(약자 RGB)' 이 혼합되어 보이는 것인데

비해 프린터는 빨간색, 파란색, 노란색의 '색의 3원색'이 혼합되어 나타나는 것이기에 차이가 나타나는 것이다. 이러한 차이를 최소화하기 위해서 영상기기와 인쇄기기를 최적화시켜 주는 '캘리브레이션(Calibration)' 작업이 필요하다.

2) 디지털카메라의 구조와 명칭

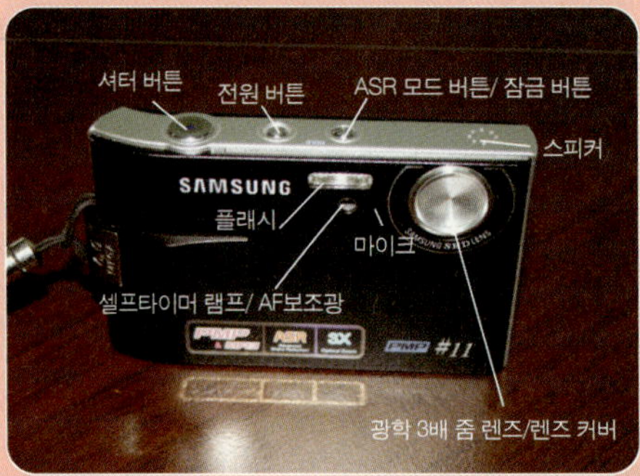

앞면/윗면

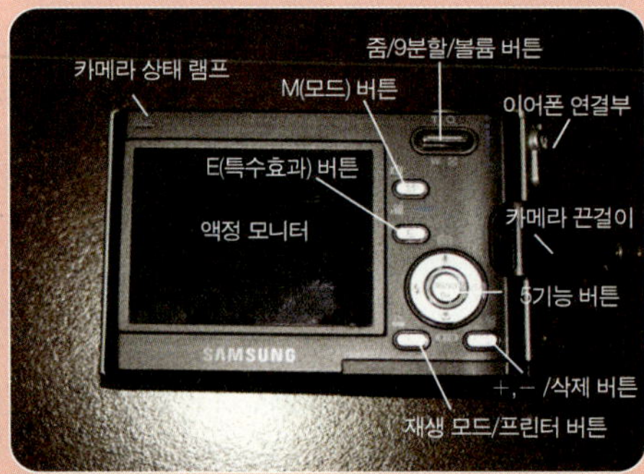

뒷면

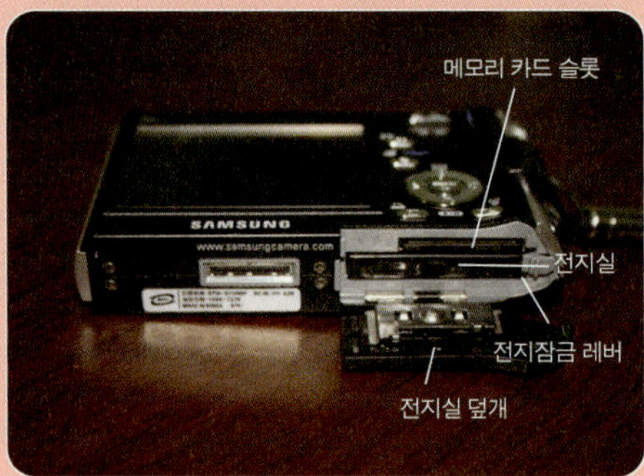

밑면

[그림 14-4] 디지털카메라의 구조 및 명칭

3) 디지털카메라를 이용한 촬영 및 보관법

① 액정 모니터를 사용하여 원하는 촬영구도를 결정한다.
② 셔터 버튼을 눌러 이미지를 촬영한다.
③ 촬영된 이미지를 확인하고 저장한다.
④ 촬영한 이미지를 USB 케이블이나 카드 리더기를 이용해 컴퓨터에 다운로드한다.

(1) USB 케이블을 이용해 이미지를 다운로드하는 방법

컴퓨터와 디지털카메라를 USB 케이블로 연결해 '이동식 디스크' 란 드라이브가 나타나면 사진이 저장된 폴더를 복사하여 컴퓨터에 다운로드한다.

(2) 메모리 카드 리더기를 이용해 이미지를 다운로드하는 방법

디지털카메라에 장착된 메모리 카드를 빼서 카드 리더기에 꽂은 후 컴퓨터에 USB 단자에 연결한다. USB 케이블로 연결한 경우와 같이 '이동식 디스크' 란 드라이브가 나타나면 이 드라이브의 폴더를 통해서 사진을 컴퓨터에 다운로드한다.

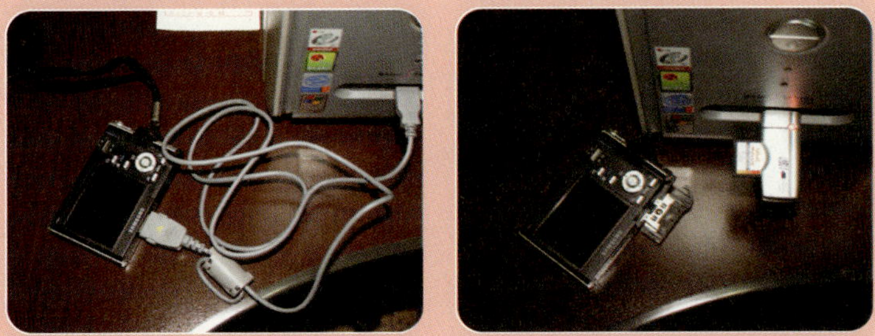

케이블과 컴퓨터 연결하기　　메모리 카드 리더기로 컴퓨터에 연결하기

[그림 14-5] 촬영한 이미지를 컴퓨터에 다운로드하기

4) 유아교육기관에서의 디지털카메라의 활용

① 유아교육기관에서 생활하는 유아의 모습 등을 사진으로 찍은 다음, 사진이미지를 컴퓨터로 옮기고 손쉽게 정리해서 유아마다의 전자앨범을 만들 수 있다.

② 유아들의 원 생활 모습 등을 찍은 사진이나 동영상을 유아교육기관의 홈페이지에 올려 원생활의 모습을 부모들에게 알릴 수 있다.

③ 디지털카메라로 찍은 사진이나 동영상을 활용하여 교수자료를 제작할 수 있다. 즉, 디지털카메라로 찍은 동화나 유아의 사진 등을 바로 TV나 빔 프로젝트와 연결하면 반 전체의 유아들이 함께 볼 수 있는 디지털 교수매체가 된다. 또는 작게 제작되어 판매하는 그림동화 등을 디지털카메라로 찍은 다음 컴퓨터의 파워포인트 프로그램을 이용하면 움직이는 생동감 있는 멀티동화도 제작할 수 있다.

④ 유아들이 만든 입체 구성물이나 작품들을 찍은 다음, 사진 이미지를 컴퓨터에 보관할 때 날짜별로 보관해 두면 유아의 발달 등을 살펴볼 수 있는 훌륭한 포트폴리오 기록자료로 활용할 수 있다.

Chapter 15

컴퓨터

컴퓨터와 인터넷이 널리 보급되면서 교수매체로서 컴퓨터의 활용이 보편화되고 있다. 컴퓨터는 특성상 멀티미디어적 요소를 가지고 있어 유아에게 매력적인 교수매체로 활용되며 교사들도 컴퓨터를 활용하여 교수매체를 수월하게 제작할 수 있게 되었다. 또한 과학기술의 발전에 따라 프로젝터, 일렉트로닉 토이, 로봇, 가상현실 등의 하드웨어와의 결합이 점점 더 용이해지고 있으며, 컴퓨터용 소프트웨어의 발전에 따라 구현의 폭이 점점 넓어져 앞으로의 활용 분야는 더욱 넓어질 전망이다. 따라서 교수매체로서의 컴퓨터를 효과적으로 활용하기 위하여 컴퓨터 자료의 특성과 선택, 제작 및 활용 등을 파악하는 것이 선행되어야 한다. 이에 덧붙여 미디어 자료의 부적절한 요소에 대한 교사의 각별한 주의가 요구된다.

손가락 착용 마우스

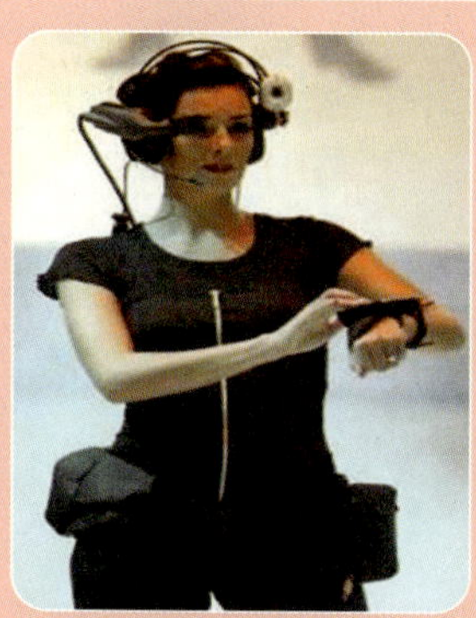

웨어러블 PC

이동형 로봇 토이

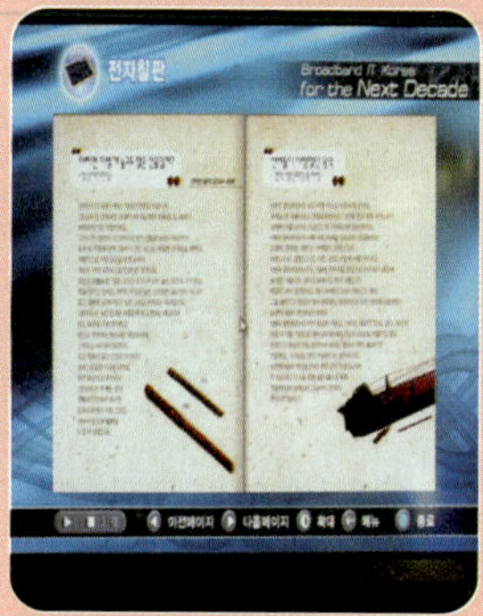

전자칠판

일렉트로닉 토이

홀로그램

컴퓨터 연결형 교육 로봇

자폐아를 위한 이동형 로봇

[그림 15-1] 컴퓨터를 활용한 확장된 교수매체들

1. 컴퓨터의 특성

① 멀티미디어 요소를 손쉽게 구현할 수 있다. 즉, 다양한 그래픽과 음성 및 음향이 쉽게 포함될 수 있다.
② 다양한 상호작용이 가능하다.
③ 다양한 출력 형태를 가진다. 결합되는 하드웨어(프린터, 프로젝터, 일렉트로닉토이 등)에 따라 다양한 출력 형태를 가진다.
④ 신속한 입력 및 저장, 변환이 가능하다.
⑤ 다양한 집단 크기의 활동이 가능하다. 컴퓨터는 이야기 나누기 등의 대집단 활동뿐 아니라 자유선택활동 시간 동안에 소집단 및 개별 활동도 가능하다.
⑥ 컴퓨터를 활용한 다양한 활동 경험은 다양한 컴퓨터 리터러시(computer literacy) 능력을 키워 준다.

2. 컴퓨터의 활용

컴퓨터는 유아교육기관에서 다양하게 활용될 수 있다. 즉, 유아교육기관의 운영 정보 소개, 흥미영역으로서의 컴퓨터 영역 배치, 교사의 대·소집단 활동에서 교수자료로서의 활용 및 교수자료의 제작을 위해서 활용된다.

컴퓨터의 다양한 활용방법은 다음과 같다.

① 인터넷의 대중화로 인해 많은 유아교육기관들이 홈페이지나 인터넷 카페, 미니홈피, 블로그 등을 이용하여 원 소개 및 유아들의 활동정보를 제공하고 있다. 이와 같은 방법은 유아교육기관의 건물에 게시된 게시판을 이용하여 정보를 제공하는 것과 비교할 때 시·공간을 초월한 정보 제공의 용이성 및 부모와 기관, 부모와 교사 간에 의미 있는 상호작용을 촉진한다는 점에서 널리 활용될 만하다.

② 활동실 내에 흥미영역의 일부로서 컴퓨터영역을 설치할 수 있다. 컴퓨터영역에는 유아를 위해 개발된 소프트웨어들을 생활주제에 맞추어 제공함으로써 유아에게 의미 있는 학습이 이루어지도록 도울 수 있다.
또한 언어, 조형, 역할영역 등에 컴퓨터를 포함시켜 주는 것도 기존의 교수매체들과 같은 효용성을 가질 수 있어 정보화시대에 유아가 컴퓨터로 다양한 정보를 습득할 수 있다는 점에서 교수매체로서의 가치는 더욱 높다.

③ 교수자료로서의 컴퓨터를 활용함으로써 교수-학습활동을 확장할 수 있다. 인터넷 사이트에서 얻은 미디어 자료나, 멀티미디어 프로그램, 백과사전 소프트웨어 등을 활용하여 다양한 자료를 제시하며 이야기 나누기 등에 활용할 수 있다. 비록 모니터를 통해 제시되는 그래픽이지만 컴퓨터의 멀티미디어적 요소가 가미된 콘텐츠들은 모형이나 인형, 사진 등에 비하여 훨씬 현실감이 있고, 다양한 내용을 담을 수 있다는 점에서도 활용 가치가 크다.

④ 컴퓨터를 활용하여 다양한 교수매체를 직접 제작할 수 있다. 파워포인트 같은 프레젠테이션 소프트웨어나 플래시, 프리미어 등의 멀티미디어 제작 소프트웨어, 포토샵, 그림판을 사용한 사진, 그림 등을 편집 · 출력하거나 한글 등을 활용하여 간단한 교구나 활동지 등을 만들 수 있다. 또한 디지털카메라나 스캐너를 컴퓨터와 연결하여 동화나 그림자료 등의 올드미디어를 손쉽게 제작할 수 있다.

3. 컴퓨터 자료의 제작

교사가 컴퓨터를 활용하여 적절한 교수자료를 제작하는 방법은 많으나, 여기서는 컴퓨터에 대하여 능숙하지 않은 교사들이 손쉽게 활용할 수 있는 방법만을 소개하였다.

1) 한글 2002를 이용하여 교수자료 제작하기

(1) 문서 마당을 이용한 이름표 만들기

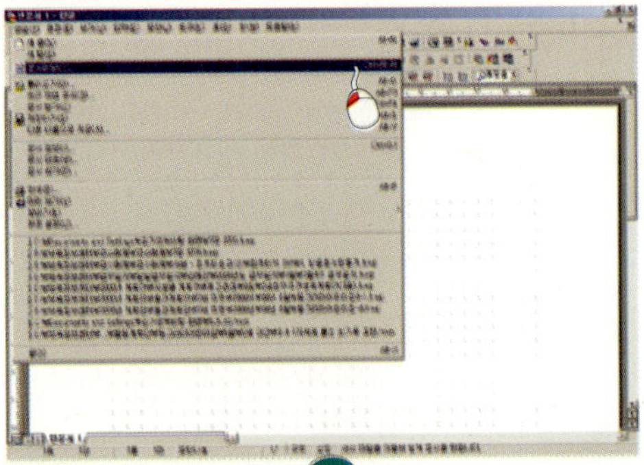

① 메뉴표시줄에서 [파일]-[문서마당]을 클릭한다.

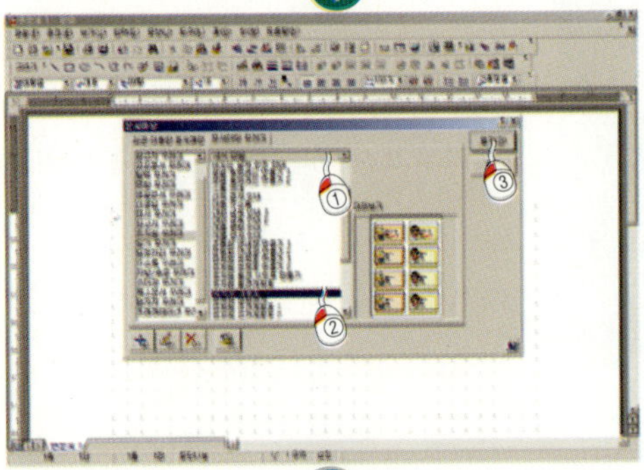

② [문서마당 꾸러미]의 탭을 클릭한 후 [유치원 꾸러미]-[유치원 이름표]-[열기]를 클릭한다.

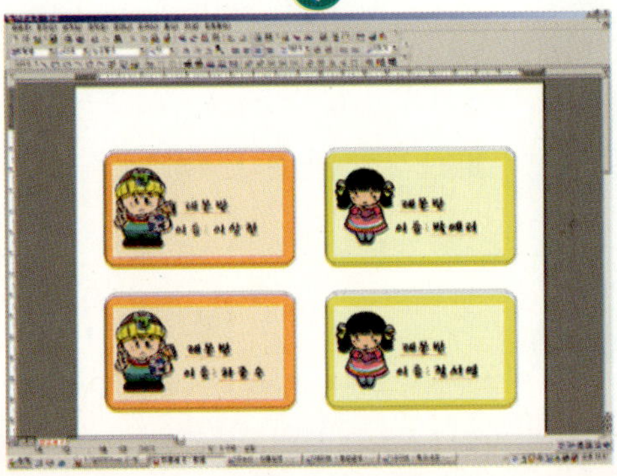

③ 유아의 이름을 기록한다.

[그림 15-2] 문서마당을 이용한 이름표 제작하기

(2) 그림 삽입하여 이야기 나누기 자료 만들기

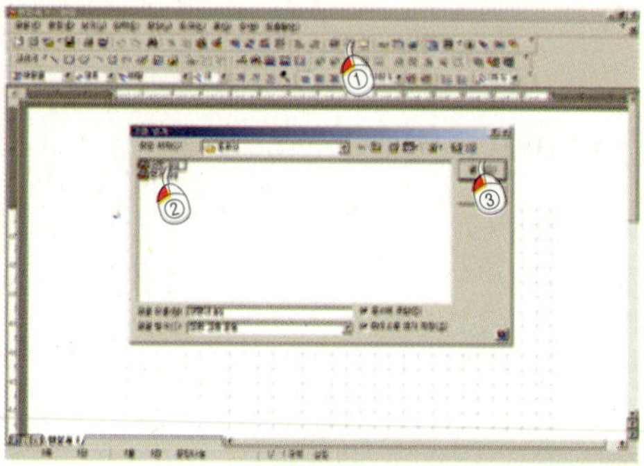

① 기본도구 상자에서 [그림] 아이콘을 클릭한 후 원하는 그림을 선택한 후 [열기]를 클릭한다.

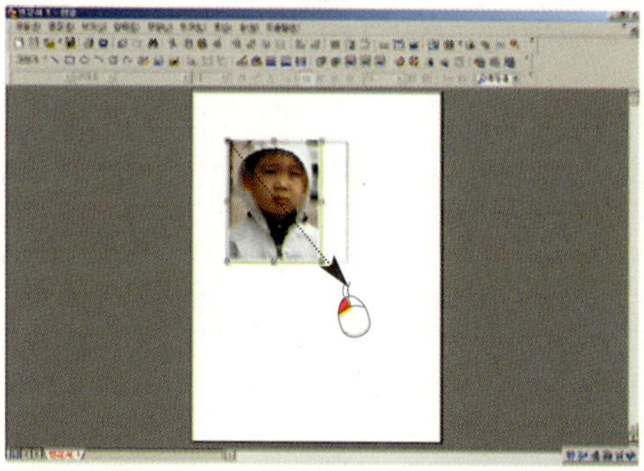

② 그림을 넣고자 하는 부분에 마우스 클릭한 후 드래그하여 그림의 크기를 조절한다.

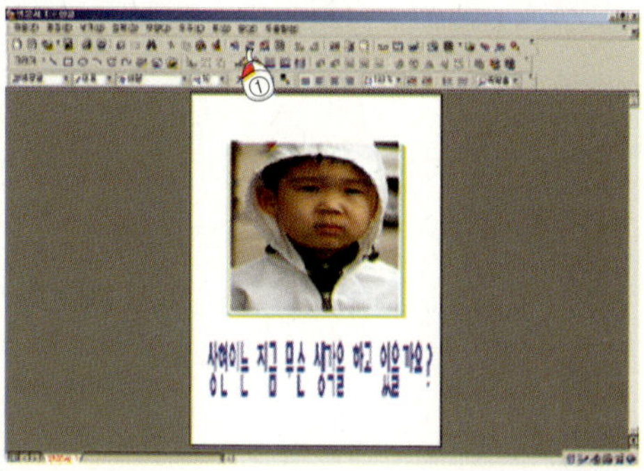

③ [글맵시] 아이콘을 클릭한 후 이야기 나누기 제목을 쓴다.

[그림 15-3] 그림 삽입하여 이야기 나누기 자료 만들기

2) 인터넷에서 그림파일을 다운받아 그림사전 만들기

① 검색 엔진에서 원하는 그림을 선택한 후 [마우스 오른쪽 클릭]-[다른 이름으로 그림 저장]-[저장]을 클릭한다. 〈출처: 네이버 백과사전〉

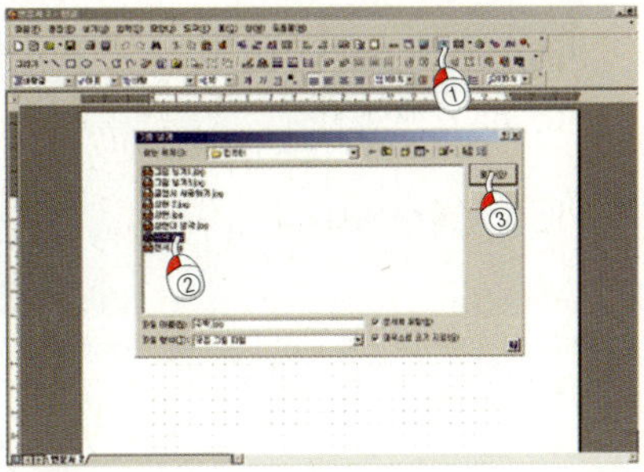

② 한글문서를 연 후 [기본도구상자]-[그림]-[저장한 수박그림 선택]-[열기]를 클릭한다.

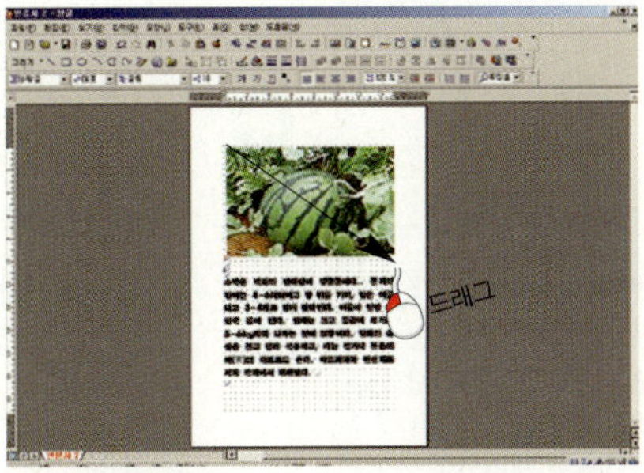

③ 그림을 넣고자 하는 부분을 클릭한 후 드래그하여 그림의 크기를 조절하여 문서에 삽입한다. 수박에 대한 설명을 쓴다.

[그림 15-4] 그림파일 다운받아 그림사전 만들기

3) 파워포인트 2003을 이용한 동화 만들기

파워포인트의 다양한 기능들을 이용하여 동영상 효과를 가진 매체를 제작할 수 있다. 따라서 최근에는 이야기 나누기나 노래 부르기 자료, 동화 등을 파워포인트로 많이 제작하고 있다. 여기에서는 파워포인트를 이용하여 동화를 만들어 보는 과정을 통해 파워포인트의 기능을 알아보고자 한다.

①

디지털카메라나 스캐너를 활용하여 그림동화의 각 장면을 디지털화하여 컴퓨터에 저장한다.

②

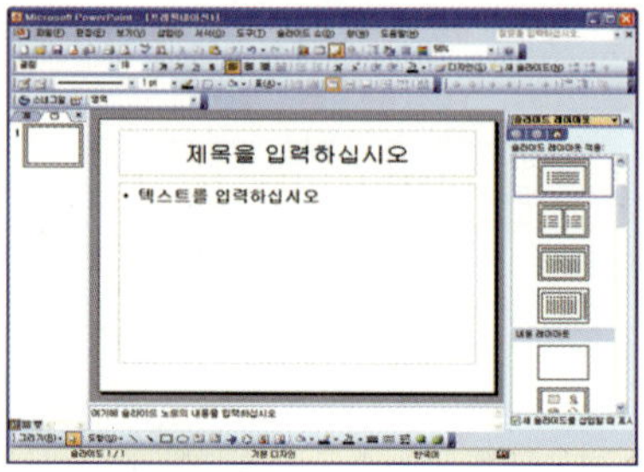

파워포인트를 실행한다. 바탕화면의 [시작] 단추를 클릭한 후 [모든 프로그램] –[Microsoft office]–[Microsoft office Power point 2003]을 선택하여 실행한다.

③

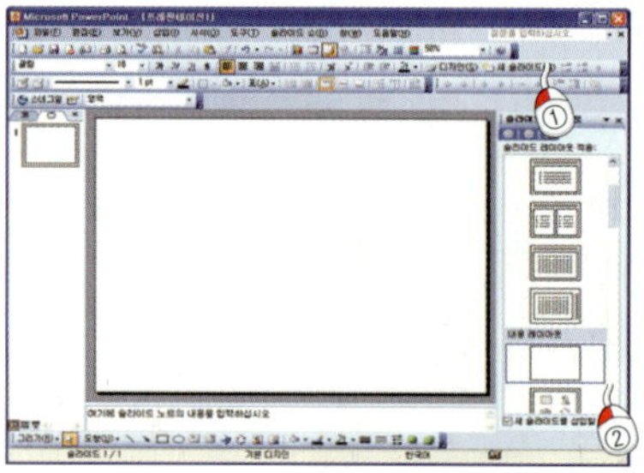

'새 슬라이드' 를 삽입한다. 화면 상단의 [서식]도구 모음에서 [새 슬라이드] 아이콘을 클릭한 후 화면 오른쪽 작업창이 '슬라이드 레이아웃' 창으로 바뀌면 내림 단추를 이용해 '빈화면' 클릭하여 선택한다.

④

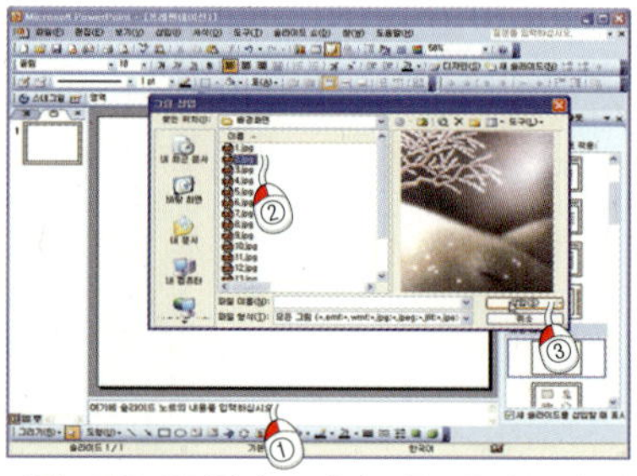

배경그림을 삽입한다. 그리기 도구모음의 [그림] 아이콘( )을 선택한 후 저장한 '배경그림' 을 찾아 삽입한다.

⑤

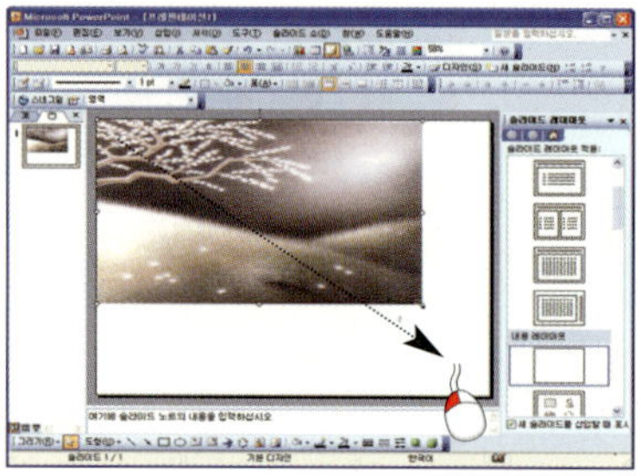

배경그림을 편집한다. 불러온 배경그림을 마우스로 클릭한 후 드래그하여 화면에 맞게 그림크기를 조절한다.

⑥

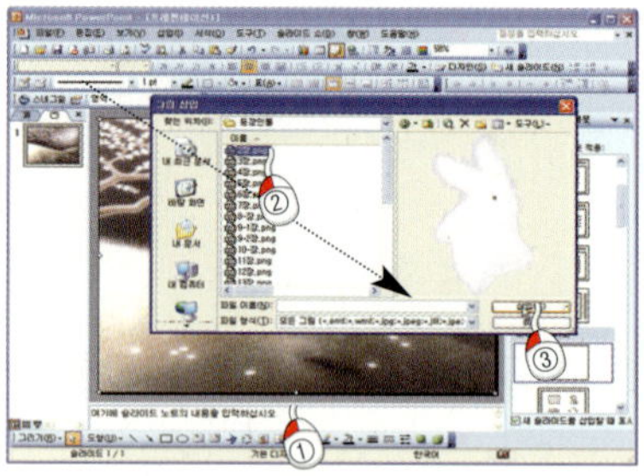

등장인물 그림을 삽입한다. 그리기 도구모음의 [그림] 아이콘( )을 선택한 후 저장한 '등장인물그림' 을 찾아 삽입한다.

⑦

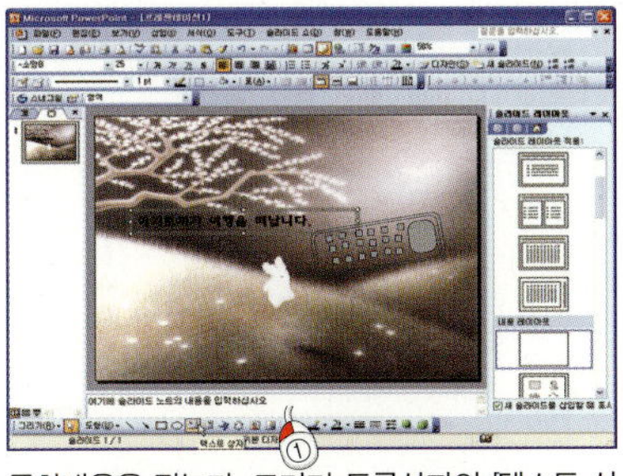

동화내용을 적는다. 그리기 도구상자의 [텍스트 상자] 아이콘(가 가)을 선택한 후 원하는 곳에 마우스를 클릭한 후 동화내용을 적는다.

⑧

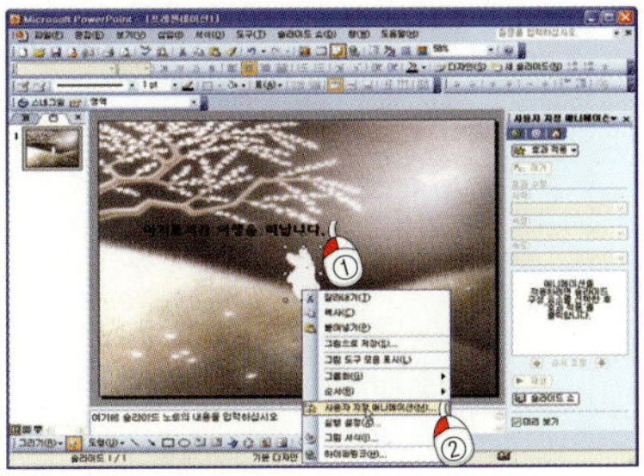

등장인물이 움직이도록 그림 애니메이션 효과를 적용한다. 등장인물인 토끼그림을 선택한 후 마우스 오른쪽 클릭하여 '사용자 지정 애니메이션' 메뉴를 선택한다.

⑨

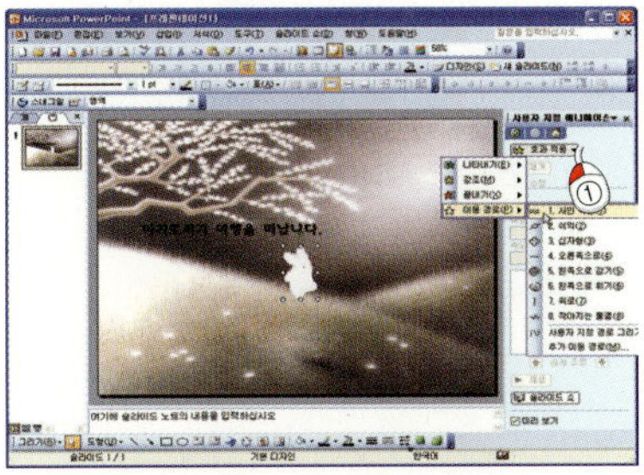

장면에 어울리는 애니메이션 효과를 적용한다. 화면 오른쪽 작업창에 애니메이션 작업창이 나오면 [효과적용] 단추를 눌러 적절한 애니메이션 효과를 선택한다.

⑩

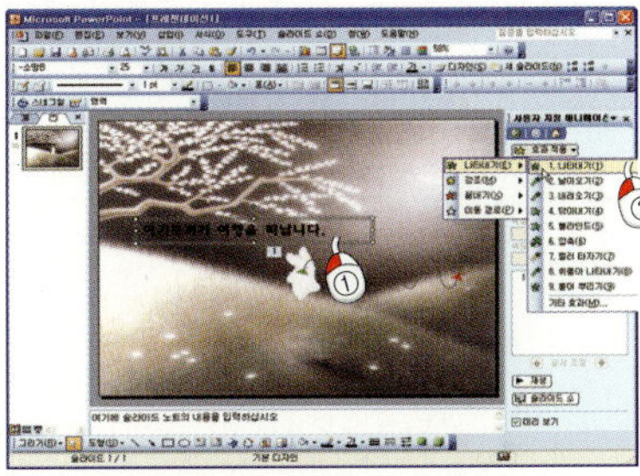

텍스트 애니메이션을 적용한다. 동화내용을 적은 텍스트상자를 선택 후 화면 우측의 [효과적용] 단추를 클릭하여 적절한 애니메이션 효과를 선택한다.

⑪

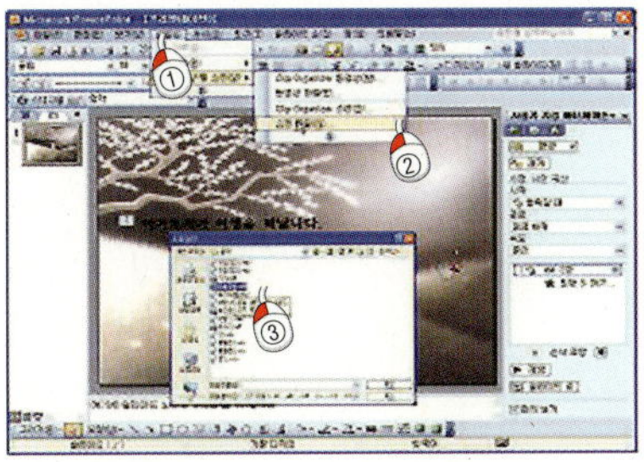

동화에 알맞은 소리를 삽입한다. 메뉴바에서 [삽입]-[동영상 및 소리]-[소리 파일] 선택하여 저장해 두었던 효과음 소리파일을 선택한다.

⑫

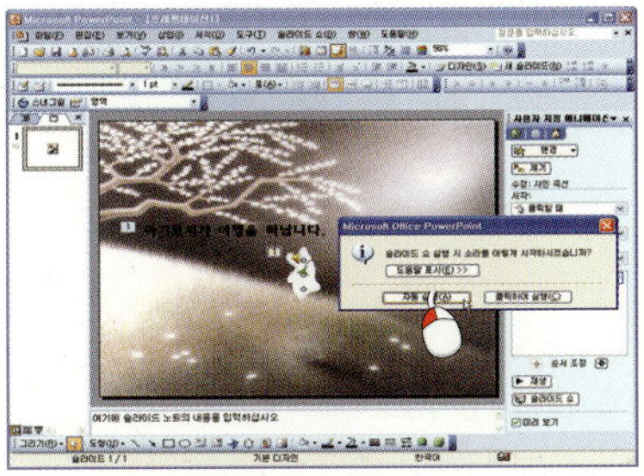

소리파일 재생방법을 결정한다. 재생방법 메뉴창이 나타나면 [자동실행]을 선택한다.

⑬

화면전환 효과를 적용한다. 화면전환효과는 [슬라이드 쇼]-[화면전환]을 선택한 후 '화면전환' 작업창이 나타나면 적절한 효과를 선택하여 적용한다.

⑭

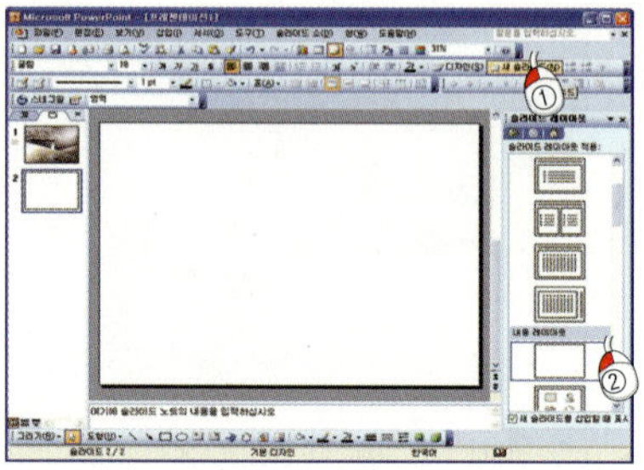

새슬라이드를 불러온다. 화면 상단의 [서식] 도구 모음에서 [새 슬라이드] 아이콘을 클릭한 후 화면 오른쪽 작업창이 '슬라이드 레이아웃' 창으로 바뀌면 내림 단추를 이용해 '빈화면' 클릭하여 선택한다.

[그림 15-5] 파워포인트를 이용한 동화 만들기

제3부

주제에 적절한 교수활동 자료

PART THREE

Ⅰ. 우리 동네

- 동네가 생기게 된 이야기
- 케이티와 폭설
- 마트 놀이
- 나는 누구일까요?
- 돋보기 비닐 그림책
- 표지판 맞히기
- 동네를 깨끗이 해요
- 우리 동네 세우기
- 딸랑딸랑 누구의 물건일까요?
- 우리 동네 기관을 돌아보아요
- 마을버스
- 가게 놀이
- 기관 그림 맞추기
- 우리 동네 기관에 전화해 보아요
- 우리 동네를 꾸며 보아요

주제 망

우리 동네

1. 동네의 개념과 동네의 특성

- 집들이 모여 동네를 이룬다.
- 각 동네에는 이름이 있다.
- 동네에는 여러 형태의 건물, 시설, 기관이 있다.

2. 동네의 가게

- 파는 물건의 종류에 따라 가게의 종류가 다르다.
- 가게에서는 물건과 화폐가 교환된다.

3. 동네의 기관

- 각 기관은 각각 특별한 일을 한다.
- 각 기관에는 특별한 직업을 가진 사람들이 모여 일을 한다.
- 각 기관을 나타내는 특별한 상징이 있다.

4. 이웃

- 가까이 사는 사람들을 이웃이라 한다.
- 이웃사람들은 여러 일을 한다.
- 이웃사람들은 서로 돕고 지낸다.

주제 관련 활동 망

우리 동네

음률활동

새노래–동네 한 바퀴

음악 감상–즐거운 우리 집

이야기 나누기

동네가 생기게 된 이야기

(OHP 동화)*

자유선택활동

- 언어

  마트 놀이*

  나는 누구일까요?*

  돋보기 비닐 그림책*

  표지판 맞히기*

- 수 · 과학

  동네를 깨끗이 해요*

  우리 동네 세우기*

  딸랑딸랑 누구의 물건일까요?*

  우리 동네 기관을 돌아보아요*

  마을버스*

  가게 놀이*

- 조작놀이

  기관 그림 맞추기*

- 역할놀이

  우리 동네 기관에 전화해 보아요*

- 조형

  우리 동네를 꾸며 보아요*

현장학습

우리 동네를 돌아보아요

우체국 견학

게임

편지 보내기

4. 동화 · 동시 · 동극

- 케이티와 폭설

  (테이블 동화)*

- 서로 돕는 우리 이웃

  (그림동화)

* 는 뒷부분에 포함된 활동임.

동네가 생기게 된 이야기

· **목표**

동네가 생긴 유래에 대해 이해한다.

· **준비물**

OHP 필름지 8장, 유성펜

· **제작방법**

▶ **OHP 동화**

1. OHP 필름지 위에 동화의 각 장면을 유성펜으로 스케치한다.
2. 스케치한 OHP의 뒷면에 유성펜으로 색칠을 한다.

· **활동방법**

1. 동네에는 어떤 시설과 기관들이 있으며, 어떤 일을 하는지에 대해 이야기 나눈다.
2. '동네가 생기게 된 이야기' OHP 동화를 들려준다.

케이티와 폭설

- **목표**

이웃 사람들은 서로 돕고 지낸다는 것을 안다.

- **준비물**

하드보드지, 우드락, 지점토, 아크릴 물감, 유성매직, 스펀지, 막대, '케이티와 폭설' 동화책, 셀로판지, 부직포, 글루건, 상자, 코팅지, 도화지

- **제작방법**

▶ **테이블 동화틀**

1. 50×40×10cm의 상자 안쪽 바닥에 우드락을 붙인다.
2. 상자 안쪽을 부직포로 싼다.

▶ **모형**

1. 지점토를 이용하여 동네의 각 기관들의 모형과 케이티 모형을 만든 후 그늘에서 말린다.
2. 1에 아크릴 물감으로 색칠을 한다.

▶ **그림동화 틀**

1. 하드보드지의 양 옆면과 아래에 1cm 두께의 막대를 붙인다.
2. 앞면에 투명 셀로판지를 붙여 동화틀을 만든다.

▶ **동화**

1. 동화의 각 장면을 도화지에 그린다.
2. 그림동화의 윗면으로 3cm 정도의 여백이 남도록 코팅을 한다.
3. 코팅지 여백을 탭으로 만든다.
4. 탭에 유성매직으로 동화의 번호를 적는다.

- **활동방법**

1. 동화를 들려준다.
2. 동화를 회상해 본다.

마트 놀이

· 목표

1. 파는 물건의 종류에 따라 가게의 종류가 다르다는 것을 안다.
2. 가게에서는 물관과 화폐가 교환된다는 것을 안다.

· 준비물

하드보드지, 폼보드, 도르래, 색지, 코팅지, 한지, 리본 테이프, 목공용 풀, 우드락, 컬러믹스

· 제작방법

▶ 디오라마 틀

1. 폼보드의 앞면과 뒷면에 하드보드지를 붙여 3겹을 만든다.
2. 1을 이용하여 ㄷ자 모양의 디오라마 틀을 만든다.
3. 1을 이용하여 2의 안쪽 1/2 왼편을 2층으로 나눈다.
4. 3의 오른쪽 면의 위쪽에 도르래를 붙일 공간을 만든다.
5. 3을 한지로 싼 후 목공용 풀과 물을 일대일의 비율로 섞어 바른 후 말린다(3~4회 반복).

▶ 엘리베이터

1. 폼보드의 앞면과 뒷면에 하드보드지를 붙인 후 ㄷ자 모양의 엘리베이터 틀을 만든다.
2. 1의 윗면에 송곳을 이용해 구멍을 뚫고 은색 라커를 뿌린다.
3. 2의 구멍에 끈을 연결하고 디오라마 틀에 부착된 도르래에 연결한다.

▶ 소품

1. 진열대: 우드락으로 2개의 진열대를 만든다.
2. 옷걸이용 행거: 철사와 컬러믹스를 이용해 옷걸이용 행거를 만든다.

3. 옷: 색지로 옷걸이에 걸려 있는 옷 모양을 그려 코팅한 후 옷걸이용 행거에 옷을 걸 수 있도록 오린다.
4. 쇼핑카트: 하드보드지와 철사를 이용하여 쇼핑카트를 만든 후 은색 라커를 뿌린다.
5. 지갑: 지갑은 부직포를 이용하여 만든다.
6. 판매상품들: 컬러믹스를 이용하여 다양한 소품을 만든다.

· **활동방법**

1. 마트에 가 본 경험에 대하여 이야기를 나눈다.
2. 활동자료를 탐색하며 활동방법을 알아본다.
   ① 친구들과 역할을 정한다.
   ② 역할에 알맞게 놀이를 한다.

나는 누구일까요?

- **목표**

1. 다양한 직업에 대해 안다.
2. 다양한 직업의 특성을 말이나 몸짓으로 표현할 수 있다.

- **준비물**

한지, 목공용 풀, 하드보드지, 도화지, 거울, 색지, 코팅지, 우드락, 폼보드

- **제작방법**

▶ 거울상자

1. 폼보드의 앞면과 뒷면에 하드보드지를 붙인다.
2. 1을 이용하여 25×30×40cm 크기의 한 면이 뚫려 있는 상자를 만든다.
3. 2의 윗면에 역할카드를 꽂을 수 있도록 22×1.5cm 크기의 구멍 4개를 만들어 오려낸다. 이때 빛이 들어올 수 있도록 22×4cm 크기의 구멍도 만들어 오려낸다.
4. 상자 안쪽에 거울을 붙인다.

▶ 역할카드

1. A4 크기의 도화지 위쪽에 3cm 정도 여백을 남기고 유아의 얼굴이 들어갈 수 있도록 얼굴 부분을 그려 오려 낸다.
2. 1에 색지를 이용해 다양한 직업을 꾸민 후 코팅한다.
3. 우드락 2개를 23×3cm의 크기로 자른 다음, 2의 윗면 앞뒤에 붙여 손잡이를 만든다.
4. 우드락 손잡이 부분을 한지로 감싼 후 목공용 풀과 물을 일대일로 섞어서 바른 후 말린다(3~4회 반복).

- **활동방법**

1. 게임자료를 탐색하고 게임방법을 알아본다.

① 거울 상자에 역할카드를 모두 꽂는다.

② 순서를 정한다.

③ 거울 상자에 역할 카드 한 장만 남도록 역할카드를 빼낸다.

④ 거울 상자에 얼굴을 비춰서 나타난 사람의 직업이 무엇인지 알아본다.

⑤ 친구에게 몸짓이나 말로 직업을 표현한다.

2. 게임을 한다.

돋보기 비닐 그림책

• 목표

1. 우리 동네의 기관, 시설들에 대해 관심을 가진다.
2. 각 기관, 시설 등에 필요한 것들을 알아본다.

• 준비물

하드보드지, 한지, 펠트지, 목공용풀, 고리, 끈, 아스테이트지, OHP용 필름 여러 장, OHP용 유성펜

• 제작방법

▶ 책자

1. 검정색 하드보드지를 22×32cm 크기로 자른다.
2. 1의 아래 부분은 제외하고 아세테이트지로 감싼다.
3. 22×16cm 크기의 하드보드지 2장을 윗부분을 둥글려 자른 후 한지로 싼다.
4. 3에 목공용 풀과 물을 일대일로 섞어서 바른 후 말린다(3~4회 반복).
5. 펠트지를 이용하여 돋보기 꽂이를 만들어 3 위에 붙인다.
6. 2와 4를 겹친 후 펀치로 구멍을 뚫어 링으로 연결한다.

▶ 돋보기

1. 하드보드지를 이용하여 막대 3×20cm, 지름 7cm 크기의 돋보기 모양으로 오린다.
2. 밑면을 한지로 꾸민 후 구멍을 뚫는다.
3. 2에 실을 꿰어 책자에 연결한다.

▶ 그림

1. OHP 필름에 유성펜을 이용하여 동네의 기관과 시설 그림, 필요한 물건들의 그림을 그린다.

2. 1의 OHP 뒷면에 유성펜으로 색칠한다.

- **활동방법**

1. 우리 동네의 시설과 기관들에 대해 이야기 나눈다.
2. 자료를 탐색하며 활동방법을 알아본다.
3. 활동을 한다.
   ① 책자에 OHP 필름을 끼운다.
   ② 돋보기를 그림 밑으로 끼워 우리 동네의 시설, 기관, 필요한 물품을 알아본다.

표지판 맞히기

• 목표

1. 생활안내 표지판에 관심을 갖고 이해한다.
2. 위험 안내 표시를 알고 자신을 보호할 줄 안다.

• 준비물

하드보드지, 우드락, 투명 시트지, 색지, 각 표지판 도안

• 제작방법

▶ 상자틀

1. 우드락 앞뒤 면에 하드보드지를 붙여 상자를 만든다.
2. 1을 이용하여 15개의 기본 카드가 들어갈 수 있는 틀(36×48×2cm)을 만든다.

▶ 생활안내 표시

1. 15개의 안내표지 그림을 6×8cm와 2×2cm 크기로 2개씩 만든다.
2. 5×3cm 정도의 크기로 1의 안내표지 그림의 이름과 설명을 적은 카드를 만든다.
2. 도안을 흰 색지 위에 붙이고, 도안의 모양에 맞추어 둥근 모양으로 자른다.
3. 카드의 앞면에 투명 시트지를 입혀 카드틀 위에 붙인다.

▶ 카드틀

1. 6×16cm로 하드보드지를 자른 후 칼집을 내어 반으로 접는다.
2. 접은 부분의 안쪽 중앙에 4×4cm 로 칼집을 내어 접는다.
3. ㄱ자 모양으로 튀어나오도록 접는다.
4. 카드틀 앞면에 6×7cm 크기의 그림카드를 붙인다.
5. 카드틀 안쪽의 ㄱ자 부분에 4×4cm 크기의 그림카드를 붙인다.
6. 카드틀 안쪽이 ㄱ자 부분 아래에 안내표지 설명카드를 붙인다.

7. 마스킹테이프로 모서리를 마무리한다.

▶그림카드

1. 6×7cm 크기의 색지를 15장 오린다.
2. 1에 생활안내 표지그림판을 붙인다.
3. 2를 코팅한다.
4. 4×4cm 크기의 색지를 15장 오린다.
5. 4에 2와 똑같은 생활안내 표지 그림카드를 붙인다.
6. 5를 코팅한다.

▶안내표지 설명카드

1. 3×5cm 크기의 색지를 15장 오린다.
2. 1의 그림카드에 해당되는 설명을 적는다.
3. 2를 코팅한다.

• 활동방법

1. 게임자료를 탐색하며 게임방법을 정한다.
   ① 안내표지판의 그림카드를 보고 어떤 표지판인지 이야기를 해 본다.
   ② 안내표지판을 카드를 열어 확인한다.
2. 게임을 한다.

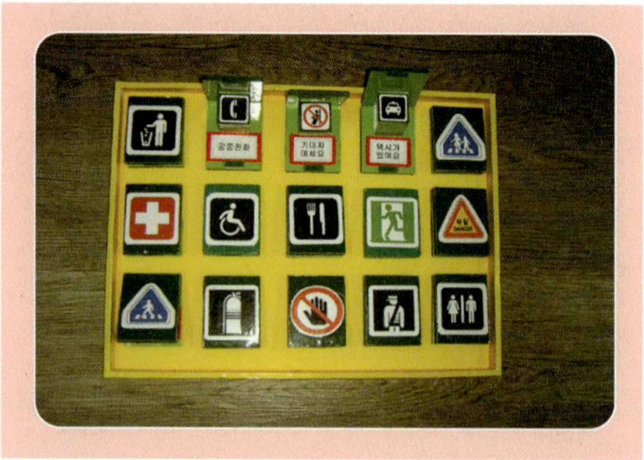

동네를 깨끗이 해요

· **목표**

이웃과 환경을 생각할 줄 아는 태도를 기른다.

· **준비물**

빈 상자, 벨크로테이프(찍찍이), 투명 시트지, 녹색 시트지, 주황색 부직포, 각 지역의 그림 5장, 코팅지, 마트전단지, 색지, 하드보드지, 페트병 2개, 마스킹테이프

· **제작방법**

▶ **게임판**

1. 빈 상자에 색지를 이용하여 3×3cm 크기로 35개(7×5개)의 칸을 만든다.
2. 1의 칸에 자연의 그림, 쓰레기 그림, 숫자를 붙인다.
3. 투명 시트지로 상자를 씌운다.

▶ **말**

1. 하드보드지로 2×2cm 크기의 정육면체 말을 만든다.
2. 만든 말은 녹색 시트지로 싼다.

▶ **환경판**

1. A4 크기의 종이에 각 지역(산촌, 어촌, 농촌, 도시, 탄광촌)을 나타내는 그림을 5장 그린다.
2. A4 크기보다 조금 크게 자른 하드보드지 5장에 그림을 붙인 후 병풍 형태가 되도록 마스킹테이프로 연결한다.
3. 2를 투명시트지로 싼 후 각 지역을 나타내는 장마다 쓰레기 그림카드를 붙일 수 있도록 5개씩의 보슬이를 붙인다.

▶ **바구니**

1. 2개의 페트병을 1/3 크기로 자른다.

2. 주황색 부직포로 잘려진 페트병 안을 감싸고, 하트모양으로 장식한다.

▶쓰레기 그림카드

1. 마트전단지에 나온 상품들을 오려 코팅한 후 뒷면에 까슬이를 붙인다.

· **활동방법**

1. 게임자료를 탐색하며 게임방법을 알아본다.
   ① 쓰레기 그림카드를 환경판에 붙인 후 환경판을 세운다.
   ② 순서를 정한다.
   ③ 말을 게임판에 던진다. 말이 떨어진 자리의 그림이나 숫자를 확인하여 쓰레기를 가져오거나 다시 붙여 놓는다.
      • 숫자가 있으면 숫자만큼 쓰레기를 가져온다.
      • 자연 그림이 나오면 한 개의 쓰레기를 가져온다.
      • 쓰레기 그림이 나오면 바구니 속에 있는 한 개의 쓰레기를 환경판에 다시 붙여 놓는다.
2. 게임을 한다.

우리 동네 세우기

• 목표

1. 우리 동네에는 여러 형태의 건물, 시설, 기관으로 이루어졌음을 안다.
2. 여러 형태의 건물, 시설, 기관으로 동네를 구성해 본다.

• 준비물

하드보드지 4장, 폼보드, 한지, 컬러믹스, 색지, 노끈, 방울(4개)

• 제작방법

▶ 게임판

1. 폼보드의 앞면과 뒷면에 하드보드지를 붙여 게임판을 만든다.
2. 1을 2등분하여 좌우가 개인 게임판이 되도록 색지와 한지, 노끈을 이용하여 동네와 길을 만든다.
3. 게임판은 시트지로 싼다.
4. 하드보드지를 이용하여 게임판 양쪽의 한쪽에 건물과 말의 보관 상자를 만들어 붙인다.

▶ 건물

컬러믹스를 이용하여 병원, 소방서, 마트, 우체국, 쓰레기 매립장 건물을 만든다.

▶ 조리 주사위

1. 노끈을 이용하여 조리를 만든다.
2. 네 개의 방울을 끈으로 연결해 조리에 단다.

• 활동방법

1. 게임자료를 탐색하고 게임방법을 정한다.
   ① 게임판과 말을 정한다.

② 순서를 정한다.

③ 조리 주사위에 올라온 방울 수만큼 말을 옮긴다.

④ 말이 동네에 도착하면 자신의 게임판 위의 동네에 건물을 하나 놓는다.

⑤ 동네에 건물을 먼저 다 세우는 유아가 있다면 게임이 끝난다.

2. 게임을 한다.

딸랑딸랑 누구의 물건일까요?

· **목표**

1. 다양한 직업에 대해 알고 이해한다.
2. 직업에 필요한 물건들을 안다.

· **준비물**

스펀지, 천, 털실, 하드보드지, 펠트지, 포스터컬러 통 24개, 쌀, 콩, 방울, 클립, 코팅지, 각 직업에 필요한 물건 그림

· **제작방법**

▶ **인형**

1. 스펀지를 오려 인형 몸체를 만든다.
2. 천과 털실 등을 이용하여 각 직업(소방관, 경찰관, 의사, 요리사)을 나타내는 인형을 만든다.

▶ **소리 나는 통**

1. 클립, 쌀, 콩, 방울을 포스터컬러 통에 각각 6개씩 같은 양을 담는다.
2. 각 세트별로 1개 통에는 끈을 달아 목걸이를 만들고 5개의 통에는 각 직업에 필요한 물건 그림 5장을 코팅하여 붙인다.

▶ **주머니**

천을 이용하여 '소리 나는 통'이 들어갈 수 있는 크기의 주머니를 만든다.

▶ **판**

1. 하드보드지를 이용하여 25×4cm 크기의 뚜껑이 없는 직육면체 모양의 상자 4개를 만든다.
2. 각 상자마다 5개 칸을 만든다.

▶ **수수께끼 상자**

1. 하드보드지로 25×25×15cm 크기의 상자를 만든 후 윗면에 지름 15cm 크기의 원을 그려 오려낸다.
2. 펠트지로 지름 17cm 크기의 원을 오린 후 원안에 십자 모양이 되게 칼집을 낸 후 1의 원위에 붙인다.
3. 상자를 한지로 붙인 후 목공용풀과 물을 일대일의 비율로 섞어서 바른 후 말린다(3~4회 반복).

• 활동방법

1. 게임자료를 탐색하며 게임방법을 정한다.
   ① 각 직업을 나타내는 인형과 판을 선택한다.
   ② 수수께끼 상자에서 소리 나는 통을 뽑아 인형에 달린 목걸이와 소리가 같은지, 인형에게 필요한 소품그림이 그려 있는지를 살펴본다. 같은 소리가 나거나 필요한 소품일 경우 판으로 통을 가져온다.
2. 게임을 한다.

우리 동네 기관을 돌아보아요

• 목표

1. 우리 동네 기관의 종류에 대해 안다.
2. 우리 동네 기관이 하는 일에 대해 안다.

• 준비물

아크릴판(두꺼운 것, 얇은 것), 자석, 하드보드지, EVA 컬러판, 컬러믹스, 셀로판지(노랑, 파랑), 한지, 벨크로테이프(찍찍이), 검정색 펠트지, 실, 금색 리본테이프, 폼보드

• 제작방법

▶ 게임판

1. 40×30cm 크기의 아크릴판에 4×3cm의 크기로 자른 노랑, 파랑 셀로판지를 붙여 길을 만든다.
2. EVA 컬러판과 금색 리본 테이프 등으로 게임판을 꾸민다.
3. 게임판 아래쪽에 받침대를 붙일 부분에 까슬이를 붙인다.

▶ 게임판 받침대

1. 하드보드지를 이용하여 5×5×5cm인 정육면체 4개를 만든다.
2. 1을 EVA 컬러판으로 꾸민 후 윗면에 보슬이를 붙인다.

▶ 건물

1. 하드보드지로 10×8×4cm 정도의 직사각형 상자를 만든다.
2. EVA 컬러판을 이용해 병원, 우체국, 소방서 등을 꾸민다.

▶ 주사위

1. 하드보드지와 폼보드를 각각 12×16cm 크기의 직사각형으로 자른다.
2. 1의 폼보드의 앞뒤에 잘라 둔 하드보드지를 붙이고 구멍을 뚫는다.

3. 하드보드지로 1×1cm 크기의 정육면체를 만든 후 EVA 컬러판을 붙인다.

4. 3에서 만든 정육면체와 2의 구멍에 실을 끼워 연결한다.

5. EVA 컬러판을 색깔별로 잘라 붙이고 검정색 펠트지를 동그라미로 오려 붙인다.

▶ 자석막대

2×16cm 크기로 자른 아크릴판에 자석을 붙인다.

▶ 말

1. 컬러믹스로 2개의 말을 만든다.
2. 말 아래에 자석을 붙인다.

· 활동방법

1. 게임자료를 탐색하며 게임방법을 알아본다.
   ① 게임판에 건물을 세워 우리 동네를 꾸민다.
   ② 순서와 말을 정한다.
   ③ 주사위를 던져 나온 숫자만큼 자석막대를 이용해 말을 움직인다.
   ④ 먼저 도착한 사람이 이긴다.
2. 게임을 한다.

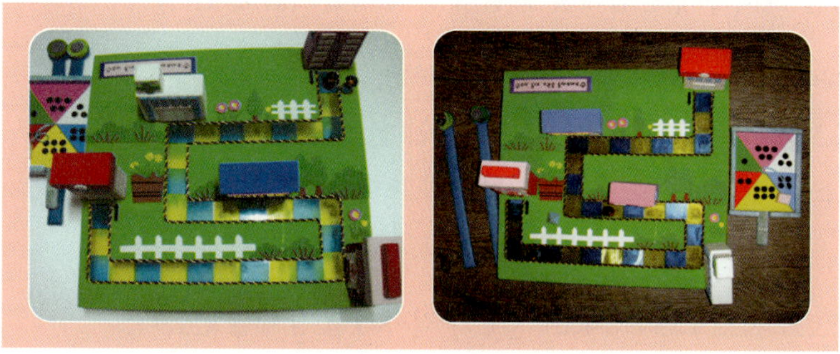

마을버스

- **목표**

우리 동네에 있는 다양한 기관들에 대해 알아본다.

- **준비물**

하드보드지 4장, 우드락(2절 1장, 4절 1장) 한지(노랑, 검정, 하늘, 남색), 철사, 500ml 페트병 4개, 목공용 풀, 벨크로테이프(찍찍이)

- **제작방법**

▶ **게임판**

1. 40×50cm 크기의 하드보드지 2장 사이에 2장의 우드락을 붙인다.
2. 1 중 한 개의 판에 한지로 길을 만든 후 길가에 5×4cm 크기의 사각형 9개를 오려낸다. 뒷면에 벨크로테이프(찍찍이)를 붙인다.
3. 2에서 오려낸 사각조각의 가로, 세로 각 4면을 2mm씩 잘라낸 후 가운데 우드락과 우드락 사이에 철사를 끼운다.
4. 2에 3을 연결한다.
5. 40×15cm, 50×15cm 크기의 하드보드지 2장씩에 우드락을 붙인다.
6. 5의 50×15cm 크기의 판 2장의 밑 부분에 500ml PET병으로 만든 바퀴를 붙일 수 있도록 7×3cm 정도의 크기로 반원을 오린다.
7. 1과 6을 붙여 전체 틀을 만든 후 한지로 버스모양을 꾸민다.
8. 500ml 페트병 4개에 검은 락카를 뿌린 후 글루건으로 7에 고정한다.
9. 목공용 풀과 물을 일대일의 비율로 섞어서 바른 후 말린다(3~4회 반복).

▶ **말**

컬러믹스로 말을 만든다.

▶ **그림카드**

가게나 기관에 필요한 소품 그림카드를 5장씩 만든다.

• 활동방법

1. 게임자료를 탐색하며 게임방법을 정한다.
   ① 게임판 위의 기관이나 가게 그림 블록들을 돌려 필요한 그림카드를 붙인다.
   ② 순서와 말을 정한다.
   ③ 주사위를 던져 나온 숫자만큼 말을 움직인다. 말이 도착한 곳에 기관이나 가게그림이 나오면 그림블록을 돌려 그림카드를 하나 가져온다.
   ④ 그림카드를 모두 가져가면 게임이 끝난다.
2. 게임을 한다.

가게 놀이

· 목표

1. 가게에서 파는 물건의 종류를 안다.
2. 게임을 통해 계획하고, 구매하는 과정을 경험한다.

· 준비물

하드보드지, 색지, 한지, 우드락, 지점토, 니스, 마닐라지, 은색 색종이, 글루건, 마스킹테이프, 투명 시트지, 목공용풀

· 제작방법

▶ 시장보기 계획판

1. 4절 크기의 하드보드지에 가로 4칸, 세로 6칸을 그린다.
2. 가게 이름과 가게에서 파는 물건 그림, 물건의 가격을 적어놓는다.
3. 계획을 세울 수 있는 칸을 비워 둔다.
4. 투명 시트지로 싼다.

▶ 게임판

1. 하드보드지로 47×39×5cm 크기의 상자식 게임판을 만든다(접었을 때 크기는 47×39×7.5cm임).
2. 1에 한지를 뜯어 꾸민 후 목공용풀을 물에 개어 덧바른다.
3. 우드락을 2×1.5cm 벽돌모양으로 잘라 가게의 틀을 만든다.
4. 3에 마닐라지로 물건 놓을 선반을 만들어 붙인다.
5. 색지로 길을 만든다. 가게 앞 두 칸은 다른 색으로 붙인다.

▶ 주사위

1. 하드보드지를 잘라 6.5cm의 정삼각뿔을 만든다.
2. 색지로 싼 후, 1, 2, 3, ♠를 각 면에 표시한다.

3. 투명시트지로 싼 후, 마스킹테이프로 모서리를 마무리한다.

▶ 지령카드

1. 8×5cm 크기의 카드 14장을 마닐라지로 만들고, 색지로 싼 후, 지령을 쓴다(원하는 가게로 이동하세요, 뒤로 한 칸 이동하세요 등).

▶ 가게의 물건

1. 가게에 물건 놓을 자리의 크기에 맞춰 지점토로 물건들을 만든다.
2. 1이 마르면 물감을 칠한다.
3. 3이 마르면 니스를 칠한다.

▶ 장바구니

1. 부직포를 길게 자른 다음 만든 물건을 담을 수 있을 정도의 크기로 엮는다.
2. 1의 사이사이를 글루건으로 붙여서 만든 물건을 담을 수 있도록 만든다.

▶ 동전

1. 마닐라지 2장을 겹치거나 하드보드지를 사용하여 동그랗게 오린다.
2. 하드보드지를 은색 색종이로 싼다.
3. 매직으로 100원이라고 표시한다.

• 활동방법

1. 게임자료를 탐색하며 게임방법을 정한다.
   ① 3명의 유아가 시장보기 계획판을 나누어 갖고 가게에서 사고 싶은 물건 하나씩을 미리 체크한다.
   ② 게임판에 지령카드와 가게에 물품들을 놓는다.
   ② 말, 장바구니, 100원 5장을 각각 나누어 갖고 가위, 바위, 보로 순서를 정한다.
   ③ 주사위를 던져 말을 옮긴다. 말이 놓인 곳에 지령이 나오면 지령카드를 꺼내어 지령을 수행한다. 만약 파란색 길에 말이 놓이면 가게로 갈 수 있다.
   ④ 자신이 계획한 물건들을 다 사고 돌아오면 게임이 끝난다.

2. 게임을 한다.

게임판

가게

장바구니

시장 보기 계획표

기관 그림 맞추기

· **목표**

우리 동네 기관의 특성을 이해한다.

· **준비물**

벽지 속대 또는 사진 필름지 속대, 하드보드지, 붓, 아크릴 물감

· **제작방법**

▶ **원통 만들기**

1. 벽지 속대를 24cm의 길이로 3개 자른다.
2. 1을 각각 6cm 높이로 4등분을 한다.
3. 2의 4등분한 통이 한 세트가 되도록 세운 후 아크릴 물감으로 동네의 여러 기관과 이곳에 종사하는 사람을 그린다.
4. 하드보드지를 이용해 벽지 속대의 지름보다 0.5cm 적게 원통을 만든 후 아크릴 물감으로 색칠한다.
5. 4의 아래 부분에 1cm 너비의 하드보드지 띠를 두른다.
6. 5에 3의 조각을 끼운 후 윗부분에 1cm 너비의 하드보드지 띠를 두른다.

· **활동방법**

1. 게임자료를 탐색해 보며 게임방법을 알아본다.
   ① 4등분된 원통을 돌려가며 우리 동네의 기관과 이에 종사하는 사람을 맞춘다.
   ② 그림을 다 맞추고 기관명과 종사하는 사람을 말한다.
2. 게임을 한다.

POLICE

우리 동네 기관에 전화해 보아요

• 목표

1. 우리 동네의 기관이 하는 일에 관심을 가진다.
2. 우리 동네의 기관들에 전화를 걸어 보는 경험을 해 봄으로써 실제 생활에 적용해볼 수 있다.

• 준비물

하드보드지, 종이컵, 스프링, 휴지 속대, 한지, 목공용 풀

• 제작방법

▶ 전화기

1. 하드보드지로 A4 크기의 상자를 만든다(폐품상자를 이용할 수 있음).
2. 만든 상자에 종이컵 크기보다 조금 크게 12개의 원을 그려 구멍을 뚫는다.
3. 한지로 싼 후 목공용 풀과 물을 일대일의 비율로 섞어 여러 번 칠한다.

▶ 다이얼

1. 종이컵 속에 스프링을 부착한다.
2. 종이컵을 색 시트지로 싼 후 숫자를 기입한다.

▶ 수화기

휴지 속대에 시트지를 씌운다.

▶ 전화번호부

8×5cm 크기의 용지에 각 기관의 이름과 그림, 전화번호를 적어 전화번호부를 만든다.

• 활동방법

1. 어려운 점이 있을 때 우리 동네에 있는 기관에 전화를 걸어 도움을 받을 수 있

음을 이야기 나눈다.

2. 우리 동네 기관의 전화번호부를 보고 전화해 보는 놀이를 한다.

우리 동네를 꾸며 보아요

• **목표**

다양한 자료를 이용하여 동네를 꾸며 본다.

• **준비물**

합판, 전구, 전선, 아크릴판, 셀로판지, 드릴과 나사못

• **제작방법**

▶ 라이트테이블

1. 70×60cm의 합판에 8개의 전구가 들어갈 구멍을 내어 밑판을 만든다.
2. 1에 40×60cm(2개)과 40×70cm(2개)의 합판을 연결하여 옆면을 만든다.
3. 밑판에 전구를 넣고 선을 연결한다. 불이 잘 들어오는지 확인한다. 전원 스위치는 옆면에 만든다.
4. 70×60cm로 자른 아크릴 판을 1에 붙여 윗면을 만든다.

▶ 그림조각

셀로판지, 색깔 아크릴판 등으로 동네의 기관과 시설을 만들 그림조각을 만든다.

• **활동방법**

1. 라이트테이블을 탐색하며 활동방법을 알아본다.

① 조명을 켠다.

② 제시된 여러 그림조각을 가지고 우리 동네를 꾸며 본다.

2. 라이트테이블에 동네를 꾸며 본다.

PART THREE

Ⅱ. 특별한 날들

- 명절에 하는 놀이를 알아보아요
- 도움이 필요한 친구들
- 송편 먹기
- 첫 글자로 시작되는 단어 찾기
- 글자 감 따기
- 맷돌 한글놀이
- 신비한 성장과정
- 사방치기
- 전통물건 짝 맞추기
- 국기 달기
- 나는 누구일까요?
- 무엇이 필요할까요?
- 맛있는 추석 음식
- 타이어 장구와 한산 춤
- 전통문양 쌓기 놀이

주제 망

1. 기념일

- 다양한 기념일이 있다(식목일, 장애인의 날, 어린이날, 어버이날, 스승의 날 현충일, 한글날 등).
- 기념일에는 각각의 의미가 있다.

2. 국경일

- 다양한 국경일이 있다(개천절, 삼일절, 제헌절, 광복절).
- 국경일은 역사적인 의미와 유래를 담고 있다.
- 국경일에는 태극기를 게양한다.

특별한 날

3. 명절

- 다양한 명절이 있다(설, 대보름, 추석, 단오).
- 명절에 따라 고유한 풍속이 있다.

주제 관련 활동 망

특별한 날

이야기 나누기

명절에 하는 놀이를 알아보아요*

도움이 필요한 친구들*

음률활동

감사합니다(새노래)

게임

송편 먹기*

첫 글자로 시작되는 단어 찾기*

현장학습

한옥마을 방문하기

동화 · 동시 · 동극

우리엄마(동시)

단군신화 이야기(동화)

자유선택활동

- 언어
  - 글자 감따기*
  - 맷돌 한글놀이*
  - 신비한 성장과정*
- 수 · 과학
  - 사방치기*
  - 전통물건 짝 맞추기*
  - 국기 달기*
  - 나무에게 도움이 되는 곤충
- 조작놀이
  - 나는 누구일까요?*
  - 무엇이 필요할까요?*
- 역할놀이
  - 맛있는 추석음식*
- 조형
  - 글자 안개 그림
- 음률
  - 타이어 장구와 한산 춤*
- 쌓기놀이
  - 전통문양 쌓기 놀이*

* 는 뒷부분에 포함된 활동임.

명절에 하는 놀이를 알아보아요

· **목표**

명절에 하는 놀이에 대해 안다.

· **준비물**

하드보드지, 목공용 풀, 폼보드, 나뭇가지, 뿅뿅이, 색지, 색 한지, 눈알, 철사, 신문지, 요구르트 병, 노끈, 이쑤시개, 색종이, 지름 2~3cm 우드락 볼, 글루건

· **제작방법**

▶ **십자형 디오라마**

1. 40×40cm 크기의 하드보드지에 폼보드를 붙인다.
2. 20×20cm 크기의 하드보드지 4장에 폼보드를 붙인다.
3. 1 위에 2를 글루건을 이용하여 십자형으로 붙인다.
4. 3을 한지로 싼 후 통풍이 잘 되는 그늘에서 하루정도 말린다.
5. 4에 연날리기, 그네타기, 널뛰기, 강강술래를 하는 배경과 소품을 만들어 꾸민다.

▶ **소품**

1. 요구르트 병과 우드락 볼을 붙인다.
2. 한지와 눈알을 이용하여 사람을 꾸민다.
3. 다양한 재료를 이용하여 소품을 만든다.

· **활동방법**

명절에 무슨 놀이를 하는지에 대해 이야기를 나눈다.

도움이 필요한 친구들

• 목표

1. 장애인의 불편함에 대해 안다.
2. 장애인 보장구에 대해 관심을 가진다.

• 준비물

천, 바늘, 실, 나무막대, 낚싯줄, 막대

• 제작방법

1. 장애인 도안을 그린다.
2. 도안을 보고 알맞을 크기로 천에 그림을 그린다.
3. 3cm 정도 여분을 두고 선을 따라 박음질 한다.
4. 3에 솜을 채워 넣는다.
5. 4에 눈, 코, 입을 그리거나 오려 붙인다.
6. 5에 옷을 입히고 꾸며 준다.
7. 바느질로 연결하여 인형을 완성한다(아랫부분에 구멍을 약간 남겨둔다).
8. 나무막대를 이용해서 목발을 만든다.

• 활동방법

1. 장애인 인형을 보여 주며 이야기 나눈다.

송편 먹기

• **목표**

추석 음식인 송편에 관심 갖는다.

• **준비물**

부직포, 하드보드지, 합판, 쌀, 콩, 철사, 아크릴물감, 나무막대, 백업, 못, 망치

• **제작방법**

▶ **게임판**

1. 나무막대 120cm(2개), 25cm(4개)를 준비한다.
2. 120cm 막대 1개에 25cm 막대 4개를 이용하여 세울 수 지지대를 만든다.
3. 2에 나머지 120cm 막대를 이용하여 시소처럼 움직일 수 있도록 만든다.
4. 하드보드지에 신랑과 신부의 몸을 그린 후 부직포를 이용하여 꾸민다.
5. 신랑, 신부를 합판에 붙인다.
6. 철사와 백업을 이용하여 바구니를 만들어 신랑, 신부의 가슴에 붙인다.
7. 신랑, 신부 인형을 3의 가로 막대 양쪽 끝에 균형을 유지하도록 못으로 박는다.

▶ **송편**

1. 부직포를 이용하여 타원을 만든다.
2. 1에 콩과 쌀을 넣어 송편을 만든다.

• **활동방법**

1. 게임자료를 탐색하며 게임방법을 알아본다.
   ① 신랑과 신부팀으로 팀을 나눈다.
   ② 송편을 던질 위치를 정한다.
   ③ 준비된 송편을 신랑과 신부의 바구니에 던져 넣는다.
   ④ 게임이 끝나면 송편을 더 많이 넣은 팀이 이긴다.

2. 게임을 한다.

첫 글자로 시작되는 단어 찾기

- **목표**

친숙한 사물의 이름글자를 찾아 글자놀이를 즐긴다.

- **준비물**

하드보드지, 우드락, 스티로폼 공, 색지, 벨크로테이프(찍찍이)

- **제작방법**

▶ **다트판**

1. 하드보드지에 우드락을 붙인 후 지름 30cm의 원을 2개 만든다.
2. 1의 각원에 색깔 보슬이를 이용하여 자음 다트판과 모음 다트판을 만든다.
3. 2의 아래쪽에 그림카드를 붙일 틀을 만들고 하드보드지를 자른다. 그림카드를 붙일 자리에는 보슬이를 붙인다.
4. 하드보드지를 이용하여 2의 아래쪽에 붙일 그림카드 틀을 만든다.
5. 4에 부직포를 씌운 후 보슬이를 붙인다.

▶ **공**

스티로폼 공에 까슬이를 빈틈없이 붙인다.

▶ **낱말카드**

1. 색지를 이용하여 지름 2cm 크기의 원을 오린다.
2. 1에 '가～히' 로 시작하는 단어의 그림을 붙인다.
3. 2를 코팅하여 까슬이를 붙인다.

▶ **게임판**

1. 색 하드보드지를 25×20㎝ 크기로 2장 자른다.
2. 1에 그림카드를 붙일 자리를 정한 후 보슬이를 붙인다.

- **활동방법**

1. 게임자료를 탐색하여 게임방법을 알아본다.
   ① 게임판을 나누어 갖는다.
   ② 순서를 정한다.
   ③ 공을 자음과 모음 다트판에 던진다.
   ④ 자음과 모음이 합쳐져서 나온 글자로 시작하는 낱말카드를 찾아 자신의 게임판에 붙인다.
2. 게임을 한다.

글자 감 따기

• 목표

1. 글자에 대해 관심을 가진다.
2. 유아 스스로가 글자를 조합하여 단어를 만들어 보는 경험을 가진다.

• 준비물

스티로폼 볼, 한지, 목공용 풀, 나뭇가지, 우드락, 하드보드지, 스타킹, 막대, 코팅지, 바구니 2개, 지끈, 글루건, 고리, 철사, 돌멩이

• 제작방법

▶감

1. 스티로폼 볼에 고리를 끼운다.
2. 1에 각각 다른 색 한지로 물풀을 사용하여 붙여 준다.
3. 하루 정도 말린 후, 잎을 붙여 준다.
4. 3에 목공용 풀을 발라 마무리한 후 말린다.
5. 4에 코팅한 글자를 붙여준다.

▶감나무

1. 하드보드지 나무를 고정할 네모난 틀을 만든다(폐품상자를 이용할수도 있음).
2. 나뭇가지를 글루건으로 하나하나 붙여 하나의 나무가 되도록 한 다음, 철사 등을 이용하여 고정시킨다.
3. 나무를 세우는 작업이 끝나면, 그 나무 주변으로 돌멩이를 둘러 주고 울타리를 둘러 꾸며 준다.

▶망

1. 우드락을 붙인 하드보드지로 윗면과 아랫면이 뚫린 높이 5cm 크기의 6각기둥을 만든다.

2. 1에 스타킹을 끼운 후 글루건으로 안에서 고정시킨다.

3. 2에 막대를 달아 손잡이를 만든다.

▶ 바구니

1. 상품화된 바구니를 준비한다.
2. '감' 을 얹어 2~3글자로 이루어진 단어를 만들어 볼 수 있도록 지끈을 말아 글루건을 이용하여 1에 부착한다. 이때 유아가 2~3글자를 조합해 볼 수 있도록 지끈색을 달리한다.

▶ 글자사전

1. 가로 20×25cm의 크기로 종이를 자른다.
2. '감' 에 써 있는 자모음을 조합하여 구성할 수 있는 2~3글자로 이루어진 단어와 단어를 설명하는 그림을 붙인다.
3. 2를 코팅한 후 링으로 연결해 글자사전을 만든다.

▶ 활동방법

1. 추석에 관련한 이야기 중에 감나무에 대해 이야기를 나눈다.
2. 준비된 글자 감 따기 교구를 탐색하며 유아들과 게임방법을 알아본다.
   ① 여러 가지 다양한 글자의 조합이 가능함을 이야기해 본다.
   ② 글자 감 따기 놀이를 한다.
   ③ 유아가 직접 조합할 수 있는 단어를 생각해 본다.
   ④ 글자 바구니에 글자를 조합해 단어를 만들어 본다.
3. 게임을 한다.

기 사
나 무
기 차
나 방

맷돌 한글놀이

목표

1. 사물놀이 악기의 종류와 안동 하회탈춤의 등장인물에 관심을 가진다.
2. 사물놀이와 하회탈의 이름 및 모양에 대해 안다.

준비물

하드보드지, 한지, 투명시트지, 스티로폼 볼, 코팅지, 목공용 풀, 코르크 판, 스톤 스프레이

제작방법

▶ 맷돌

1. 하드보드지를 이용하여 지름 30cm 크기의 원을 4개 자른다.
2. 1의 3개의 원의 측면에 지름 7cm 정도의 구멍을 뚫는다.
3. 하드보드지로 10×32cm 크기의 직사각형 2개를 만든다.
4. 3 중 하나의 직사각형의 옆면에 지름 7cm 정도의 구멍을 만든다.
5. 1의 원판에 3과 4의 직사각형을 연결하여 원통 2개를 만든다.
6. 맷돌을 돌릴 수 있는 손잡이를 달아준다.
7. 맷돌의 표면은 돌 느낌의 한지로 싼 후 맷돌 표면에 맷돌의 느낌이 나도록 스톤 스프레이를 뿌린다.

▶ 게임판

1. 30×25cm의 하드보드지 상자를 두 개 만든다(폐품상자를 이용할 수 있음).
2. 코르크 판을 30×25cm의 상자 크기로 자른 후 지름 5cm의 원을 12개 그려 구멍을 뚫는다.
3. 2를 1에 끼운 후 한지로 감싼 후 투명 시트지로 마무리한다.

▶ **캡슐**

1. 스티로폼 볼을 중간부분이 0.5cm 정도 되게 3등분한다.
2. 1에서 잘려진 중간부분에 지름 3cm의 원을 그려 오려낸다.
3. 2의 오려낸 원부분과 테두리 부분을 1에서 남은 스티로폼 공들의 단면에 각각 붙인다.
4. 지름 2.5cm의 원에 글씨와 그림을 각각 그려서 코팅한 후, 3의 양 단면의 한쪽에 그림, 다른 한 면에 글씨를 붙인다.
5. 만들어진 캡슐을 한지로 싼 후 목공용 풀로 칠한다.

활동방법

1. 게임자료를 탐색하여 게임방법을 알아본다.
   ① 게임판을 나누어 갖는다.
   ② 순서를 정한다.
   ③ 맷돌을 돌려 나온 캡슐을 열어서 나온 그림과 글자가 선택한 게임판과 관련된 것이면 자신의 게임판에 캡슐을 끼운다.
   ④ 먼저 게임판을 다 채우면 이긴다.
2. 게임을 한다.

신비한 성장과정

목표

1. 사람의 성장과정을 안다.
2. 내 몸은 소중하다는 것을 인식한다.

준비물

하드보드지, 부직포, 실, 바늘, 가위, 인형 눈, 털실, 연결고리, 솜, 지퍼

제작방법

▶ 성장과정 인형

1. 부직포에 정자와 난자, 아기, 유아, 학생, 엄마와 아빠, 할머니와 할아버지까지의 성장을 나타내는 사람 그림을 그린 후 2장씩 오린다.
2. 부직포로 사람의 옷을 그려 오린 후 1에 붙이거나 꿰매어 입힌다.
3. 하드보드지를 이용하여 1의 속에 끼울 모양을 그려 오린다.
4. 2의 속에 3과 솜을 넣어 인형을 완성한다.

▶ 상자

1. 하드보드지를 이용하여 사람모양의 상자를 만든다(2개).
2. 1의 하나에는 파란색 부직포를, 다른 하나에는 빨간색 부직포를 씌워 꿰맨다.
3. 상자에 지퍼를 달아 열 수 있게 한다.
4. 각각의 상자에 '남자' '여자' 라는 부직포 글자를 붙인다.
5. 상자에 연결고리를 달고 할아버지, 할머니부터 정자와 난자 순으로 연결고리를 이용하여 연결한다.

활동방법

1. 자료를 탐색하며 활동방법을 알아본다.

   ① 상자 속의 성장과정 인형을 차례대로 꺼내면서 사람의 성장과정에 대해 이

야기한다.

② 나의 성장과정에 대해 이야기한다.

③ 활동 후 인형을 상자 속에 넣고 지퍼를 잠가 정리한다.

2. 놀이활동을 한다.

사방치기

목표

1. 민속놀이의 종류를 안다.
2. 수개념을 이해한다.

준비물

하드보드지, 지끈, 한지, 벨크로테이프(찍찍이), 돌멩이(또는 바둑알), 제본라벨, 우드락, 컬러믹스, 민속놀이 그림자료, 매직

제작방법

▶ 사방치기판

1. 하드보드지를 3×160cm 크기로 잘라 상자를 만든다(폐품상자를 이용할 수도 있음).
2. 사방치기 판을 만들어 한지로 감싼다.
3. 지끈을 이용해 사방치기 게임판을 나누고 숫자를 붙인다.
3. 적당한 돌멩이 또는 바둑알을 지끈으로 묶고 글루건으로 붙인 다음, 지끈을 길게 하여 상자에 연결한다.
4. 테두리는 한지를 잘라 마무리한다.

▶ 판

1. 하드보드지를 30×60cm 크기로 자르고 칼집을 내어 반으로 접을 수 있게 만든 다음 한지로 감싼다.
2. 매직으로 원을 그려 넣고 시트지로 감싼다.
3. 테두리를 제본라벨로 깔끔하게 마무리한다.
4. 원 안에 보슬이를 동그랗게 붙여 준다.

▶ **민속놀이 그림카드**

1. 우드락을 이용하여 지름 5cm 크기의 원을 10개 자른다.
2. 1에 민속놀이 그림을 그린다(사진자료를 이용할 수 있음).
3. 1위에 2를 붙인다.
4. 그림 반대편에 까슬이를 동그랗게 잘라 붙여 준다.

▶ **말**

1. 컬러믹스로 한복을 입은 여자와 남자, 태극모양을 만들어 삶아서 말린다(대용품이 있다면 활용할 수 있음).
2. 게임말은 하드보드지를 덧대어 세울 수 있게 만들고 그 밑에 까슬이를 붙인다.

• **활동방법**

1. 게임자료를 탐색하며 게임방법을 알아본다.
   ① 출발과 도착지점을 정한 후 태극무늬를 붙이고, 그림카드를 게임판에 붙인다.
   ② 사방치기 판의 돌멩이를 튕겨 칸에 있는 숫자만큼 말을 움직인다.
   ③ 말을 움직이다가 그림카드가 있는 칸에 멈추면 그림카드를 떼어 가져간다.
   ④ 도착지점까지 왔을 때 그림카드를 많이 가진 유아가 이긴다.
2. 게임을 한다.

전통물건 짝 맞추기

• **목표**

우리나라의 전통물건에 대해 관심을 가진다.

• **준비물**

김발, 하드보드지, 한지, 우드락, 복주머니 18개, 바구니, 목공용 풀

• **제작방법**

▶ **게임틀**

1. 21×24cm의 크기의 하드보드 상자 2개를 만든다(폐품상자를 이용할 수도 있음).
2. 1에 하드보드지로 7×8cm의 9칸으로 만든다.
3. 2를 한지로 싼다.
4. 김발을 7×8cm로 자른다. 이때 연결선이 잘리지 않도록 주의한다.
5. 4를 3에 달아 문을 만든다.

▶ **전통 물건 그림카드**

1. 우드락으로 지름 5cm의 원을 18개 만든다.
2. 1을 한지로 싼다.
3. 4cm의 원을 오린 후 전통물건 그림과 글자를 붙인다.
4. 목공용 풀에 물을 섞어 덧칠한다.

▶ **게임판**

1. 30×30cm의 하드보드지 윗면에 10cm 정도 여백을 두어 제목을 쓴다.
2. 1의 아래쪽을 2칸으로 나눈다.

▶ **전통물건 그림단서 카드**

1. 지름이 3cm 크기인 전통물건 그림 단서카드를 2장씩 만들어 코팅한다.

- **활동방법**

1. 게임자료를 탐색한 후 게임방법을 알아본다.
   ① 두 명의 유아가 게임틀과 게임판을 나누어 갖는다.
   ② 전통물건 그림카드를 복주머니에 담은 후 놓는 위치를 기억하며 게임틀에 넣는다.
   ③ 순서를 정한 후 자신의 찾고 싶은 전통물건을 말한 후 게임틀에서 전통물건을 찾는다.
   ④ 전통물건을 찾으면 복주머니 속의 그림카드를 확인 후 찾은 전통물건 그림 단서카드를 게임판에 붙인다. 찾은 전통물건 그림카드는 복주머니에 다시 담아 바구니에 넣는다.
   ⑤ 게임이 끝나면 찾은 전통물건의 개수가 많은 유아가 이긴다.
2. 게임을 한다.

국기 달기

• **목표**

태극기를 다는 의미를 이해한다.

• **준비물**

하드보드지, 도화지, 빨대(굵은 것, 가는 것), EVA 컬러판, 가위, 풀

• **제작방법**

▶ **게임판**

1. 30×15cm 크기로 하드보드지를 2장 자른다.
2. 1에 EVA 컬러판을 이용하여 5채의 집모양을 꾸민다.
3. 2에 꾸민 집마다 굵은 빨대를 붙인다.
4. 3에 하드보드지로 15×15cm 크기로 삼각대를 만들어 붙인다.

▶ **국기**

1. 우드락을 5×4cm로 자른 후 EVA 컬러판을 이용해 15개의 태극기 모양을 만든다.
2. 글루건을 이용하여 1에 가는 빨대를 붙인다(5개는 조기로 제작한다).

▶ **그림카드**

1. 우드락을 지름 4×4cm로 자른 후 한지를 싼다.
2. 1에 각 국경일이나 행사내용을 상징하는 그림을 붙인다(광복절, 개천절, 삼일절, 현충일, 제헌절 그림 각 2장씩, 대보름, 생일, 크리스마스, 어버이날, 여행, 어린이날, 식목일 그림 각 1장씩).

• **활동방법**

1. 게임자료를 탐색한 후 게임방법을 알아본다.

① 게임판을 나누어 갖는다.

② 순서를 정한 후 그림카드를 뒤집어 놓는다.

③ 순서에 따라 그림카드를 뒤집는다. 그림카드의 그림이 국경일을 나타내는 그림 이면 자신의 게임판에 국기를 꽂는다.

④ 게임이 끝나면 국기 더 많이 게양한 유아가 이긴다.

2. 게임을 한다.

나는 누구일까요?

· 목표

여러 가지 다양한 국경일의 상징적 의미에 대해서 안다.

· 준비물

하드보드지, 색상지, 물감, 코르크 판, 도화지, 시트지

· 제작방법

1. 40×35cm의 크기의 코르크판의 왼쪽에 30×21cm 사각형을 그린 후 오려낸다.
2. 30×21cm 크기로 도화지에 각 국경일을 상징하는 그린을 그린다.
3. 2의 그림을 1에서 오려낸 코르크판에 붙인 후 투명시트지를 싸서 마무리한다.
4. 3을 10~15개의 조각으로 자른다.
   * 연령이 많다면 좀 더 다양한 조각(25~30조각 정도)으로 자른다.
5. 1의 오른쪽 면에 색상지로 각 국경일에 대한 설명과 그림을 그려 넣는다.

· 활동방법

1. 활동자료를 탐색한 후 활동방법을 알아본다.
   기념일이나 국경일에 대한 제목이나 그림설명을 보고 그림퍼즐을 맞추어 본다.
2. 퍼즐을 완성한다.

3 1 절
유관순
국군의날
국군

무엇이 필요할까요?

목표

1. 장애인의 불편함에 대해 안다.
2. 장애인에게 필요한 보장구에 대해 관심을 가진다.

준비물

200ml 우유팩 24개, 빨대, 방울, 큰 박스, 6장의 그림(또는 사진) 2세트, 코팅지, 부직포, 벨크로 테이프, 시트지, 셀로판테이프, 색상지

제작방법

▶ **퍼즐**

1. 24개의 우유팩을 정육면체가 되도록 자른다.
2. 두 개의 우유팩 안에 빨대조각과 방울을 넣고 서로 맞물려 끼워 정육면체를 만든다.
3. 우유 상표가 보이지 않도록 겉면에 하얀색 종이를 붙인다.
4. 1세트 그림 각각을 12조각으로 잘라 우유팩에 붙인다.
5. 4를 시트지로 감싼다.
6. 5의 모서리에 셀로판 테이프를 이용하여 마무리 한다.
7. 6에 보슬이를 붙인다.

▶ **그림책**

1. 1세트의 그림을 각각 색상지에 붙인다.
2. 1을 코팅한 후 묶어 책을 만든다.

▶ **도구그림**

1. 장애인에게 필요한 도구를 그려 오린 후 코팅한다.
2. 1의 뒷면에 부직포를 붙인다.

3. 2에 까슬이를 붙인다.

- **활동방법**

1. 그림책의 그림을 보고 퍼즐을 완성한다.
2. 완성된 퍼즐에 해당하는 도구그림을 붙여 준다.

- **확장활동**

연령에 따라 퍼즐 조각의 수를 조절할 수 있다.

맛있는 추석 음식

목표

추석에 먹는 음식을 알고 만들어 볼 수 있다.

준비물

우드락, 스티로폼, 플라스틱 용기, 부직포, 한지, 컬러믹스, 스티로폼공, 하드보드지, 카드링, 곡식, 꼬치, 고무자석

제작방법

▶ 재료통

1. 두께가 5cm인 스티로폼을 8각 모양으로 자른다(한 변의 길이는 20cm).
2. 1에 플라스틱 용기가 들어갈 수 있도록 4개의 홈을 낸다.
3. 2의 홈에 플라스틱 용기를 넣는다.
4. 파낸 우드락에 손잡이 꼭지를 붙여 뚜껑을 만든다.
5. 파낸 홈에 여러 음식 재료를 담는다.

▶ 송편

부직포로 떡을 만들고 여러 가지 종류의 곡식을 뭉쳐 고물을 만든다.

▶ 산적

컬러믹스로 파, 고기, 오징어, 맛살 모형을 만들고 꼬치를 끼울 수 있도록 구멍을 뚫는다.

▶ 사과

1. 스티로폼공(大)을 6등분한다.
2. 양면에 자석을 붙여 자기를 이용하여 붙일 수 있도록 한다.

▶ **요리순서도**

하드보드지를 30×100cm 크기로 잘라 삼각대를 만들고 고리를 끼워 넘길 수 있도록 한다.

· 활동방법

1. 추석에 대해서 이야기를 나눈다.
2. 게임자료를 탐색한 후 요리 순서도를 보며 음식을 만들어 본다.
3. 만든 음식에 대해 비교해 보고 이야기를 나눈다.
   ① 송편 만들기-떡 안에 고물을 넣는다.
   ② 산적 만들기-파, 고기, 오징어, 맛살을 차례대로 꼬치에 끼운다.
   ③ 햇과일(사과)-사과를 칼로 잘라 접시 담는다.
   ④ 잡채 만들기-당면과 야채, 고기를 넣고 버무린다.

· 확장활동

요리활동으로 송편 만들기를 직접 해 본다.

타이어 장구와 한산 춤

목표

1. 우리나라 노래에 대하여 흥미를 갖는다.
2. 타이어 장구를 이용하여 장구를 탐색해 본다.
3. 자신만의 장단을 표현하는 능력을 기른다.
4. 도구(천)를 이용하여 자신의 느낌이나 생각을 표현해 본다.

준비물

타이어, 천, 하드보드지, 한지, 실, 바늘, 페인트, 목공용 풀, 나뭇가지, 풀, 고무줄

제작방법

▶ 북

1. 타이어 2개를 깨끗이 씻어 말린 후 페인트를 칠한다.
2. 두꺼운 천을 이용하여 풀을 먹인 후 잘 말려 타이어 구멍 양쪽에 천을 덧댄다.
3. 타이어 옆과 천을 덧댄 곳에 한지를 이용하여 전통문양을 붙이고 꾸민다.

▶ 북채

나뭇가지에 목공용풀을 발라 잘 말린다.

▶ 한산

1. 천을 20×100cm로 자른다.
2. 반으로 접어 박음질하고 고무줄 넣을 곳을 만든다.
3. 손에 끼울 수 있도록 고무줄을 넣는다.

활동방법

1. 타이어 장구와 한산, 기로를 탐색해 본다.
2. 타이어 장구를 치며 여러 가지 활동을 한다.

① 타이어 장구를 치며 우리 노래를 불러 본다.

② 타이어 장구 장단에 맞춰 한산 춤을 추어 본다.

③ 전래동요를 부르며 자신만의 장단을 만들어 본다.

- **확장활동**

우리나라 장단에 맞추어 전래동요를 불러 보고 춤을 추어 본다.

〈타이어 북〉

〈줄 악기〉

〈한산과 기로〉

전통문양 쌓기 놀이

· **목표**

1. 전통문양에 관심을 갖는다.
2. 패턴을 이해한다.

· **준비물**

500ml 우유팩 36개, 하드보드지, 목공용 풀, 한지, 사포, 제본라벨, 시트지, 한지

· **제작방법**

▶ **전통문양 쌓기**

1. 우유팩의 밑면을 자르고 한쪽 모서리를 자른 후 접어 삼각기둥을 만든다.
2. 삼각기둥의 높이는 5cm, 10cm, 15cm가 되도록 각각 12개씩 자른다.
3. 같은 높이의 삼각기둥 6개를 모아 육각판을 만든다.
4. 3의 겉면과 위아래에 하드보드지를 대어 튼튼하게 한다.
5. 4를 한지로 싼다.
6. 사포로 전통문양을 본뜬 후, 5에 붙이고 목공용 풀을 발라 코팅한다.

▶ **패턴책**

1. 하드보드지를 30×10cm 크기로 3장을 자른다.
2. 1에 5×5cm 크기로 칼집을 내어 병풍 접기를 한다.
3. 색깔, 문양, 크기별로 패턴 자료를 붙인다.
4. 3에 시트지를 붙인다.
5. 제본라벨을 이용하여 테두리를 마무리한다.

· **활동방법**

1. 전통문양 기둥을 탐색해 보고 쌓기놀이를 해 본다.
2. 기둥의 색과 높이에 따라 패턴활동을 한다.

3. 패턴책에 제시된 패턴으로 전통문양 기둥을 놓아 본다.
4. 마음대로 패턴을 만든 후 붙여서 나오는 패턴으로도 놓아 보게 한다.

- **확장활동**

1. 미술영역에 제시하여 전통문양에 종이를 대고 색연필, 파스텔 등으로 문질러 (프로타주, frottage) 나타나는 문양을 탐색해 볼 수 있다.
2. 자신만의 전통문양 만들기 활동을 해 볼 수 있다.
3. 사포의 감각을 경험해 볼 수 있다.

PART THREE

Ⅲ. 색깔

- 물고기 만들기
- 까만 크레파스
- 색깔을 훔치는 마녀
- 글자 낚시
- 과일 기억게임
- 빙글빙글 색 만들기
- 색깔을 섞어 보아요
- 잃어버린 신발을 찾아주세요
- 색연상 게임
- 원숭이 모자 씌우기
- 재미있는 우산 속으로

주제 망

색깔

1. 색의 이름

- 색의 삼원색은 빨강, 파랑, 노랑이다.
- 삼원색 이외에도 흰색, 분홍, 연두, 검정, 보라, 주황 등 여러 가지 색이 있다.

2. 물체의 특징적 색깔

- 사물마다 특징적 색깔이 있다.

3. 색깔의 혼합

- 빛의 삼원색을 혼합하면 다양한 색이 만들어진다.
- 색의 삼원색을 섞으면 다양한 색이 만들어진다.

주제 관련 활동 망

색깔

이야기 나누기

색깔 옷 입히기

우리 주변에서 사용하는 여러 가지 색

현장학습

'황토 염색 체험학습장' 방문하기

자유선택활동

- 언어
  빙글빙글 돌아가는 동화
  글자 낚시*
  과일 기억게임*
- 수 · 과학
  빙글빙글 색 만들기*
  색깔을 섞어 보아요*
- 조작놀이
  잃어버린 신발을 찾아주세요*
  색깔방 미로
  색연상 게임*
  원숭이 모자 씌우기*
- 역할
  재미있는 우산 속으로
- 미술
  색구슬 그림

음률활동

노래 부르기–색깔놀이

신체표현–다양한 도구를 활용해 '여러 가지 색깔' 표현해 보기

게임

다트 놀이

물고기 만들기*

동화 · 동시 · 동극

까만 크레파스(OHP 동화)*

색깔을 훔치는 마녀(TV 동화)*

마녀 위니(동화책 읽어 주기)

까만 네리노(동화책 읽어 주기)

*는 뒷부분에 포함된 활동임.

물고기 만들기

- **목표**

여러 색깔 이름을 안다.

- **준비물**

색깔 펠트지(흰색, 검은색, 빨강, 주황, 노랑, 녹색, 파랑, 보라), 하드보드지, 솜, 눈알, 벨크로테이프(찍찍이)

- **제작방법**

▶ 물고기

1. 검정색과 흰색 펠트지를 이용해 50×35cm 정도 크기의 물고기를 2개 만든다.
2. 물고기의 몸통의 비늘을 붙일 곳에 까슬이를 가로로 길게 붙인다.

▶ 카드

1. 하드보드지를 잘라 12장의 카드를 만든다.
2. 카드의 한쪽 면을 여러 가지 색의 펠트지로 싼다.

▶ 비늘

1. 각 색깔별 펠트지를 물고기 비늘 모양으로 여러 개씩 자른다.
2. 만들어진 비늘 뒤에 각각 보슬이를 붙인다.
3. 하드보드지로 비늘과 카드가 들어갈 상자를 만든다.

- **활동방법**

1. 게임자료를 보며 게임방법을 정한다.
   ① 카드를 색이 보이지 않도록 뒤집어 놓는다.
   ② 가위, 바위, 보를 하여 이긴 사람이 뒤집어 놓은 카드 중 한 장을 뒤집는다.
   ③ 카드의 색깔과 같은 색의 비늘을 자신의 물고기 몸통에 붙인다.

④ 카드를 다 뒤집으면 게임이 끝난다.

2. 게임을 한다.

까만 크레파스

· 목표

OHP를 활용하여 빛이 투과된 다양한 색깔을 경험한다.

· 준비물

'까만 크레파스' 책(웅진출판사), OHP용 필름, 마운트, 유성펜, A4 용지, 목공용풀, 칼, 마스킹테이프

· 제작방법

1. 동화의 내용과 장면의 수를 정한다.
2. OHP용 필름 위에 OHP용 펜이나 네임펜을 이용하여 동화의 각 장면을 그린다.
3. 색이 번지지 않도록 2를 뒤집어 색칠한다.
4. 빛이 투과되지 않아야 할 부분(예: 까망이가 색칠한 부분)은 A4 용지로 원하는 모양으로 오리거나 파서 붙인다.
5. 필름을 프레임에 붙인다.
6. 마운트에 장면번호와 그림의 내용을 적는다.

· 제작 시 유의점

그림을 그리는 대신에 그림을 스캔하여 잉크젯용 OHP 필름용지를 넣고 컬러잉크젯 프린터기로 인쇄하여 사용할 수도 있다.

· 활동방법

1. 동화를 듣기 위한 준비를 한다.
   ① 동화를 들려주기 전에 OHP와 OHP용 동화를 준비한다.
   ② 유아에게 동화를 들려주기 전에 OHP를 미리 시연하여 빛이 투과되는 위치와 초점을 맞춘다.
   ③ 제작한 OHP를 제시할 순서대로 정리한다.

④ 동화를 시작할 때 램프를 켠다.

2. 동화를 들려준다.

3. 동화를 회상해 본다.

색깔을 훔치는 마녀

· **목표**

1. 주변 사물의 특징적 색깔에 대해 관심을 가진다.
2. 색의 혼합에 대해 관심을 가진다.

· **준비물**

하드보드지, 폼보드, 한지(검정), PVC관, 글루건, 스티로폼, 그림 그리기 재료(물감, 매직 등), 시트지, 장식재료, 전지, 스카치테이프, 밀가루풀

· **제작방법**

▶TV 동화 틀

1. 하드보드지에 폼보드를 붙인 후 55×40×13cm 크기의 TV 동화 틀을 만든다.
2. TV동화 틀 앞 화면을 37×28cm 크기로 오려낸다.
3. TV동화 틀 윗면 양쪽 끝에 봉의 지름 보다 3~5cm 정도로 크게 원을 오려낸다.
4. TV동화 틀 아랫면 안쪽 끝에는 봉이 앞뒤로 밀리지 않도록 스티로폼으로 고정시켜준다.
5. TV상자 틀에 밀가루 풀을 이용하여 한지를 2~3번 붙인다.
6. 장식 재료를 이용하여 완성된 틀을 꾸민다.

▶봉

1. PVC 관을 이용하여 지름 3cm, 길이 46cm 크기의 봉을 2개 만든다.
2. 손잡이 부분을 시트지를 이용해 감싸준다.

▶밑그림

1. 전지를 42×30cm 크기로 자른다.
2. 밑그림을 그린 후에, 물감 등으로 그림을 완성한다.
3. 2의 앞뒤쪽에 스카치테이프를 붙여 연결한다.

4. 그림 뒷면에 동화 내용을 적는다.

5. 그림 끝의 양쪽에 여백을 두고 스카치테이프나 투명 시트지로 넓게 코팅한다.

- **활동방법**

1. 동화를 들려준다.
2. 동화를 회상해 본다.

글자 낚시

- **목표**

1. 주변의 다양한 사물에 대하여 안다.
2. 사물 고유의 색깔에 대하여 관심을 갖는다.

- **준비물**

색상지(흰색, 검은색, 빨강, 주황, 노랑, 녹색, 파랑, 보라), 하드보드지, 폼보드, 자석, 함석판, 자료 사진, 시트지(투명, 은색), 나무막대, 낚싯줄

- **제작방법**

▶ 기본판

1. 하드보드지를 3등분하여 접었다 폈다 할 수 있도록 만든다.
2. 하드보드지 안쪽 면에 사진들을 붙이고, 각 색깔별 색상지로 사물의 이름을 오려 붙인다.
3. 사물의 이름 앞에 색깔 명이 붙을 자리에는 함석판을 붙인다.
4. 투명 시트지로 싼다.
5. 마스킹테이프로 잘 마무리한다.

▶ 글자카드

1. 각 색상지로 색깔을 지칭하는 글자를 만든다.
2. 1을 투명 시트지로 코팅한 후 자석을 붙인다.
3. 2에 자석을 붙인다.

▶ 어항

1. 폼보드를 이용해 어항 모양의 상자를 만들고 은색 시트지로 감싼다.

▶ 낚싯대

1. 나무막대에 낚싯줄과 자석을 달아 낚싯대를 만든다.

- **활동방법**

1. 게임자료를 탐색하여 활동방법을 알아본다.
   ① 낚싯대를 이용하여 어항 안에 있는 글자를 낚는다.
   ② 낚인 글자를 활동판에 있는 사진을 보고 알맞은 위치에 붙인다.
   ③ 활동판의 글자를 모두 완성하면 된다.
2. 게임을 한다.

과일 기억게임

· 목표

과일들이 가진 고유의 색깔을 안다.

· 준비물

하드보드지, 우드락, 부직포, 요플레통 12개, 벨크로테이프(찍찍이), 색상지, 한지, 목공용 풀, 지점토, 물감, 지점토용 니스, 코팅지, 함석판

· 제작방법

▶ 게임판

1. 2장의 우드락에 요플레통을 끼울 수 있도록 6개의 구멍을 낸다.
2. 1에 하드보드지를 붙인 다음, 부직포와 색상지를 이용해 과일가게와 채소가게의 느낌이 나도록 꾸민다.

▶ 게임판 뚜껑

1. 요플레통 12개에 한지를 싼다.
2. 2에 목공용 풀과 물을 일대일의 비율로 섞어서 바른 후 말린다(3~4회 반복).

▶ 과일 모형

1. 포도, 바나나, 사과, 키위, 수박, 오렌지 모형을 지점토로 만든다.
2. 만든 모형에 과일의 색을 찾아 물감을 칠하고 지점토 니스를 덧칠하여 말린다.
3. 2에 자석을 붙인다.

▶ 글자 카드

보라색, 노란색, 빨강색, 갈색, 오렌지색, 초록색 등의 색지에 해당하는 색깔을 나타내는 글자를 붙여 코팅한다.

▶ 기본판

1. 함석판을 이용하여 바구니 모양으로 자른다.
2. 1을 부직포로 싼다.

· 활동방법

1. 과일 모형들을 유아들에게 제시하여, 각각의 과일 이름과 색깔의 특징에 대해 이야기를 나눈 후에 관련된 글자카드를 제시한다.
2. 게임판 2장을 가운데에 두고 과일가게에는 과일 모형, 색깔가게에는 글자카드를 넣고 뚜껑을 덮는다.
3. 게임순서를 정하고 기본판을 한 장씩 나누어 갖는다.
4. 2장의 게임판 뚜껑을 동시에 들어 '색깔가게' 게임판의 글자카드와 '과일가게' 게임판의 과일 모형이 서로 일치하면 과일 모형을 가져가 바구니에 붙인다.
5. 과일 모형과 색깔 글자카드가 맞지 않으면 그대로 두고 뚜껑을 덮는다.

빙글빙글 색 만들기

· 목표

다양한 색의 혼합을 경험한다.

· 준비물

색 하드보드지(빨강, 노랑, 초록, 파랑, 하양), 아크릴 판, 스카치테이프, 시트지, 나무판자, 볼트나사, 펠트지(빨강, 노랑, 초록, 파랑, 하양), 실과 바늘, 벨크로테이프(찍찍이)

· 제작방법

▶ 돌림판

1. 나무판자를 이용하여 받침대를 만든다.
2. 아크릴 판을 이용하여 원판을 2개 만든다.
3. 2의 원판 중 한 개의 원판을 아크릴선을 이용하여 8등분(피자조각 모양)한 후 경계를 나눈다.
4. 나머지 하나의 원판을 3위에 붙인 후 가운데에 볼트나사가 들어갈 구멍을 뚫는다.
5. 2개의 원판을 겹친 후 볼트나사를 이용해 나무판에 연결해서 아크릴 판이 돌아갈 수 있게 한다.
6. 나무판을 시트지를 이용해 꾸민다.

▶ 색깔판

피자조각 모양의 칸에 꼭 맞게 색 하드보드지를 자른다.

▶ 카드보관함

1. 펠트지를 이용하여 각 색깔별로 색깔 카드보다 1cm 정도 여유를 두고 2장씩 오린다.

2. 1을 꿰맨다.

3. 뚜껑을 달고 벨크로테이프(찍찍이)를 붙인다.

• **활동방법**

1. 유아들이 원하는 두 가지 색을 아크릴 판에 끼운 후 빨리 돌리면 어떤 색이 나타날지 유아들에게 추측해 보게 한다.
2. 색을 돌려본다.
3. 돌려본 이후 여러 가지 색의 혼합에 대해서 유아들과 이야기를 나눈다.

색깔을 섞어 보아요

· 목표

1. 다양한 색깔의 이름을 안다.
2. 색의 혼합을 실험을 통해 관찰해 봄으로써 색에 대한 관심을 높인다.

· 준비물

아크릴판, 아크릴 칼, 아크릴 접착제, 수액줄, 하드보드지, 벨크로테이프(찍찍이), 약병, 물감

· 제작방법

▶ 물흐름판

1. 아크릴판을 30×38cm(1개), 31.6×9cm(1개), 31.6×5cm(2개), 31.6×8cm(1개), 31.6×4.6cm(2개), 9×5cm(7개), 8×4.6cm(6개)를 자른다.
2. 1 중 31.6×9cm(1개), 31.6×5cm(2개), 9×5cm(2개)를 이용하여 한 면이 없는 직육면체 모양을 만든다.
3. 2에 9×5cm(5개)를 이용하여 6칸을 만든다.
4. 31.6×8cm(1개), 31.6×4.6cm(2개), 8×4.6cm(2개)를 이용하여 한 면이 없는 직육면체 모양을 만든다.
5. 4에 8×4.6cm(4개)를 이용하여 5칸을 만든다.
6. 4의 각 칸에 수액줄을 꽂을 구멍을 낸다.
7. 1의 하단에 3을 붙인다.
8. 7의 상단에 6을 붙인다.
9. 7의 수액줄 구멍에 수액줄을 꽂는다.

▶ 기본판

1. 색 하드보드지를 제도하여 시트지를 씌운다.

2. 색상지를 이용하여 색카드를 만들어 코팅한다.

3. 색 하드보드지에는 보슬이를 붙이고, 색카드에는 까슬이를 붙인다.

▶ 물감통

1. 통에 물감과 물을 섞는다.
2. 약 병에 색깔이름을 붙이고 1을 넣는다.

활동방법

1. 게임자료를 탐색하며 게임방법을 알아본다.
   ① 혼합하고 싶은 색을 두 가지를 골라서 '어떤 색으로 변할까요' 판에 붙인다.
   ② 두가지 색을 각기 다른 곳의 물흐름판에 적당한 양으로 붓는다.
   ③ 수액줄을 밑의 한 칸에 모으고 조절하여 섞이도록 한다.
   ④ 다른 색들도 섞어 본다.
2. 게임을 한다.

잃어버린 신발을 찾아주세요

· **목표**

다양한 색깔을 변별할 수 있다.

· **준비물**

하드보드지, 도화지, 둥근 자석, 눈알, 지우개, 색상지, 마스킹테이프, 코팅지, EVA 컬러판

· **제작방법**

▶ **기본판**

1. 하드보드지에 길을 만들고 숲으로 꾸민다.
2. 1에 투명 시트지를 붙인다.
3. 길의 각 칸에 둥근 자석을 붙인다.

▶ **조각그림**

1. 도화지에 다양한 색깔의 신발 8켤레를 그리고 오린다.
2. 1을 코팅한 후 뒷면에 자석을 붙인다.

▶ **개인판**

1. 하드보드지로 애벌레 모양의 판을 그려 오린다.
2. EVA 컬러판과 눈알로 1을 꾸민다.
3. 2의 발에 둥근 자석을 붙인다.

▶ **말**

1. 두 가지 색의 색지에 지름 3cm 동그라미를 그려 오린다.
2. 작은 애벌레 모양을 1의 앞뒤로 붙인 후 코팅한다.
3. 5cm의 지우개에 홈을 낸 후 2를 끼운다.

▶ 주사위

1. 하드보드지로 정육면체를 만든다.
2. 각 면마다 숫자를 붙이고 모서리를 마스킹 테이프로 마무리한다.

• 활동방법

1. 자료를 탐색하며 게임방법을 정한다.
   ① 기본 판에 여러 가지 색깔의 신발 한 짝을 붙인다.
   ② 개인판을 하나씩 나누어 가진 후, 나머지 한 짝의 신발을 붙인다.
   ③ 말을 나누어 갖고 게임판 위의 원하는 곳에 놓는다.
   ④ 순서를 정하고, 주사위를 던져 주사위에 나온 수만큼 말을 움직인다.
   ⑤ 말이 도착한 곳에 놓인 신발이 자기 개인판에 있는 신발과 같은 색이면 떼었다 붙인다.
2. 게임을 한다.

색연상 게임

· 목표

1. 여러 가지 색깔을 안다.
2. 화폐에 대한 기초 개념을 안다.
3. 색깔에 따라 연상되는 여러 가지 물건의 명칭을 알 수 있다.

· 준비물

색깔에 연상되는 그림(24개), 돈(1,000원권 지폐), 돌림판, 보관상자, 말, 게임판, 하드보드지, 색상지, 코팅지, 플라스틱 부채

· 제작방법

▶ 게임조각

1. 하드보드지를 5×10cm 크기로 오린 후, 가운데에 칼집을 넣어 안으로 접혀지게 한다.
2. 24개의 그림을 5×5cm 크기의 색상지에 붙여 코팅한다.
3. 2를 1의 앞면에 붙인다.
4. 5×2.5cm 크기의 색지에 지시말을 써서 붙이고 코팅한다.
5. 4를 1의 안쪽에 붙인다.
6. 5의 가장자리에 그림과 연결되는 색의 테이프를 붙여 마무리한다.

▶ 주사위

1. 동그란 모양의 플라스틱 부채를 4등분하여 빨강, 노랑, 초록, 파란색의 시트지를 붙인다.
2. 1의 가운데에 구멍을 뚫고 실을 끼워 방울을 단다.

▶ 활동판

1. 54×39×5cm 크기의 직육면체 틀을 만든다.

2. 기본판 틀 위 가장자리에 게임조각을 붙인다.

3. 기본판 틀 위의 가운데에 그림을 붙여 꾸미고 활동명을 적는다.

활동방법

▶ I 수준

1. 게임자료를 탐색한 후 게임방법을 정한다.
   ① 말과 순서를 정한다.
   ② 주사위를 움직여 방울이 떨어진 색깔과 같은 칸으로 말을 옮긴다.
   ③ 먼저 끝까지 도착하는 유아가 있으면 게임이 끝난다.
2. 게임을 한다.

▶ II 수준

1. 게임방법을 탐색한 후 게임방법을 정한다.
   ① 게임판에 게임조각을 뒤집어 놓는다.
   ② 말과 순서를 정한다.
   ③ 각각 5,000원씩 갖는다.
   ④ 주사위를 던져 나온 색깔만큼 말을 옮긴다.
   ⑤ 도착한 곳의 게임조각을 뒤집어 열고 그 카드에 쓰여 있는 지시에 따라 말을 움직이거나 돈을 지불한다.
   ⑥ 먼저 도착한 유아가 있으면 게임이 끝난다.
2. 게임을 한다.

원숭이 모자 씌우기

• 목표

1. 색깔을 변별할 수 있다.
2. 모양을 변별할 수 있다.

• 준비물

하드보드지(2절) 1장, 색상지, 투명 시트지, 양면테이프, 밸크로테이프(찍찍이), 펠트지(노랑, 분홍, 보라), 솜, 눈알, 글루건, 부직포(흰색), 스펀지

• 제작방법

▶ 게임판

1. 하드보드지를 1:2:1로 3등분한 후, 칼집을 넣어 안쪽으로 접힐 수 있게 한다(2장).
2. 1에 색상지를 이용하여 배경판을 꾸미고 투명 시트지로 코팅한다.

▶ 모자

1. 펠트지를 이용하여 모양과 색깔이 다른 모자를 그려 오린 후 솜을 넣어 바느질 한다.
2. 뒷면에 까슬이를 붙인다.

▶ 색깔 주사위

1. 노랑, 분홍, 보라색 펠트지를 이용하여 7×7cm 크기로 각각 2장씩 자른다.
2. 한쪽 면을 제외하고 정사각형 모양으로 5조각을 연결하여 바느질한 후, 스펀지를 넣고 나머지 한 면의 펠트지를 바느질하여 주사위를 완성한다.

▶ 모양 주사위

1. 색깔 주사위와 같은 크기로 모양 주사위를 만든다.
2. 3종류의 모양을 2개씩 만들어 각 면에 붙인다.

• **활동방법**

1. '모자장수 아저씨' 동화를 들려준다.
2. 자료를 보고 게임을 보고 게임방법을 알아본다.
   ① 순서를 정한다(유아가 정할 수 있도록 유도한다.).
   ② 두 개의 주사위를 던진다.
   ③ 색깔과 모양에 맞는 모자를 찾아서 각자의 원숭이에게 씌운다.
   ④ 모자를 원숭이에게 모두 씌운 친구가 있다면 게임이 끝난다.
3. 게임을 한다.

재미있는 우산 속으로

목표

1. 주변 사물의 특징적 색깔에 대해 관심을 가진다.
2. 색깔별로 분류해 보는 경험을 가진다.

준비물

우산, 천(4마), 끈, 투명 컬러 필름지(빨강, 파랑, 노랑, 투명), 두꺼운 도화지, 펠트지(빨강, 파랑, 노랑, 연두), 벨크로테이프(찍찍이), 여러 가지 장식 재료, 받침대(나무, 접이식 기둥)

제작방법

▶ 우산집

1. 우산을 이용하여 펠트지로 꾸민 후 지붕을 만든다.
2. 천의 4곳에 지름 25.5cm의 동그라미를 오려낸다.
3. 두꺼운 도화지를 이용해 지름 25.5cm의 원을 4개 오린다.
4. 3에서 오려낸 원 안쪽에 지름이 21.5cm의 원을 파내어 투명 컬러 필름지를 붙인다.
5. 투명 컬러 필름지(빨강, 파랑, 노랑)를 끼울 수 있도록 4를 천의 동그라미 부분에 붙인다.
6. 천의 왼쪽과 오른쪽 끝부분에 벨크로테이프(찍찍이)를 붙여 출입문을 만든다.
7. 우산과 천을 박음질로 연결한다.

▶ 기타

1. 펠트지를 이용하여 색과 관련된 소품을 만든다.
2. 투명 컬러 필름지(빨강, 파랑, 노랑)를 지름 23.5cm 크기로 동그랗게 오린다.

· **활동방법**

1. 창문에 투명 컬러 필름지를 끼워 색 구멍을 통해 바깥 사물을 관찰한다.
2. 여러 장의 투명 컬러 필름지를 겹쳐 색의 혼합을 경험한다.
3. 색깔 창문 아래 같은 색깔의 소품들을 분류하여 붙여 본다.

PART THREE

Ⅳ. 도구와 기계

- 시간이 빨리 갔어요
- 우리는 도구 친구들
- 도구와 기계 나무
- 자동차 굴리기
- 그림자 찾기
- 물건 주인 찾기
- 옛날에 사용한 도구들
- 에너지 삼목 두기
- 도구 도미노

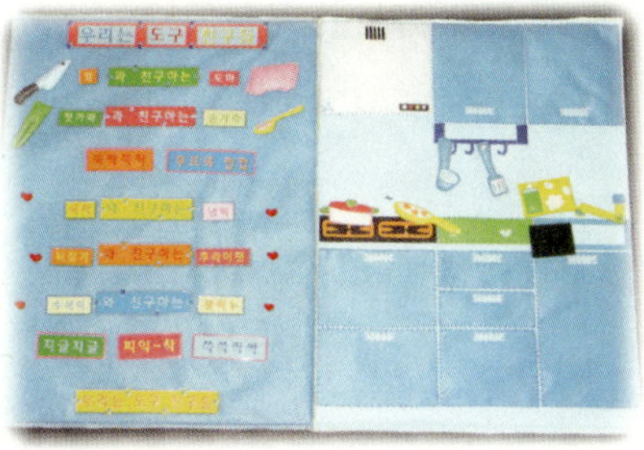

주제 망

도구와 기계

1. 편리한 도구와 기계

- 우리 생활을 편리하게 해 준다.
- 여러 장소에서 사용된다.

2. 즐거운 도구와 기계

- 우리생활을 즐겁게 해 준다.
- 여러 가지 용도로 사용된다.

3. 옛날과 오늘날의 도구와 기계

- 빛의 삼원색을 혼합하면 다양한 색이 만들어진다.
- 시대에 따라 다른 도구와 기계가 사용되었다.

4. 도구와 기계를 움직이는 힘

- 도구와 기계는 에너지의 힘으로 움직인다.
- 에너지는 여러 가지 종류가 있다(사람, 공기, 석유, 물, 태양, 전기, 태엽).

주제 관련 활동 망

도구와 기계

이야기 나누기

옛날과 오늘날의 도구와 기계

가정에서 쓰는 도구와 기계

음률활동

악기 다루기–주방기구 난타

음악 감상–대장간의 합창

신체표현–나는 자석, 나는 선풍기

게임

옛날 사람들 오늘날 사람들

현장학습

박물관 견학

주유소 견학

동화 · 동시 · 동극

시간이 빨리 갔어요(TV동화)*

거울을 처음 본 사람들(그림동화)

돌돌이와 바퀴(그림자동화)

우리는 도구 친구들(동시)*

기구를 타고(동시)

부엉 행진곡(동시)

자유선택활동

- 언어
  같은 것 연결하기
- 수 · 과학
  도구와 기계 나무*
  자동차 굴리기*
  바람의 힘
- 조작놀이
  그림자 찾기*
  물건 주인 찾기*
  옛날에 사용한 도구들*
  에너지 삼목 두기*
  도구 도미노*
- 역할놀이
  전화놀이
  세탁소 놀이
- 조형
  움직이는 자동차 만들기
  유리병 구슬 그림

* 는 뒷부분에 포함된 활동임.

시간이 빨리 갔어요

• 목표

시계에 관심을 갖는다.

• 준비물

하드보드지, EVA 컬러판, 한지(검정), PVC관, 글루건, 스티로폼, 그림 그리기 재료(물감, 매직 등), 시트지(검정), 장식 재료, 전지, 스카치테이프

• 제작방법

▶TV동화 틀

1. 하드보드지와 EVA 컬러판을 이용하여 55×40×13cm 크기의 TV 동화 상자 틀을 만든다.
2. TV동화 상자 틀 앞 화면은 37×28cm 크기가 되도록 파낸다.
3. TV동화 상자 틀 윗면 양쪽 끝에 봉의 지름보다 3~5mm 정도 크게 원을 오려낸다.
4. TV동화 상자 틀 아랫면 안쪽 끝에는 봉이 앞, 뒤로 밀리지 않도록 스티로폼으로 고정시켜 준다.
5. TV동화 상자 틀에 밀가루 풀을 이용하여 한지를 2~3번 붙인다.
6. 5에 목공용 풀과 물을 일대일의 비율로 섞어 바른 후 말린다(3~4회 반복).

▶봉

1. PVC관을 이용하여 지름 3cm, 길이 46cm 크기의 봉을 2개 만든다.
2. 손잡이 부분을 시트지를 이용하여 감싸준다.

▶밑그림

1. 전지를 42×30cm 크기로 자른다.
2. 밑그림을 그린 후에, 물감 등으로 그림을 완성한다.

3. 그림에 스카치테이프를 앞뒤로 붙여 연결한다.

4. 그림 뒷면에 동화 내용을 적는다.

5. 그림 끝의 양쪽에 여백을 두고 스카치테이프나 투명 시트지로 넓게 코팅한다.

- **활동방법**

1. '시간이 빨리 갔어요' 동화를 들려준다.
2. 그림만 보여 주며 회상하기를 한다.
3. 동화의 느낌에 대해서 이야기를 나눈다.
4. 후속이야기 짓기 활동을 한다.

우리는 도구 친구들

목표

1. 주방 기구의 종류에 대해 안다.
2. 주방 기구의 용도에 대해 안다.

준비물

우드락, 펠트지, 색상지, EVA 컬러판, 글루건, 본드, OHP용 필름, 벨크로테이프 (찍찍이)

제작방법

▶동시판

1. 2개의 우드락에 펠트지를 씌운다.
2. 1을 서로 연결하여 접을 수 있게 한다.
3. 왼쪽 판에는 동시를, 오른쪽 판에는 부엌을 꾸민다.
4. 글자를 붙여야 할 곳에 보슬이를 붙인다.

▶글자카드

1. 동시 '우리는 도구 친구들' 을 단어 단위로 만들어 코팅한다.
2. 1의 뒷면에 EVA 컬러판을 붙인다.
3. 동시의 의성어 부분(예: 뚝딱뚝딱, 지글지글)의 시어를 유아들이 개작해 볼 수 있도록 OHP 필름을 이용하여 빈 단어카드를 만든다.

▶주방도구

'동시' 에 나오는 주방도구들을 펠트지로 만든다.

활동방법

1. '동시' 내용에 따라 주방도구를 하나씩 붙여가며 동시를 읊어 준다.
2. 유아들이 생각나는 소리를 적어 넣으며 동시를 지어 본다.

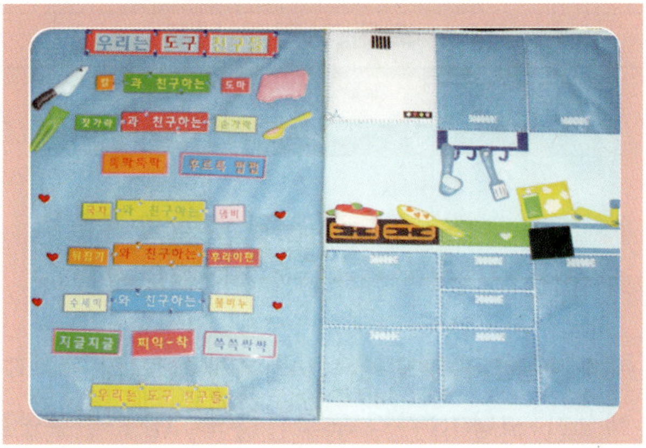

우리는 도구 친구들

 칼과 친구하는 도마 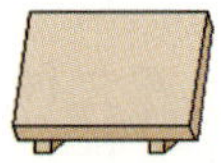

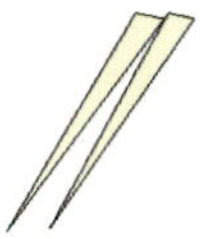 젓가락과 친구하는 숟가락 

뚝딱뚝딱, 후루룩 쩝쩝

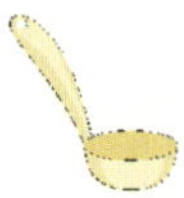 국자국자와 친구하는 냄비 

 뒤집기와 친구하는 프라이팬 

 수세미와 친구하는 물비누 

지글지글, 찌익-착, 쓱쓱싹

우리는 도구 친구들

도구와 기계 나무

• 목표

1. 도구와 기계의 명칭을 안다.
2. 도구와 기계를 용도에 따라 분류할 수 있다.

• 준비물

하드보드지, 색상지, 코팅지, 부직포(초록, 갈색), 복사지, 투명 시트지, 마스킹테이프, 벨크로테이프(찍찍이), EVA 컬러판

• 제작방법

▶ 게임판

1. 하드보드지를 이용하여 40×40cm 크기의 나무모양을 2개 자른다.
2. 1을 각각 부직포로 싼다.
3. 2에 보슬이를 붙인다.
4. 3에 '도구' '기계' 라는 글자를 붙인다.

▶ 그림카드

1. EVA 컬러판을 지름 4cm 크기의 원으로 오린다.
2. 도구와 기계 그림을 각각 10개씩 그려 코팅한 후 1에 붙인다.
3. 그림카드 뒷면에 까슬이를 붙인다.

▶ 주사위

1. 하드보드지를 이용하여 정육면체를 만든다(우유팩을 활용할 수 있다).
2. 가위, 바위, 보 그림을 그려 두 면씩 붙인다.
3. 투명시트지로 감싼다.
4. 마스킹테이프로 모서리를 마무리한다.

- **활동방법**

1. 게임자료를 탐색하여 게임 방법을 정한다.

   ① 게임판을 정한다.

   ② 주사위를 던진다.

   ③ 주사위의 숫자가 더 많이 나온 유아가 그림카드를 가져가 게임판에 붙인다.

   ④ 그림카드를 먼저 다 붙인 유아가 있으면 게임이 끝난다.

자동차 굴리기

목표

1. 경사로의 기울기에 따라 자동차가 굴러가는 속도의 차이를 탐색한다.
2. 바닥의 상황에 따라 자동차가 굴러가는 속도의 차이를 탐색한다.

준비물

나무판, 못, 쌀, 자갈, 수수깡, 색지, 건전지, 페인트, 창호지, 목공용 풀, 물

제작방법

▶ **경사로**

1. 나무판을 25×100cm(4개), 25×60cm(1개) 크기로 자른다.
2. 25×60cm 크기로 자른 나무판에 일정한 간격으로 홈을 3개 판다.
3. 25×100cm 크기로 자른 나무판 3개를 2에 끼울 수 있도록 홈을 판다.
4. 25×100cm 크기로 자른 나머지 나무판 1장과 2를 ㄴ자로 못을 박는다.
5. 3과 4에 페인트를 칠한다.
6. 페인트 칠한 25×100cm 나무판 각각에 수수깡, 쌀, 자갈을 붙인다.

▶ **자동차**

1. 건전지에 창호지를 바른다.
2. 색지로 자동차 모양을 그린다.
3. 2를 1에 붙인 후 목공용 풀과 물을 섞어서 바른 후 말린다(3~4회 반복).

활동방법

1. 활동 자료를 탐색하며 활동방법을 정한다.
   ① 경사로의 기울기를 달리하여 자동차를 굴려본다.
   ② 경사로의 재질을 달리하여 자동차를 굴려본다.
2. 활동을 한다.

그림자 찾기

· **목표**

1. 여러 가지 도구와 기계의 이름을 안다.
2. 도구와 기계를 분류할 수 있다.

· **준비물**

하드보드지, 펠트지, 우드락, 시트지, 색지, 볼트와 너트

· **제작방법**

▶원판

1. 하드보드지를 이용하여 원판 2개를 오린다.
2. 1의 원판 중 하나의 원판을 8등분하여 그림자 그림을 붙인다.
3. 나머지 하나의 원판은 피자조각 모양으로 1/8쪽 파낸다.
4. 하드보드지와 하드보드지 사이에 우드락을 넣어 세 겹으로 삼각 받침대를 만든다.
5. 펠트지를 이용하여 원판과 받침을 꽃으로 꾸며준다.
6. 2개의 원을 볼트와 너트로 연결하여 3의 원판이 회전하게 만든다.

▶게임판

1. 우드락을 20×35cm 크기로 2개 자른다.
2. 1의 판 하나를 선택하여 5×7cm 크기로 2칸씩 4줄 파낸다.
3. 2에 또 다른 판 하나를 겹쳐 붙인다.
4. 한 칸씩 4줄을 두 가지 색의 시트지로 나누어 붙인다.

▶그림카드

1. 게임판에서 파낸 우드락 조각을 게임판에 잘 끼워지도록 가장자리를 마무리한다.

2. 1에 도구와 기계의 그림과 글자를 4개씩 붙인다.

· **활동방법**

1. 게임자료를 탐색하여 게임방법을 정한다.
   ① 게임판과 순서를 정한다.
   ② 원판을 돌려 나온 그림자가 자신이 가진 게임판에 해당되면 그림자 카드를 가져가 게임판에 끼운다.
   ③ 게임판을 먼저 채우는 유아가 있으면 게임이 끝난다.
2. 게임을 한다.

물건 주인 찾기

- **목표**

도구와 기계 및 이를 실제로 사용하는 사람을 서로 관련지을 수 있다.

- **준비물**

페트병과 뚜껑, 200ml 우유팩 18개, OHP용 필름, 색상지(노랑, 하늘, 주황), 그림카드, 낚싯줄, 마스킹테이프, 목공용 풀

- **제작방법**

▶블록

1. 200ml 우유팩을 노랑, 하늘, 주황색 색상지로 각각 6개씩 포장한다.
2. 1의 모서리를 마스킹테이프로 깔끔하게 마무리한다.
3. 2에 목공용 풀과 물을 일대일의 비율로 섞어서 바른 후 말린다(3~4회 반복).
4. 페트병의 입구를 아랫부분까지 여유 있게 자르고 병뚜껑을 분리한다.
5. 병뚜껑 가운데에 작은 구멍 두 개를 뚫는다.
6. 3의 상하좌우에(색깔별로 3개씩) 구멍 뚫은 병뚜껑을 낚싯줄을 이용하여 고정시킨다.
7. 나머지 우유팩(색깔별로 3개씩)의 상하좌우에 칼집을 내어 잘라놓은 페트병의 주둥이를 고정시킨다.
8. 우유팩 한쪽 면의 양옆에 칼집을 내고 OHP 필름을 끼워 그림카드를 넣었다 빼었다 할 수 있게 만든다.
9. 색상지의 색을 구분하여 그림카드를 꽂는다.

▶그림카드

1. 직업을 나타내는 사람 그림들(의사, 요리사, 미화원 등)을 그려 코팅한다.
2. 1의 사람과 관련된 도구와 기계 그림을 5장씩 그려 코팅한다.
3. '블록' 8에 1과 2를 끼운다.

- **활동방법**

1. 활동 자료를 탐색하여 활동방법을 정한다.
   ① 직업을 나타내는 사람 그림을 선택한다.
   ② 1과 관련된 기계와 도구를 서로 연결한다.
   ③ 주제에 맞는 그림카드를 바꾸어 활용한다.
2. 활동을 한다.

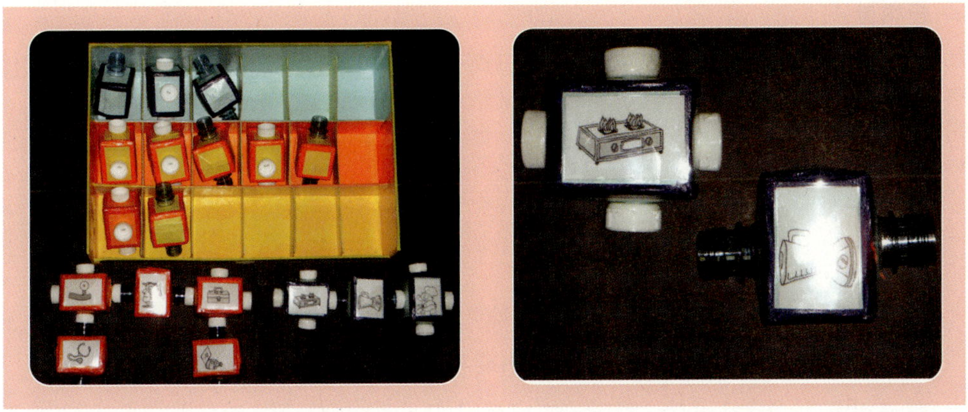

옛날에 사용한 도구들

• 목표

1. 우리나라 옛 생활도구의 이름을 안다.
2. 우리나라 옛 생활도구의 용도를 안다.

• 준비물

200ml 우유팩 18개, 옛 생활도구가 그려진 풍속화 6장씩 2세트, 코팅지, 한복천, 하드보드지

• 제작방법

▶ 퍼즐

1. 18개의 우유팩을 정육면체가 되도록 자른다.
2. 1을 2개씩 서로 맞물려 끼워 정육면체를 만든다.
3. 풍속화 그림 1장씩을 6조각으로 나눈다.
4. 3을 2에 붙인다.

▶ 틀

1. 우유팩 9개(3×3개)가 들어갈 크기로 하드보드지 상자를 만든다.
2. 1을 한복천으로 싼다.

▶ 그림책

1. 원본 그림 6장을 각각 코팅한다.
2. 묶어서 책으로 만든다.

• 활동방법

1. 게임자료를 탐색하여 게임방법을 정한다.
   ① 그림책을 보며 퍼즐을 맞춘다.
2. 게임을 한다.

에너지 삼목 두기

• 목표

에너지의 종류를 안다.

• 준비물

함석판, 한지, 목공용 풀, 색지, 동그란 자석, 마스킹테이프, 코팅지

• 제작방법

▶ 바둑판

1. 우드락을 30×30cm 크기로 자르고, 함석판을 붙인다.
2. 1을 한지로 싼다.
3. 2에 마스킹테이프로 25개의 네모 칸을 그린다.
4. 목공용 풀과 물을 일대일의 비율로 섞어 바른 후 말린다(3~4회 반복).

▶ 바둑돌 만들기

1. 색상지에 에너지의 종류(석유, 전기)를 각각 20개씩 그린다.
2. 1을 코팅한다.
3. 그림의 뒷면에 자석을 붙인다.

• 활동방법

1. 게임자료를 탐색하며 게임방법을 정한다.
   ① 에너지 바둑돌을 한 가지 선택한다.
   ② 순서를 정한다.
   ③ 순서대로 에너지 바둑돌을 1개씩 놓는다.
   ④ 에너지 바둑돌 3개가 서로 사선형, 대각선형, 일자형으로 되도록 먼저 삼목을 두면 게임이 끝난다.
2. 게임을 한다.

- **확장활동**

1. 연령이 많은 유아들은 네모 칸을 세분하여 오목 두기를 할 수 있다.
2. 에너지의 종류인 '물' '태양' 등의 바둑돌을 만들어 활용할 수 있다.

도구 도미노

• 목표

생활을 편리하게 해 주는 도구에 대해 안다.

• 준비물

우드락, 한지(빨강, 초록, 노랑, 하늘), 하드보드지, 색지, 목공용 풀, 스티로폼, 칼, 테이프, 글루건, 자, 아크릴판, 아크릴용 본드, 아크릴용 칼, 구슬

• 제작방법

▶ 블록

1. 우드락을 5×7cm의 크기로 80개 자른다.
2. 1을 4가지(빨강, 노랑, 초록, 하늘) 색의 한지로 각각 20개씩 포장한다.
3. 유아들이 자주 사용하는 도구의 그림을 80개 그린다.
4. 3의 그림에 해당하는 글자를 프린트한다.
5. 자른 우드락의 앞면에는 3을 뒷면에는 4를 붙인다.
6. 목공용 풀과 물을 섞어서 5에 바른 후 말린다(3~4회 반복).

▶ Stater

1. 투명 아크릴 판을 이용하여 13×20cm(2개), 2.5×20cm(2개), 9.8×2.5cm(4개), 11×2.5cm(1개), 13.3×2.5cm(1개), 2.6×2.5cm(1개)의 크기로 자른다.
2. 아크릴용 본드를 주사기에 넣어 조각을 맞춰서 붙인다.

▶ 보관상자

1. 하드보드지를 이용하여 상자를 만든다.
2. 한지를 붙인 다음, 목공용 풀과 물을 섞어서 바른 후 말린다(3~4회 반복).

• 활동방법

1. 자료를 탐색하여 활동방법을 정한다.

① 블록을 다양한 모양으로 세운다.

② Stater에 구슬을 넣어 도미노를 쓰러뜨린다.

2. 활동을 한다.

참고문헌

곽금주, 성현란, 장유경, 심희옥, 이지연, 김수정, 배기조(2005). 한국영아발달연구. 서울: 학지사.

권성호(2002). 교육공학의 탐구. 양서원.

권옥자, 유혜숙, 배인자, 윤애희, 정은주, 박정민(2003). 유아를 위한 교수공학과 매체(개정판). 서울: 형설출판사.

김영수, 강명희, 정재삼(1997). 21세기를 향한 교육공학의 이론과 실제. 서울: 교육과학사.

김은심(2004). 유아동작교육의 이론과 실제. 서울: 창지사.

김정희, 남기덕, 박영호, 송명자, 송인섭, 심응철, 윤가현, 윤영화, 이철원, 이현진(1993). 심리학의 이해. 서울: 학지사.

김혜경, 유희정(2004). 영유아 프로그램. 서울: 창지사.

김희배(1997). 교육공학의 개념체계와 이론적 구조에 관한 연구. 한양대학교 대학원 석사학위논문.

나일주, 정인성(1996). 교육공학의 이해. 서울: 학지사.

박찬옥, 김은희(1995). 3세아를 위한 12개월 교육활동. 서울: 동문사.

양용칠(2000). 교육공학의 발전과 심리학: 영향과 전망. 교육공학연구, 16(3), 27-50.

유배봉, 백영균(1995). 교육방법 및 교육공학. 서울: 동문사.

유혜령, 강은희, 박지영(2003). 유아 교수공학과 교수 · 학습방법. 창지사.

이영, 이미화(1993). 2세아를 위한 놀이 및 활동. 서울: 학지사.

이영자, 이종숙, 신은수, 곽향림, 이정욱(2002). 1, 2세 영아프로그램의 계획 및 운영. 서울: 다음세대.

이차숙(2005). 유아언어교육의 이론과 실제. 서울: 학지사.

이칭찬, 신민희(2000). 신 교육방법 및 교육공학. 서울: 동문사.

이화여대 교육공학과(2004). 교육공학: Educational technology. 서울: 교육과학사.

이화여자대학교 교육공학과(2003). 21세기 교육방법 및 교육공학. 서울: 교육과학사.

장영희(2000). 영아교육과정. 서울: 양서원.

Atkinson, R. C., & Shiffrin, R. M. (1968). Human memory: A proposed system and its control processes. In K. W. Spence & J. T. Spence (Eds.), *The psychology of learning and motivation: Advances in research and theory* (Vol. 2). Orlando, FL: Academic Press.

Bandura, A. (1977). *Social learning theory*. Englewood Cliffs, NJ: Prentice-Hall.

Bandura, A. (1981). Self-referent thought: A developmental analysis of self-efficacy. In J. H. Flavel & L. Ross (Eds.), *Social cognitive development: Frontiers and possible futures*. New York: Cambridge University Press.

Berk, L. E. (1999). *Infants and children: Prenatal though middle children*.

Brenner, J., & Muller, E. (1982). Shared meaning in body toddler' s peer relations. *Child Development, 53*, 330-391.

Bronson, M. B. (1995). *The Right Stuff for Children Birth to 8: Selecting Play materials to Support Development*. Washington, DC. National Association for the Education of Young Children. 이기숙, 오은순 공역(2002). 신생아부터 8세아까지 발달단계로 본 우리 아이들의 놀잇감 선택방법. 양서원.

Bruner, J. S. (1966). *Toward a theory of instruction*. Cambridge, MA: Harvard University Press.

Dale, E. (1969). *Audiovisual methods in teaching*. New York: Holt, Rinehart and Winston.

Feeneys, S., & Magarick, M. (1984). Choosing good toys for young children. *Young Children, 39*, 21-25.

Glazer, S. M., & Burke, E. (1994). *An integrated approach to early literacy: Literature to language*. Allyn and Bacon, Boston.

Gordon, A. M., & Browne, W. K. (2000). *Beginnings and Beyond*. Delma: Thoson Learning.

Heinich, R., Molenda, M., & Russell, J. D. (1989). *Instructional media and the new technologies of instruction*. New York: Macmillan Publishing Company.

Hoban, C. F. (1960). *The usable residue of educational film research, in new teaching aids for the American classroom*. California: Stanford University Press.

Kemp, J. E., & Dayton, D. K. (1985). *Planning and Producing Instructional Media*. New York: Harper & Row, Publishers.

Koralak, D. G., Colker, L. J., & Dodge, D. K. (1995). *The What, and How of High-Quality Early Childhood Education: A Guide for On-Site Supervision*. Washington, DC. National Association for the Education of Young Children. 이기숙, 심성경 공역 (2005). 효과적인 영유아 교육과 보육 어떻게 할 것인가: 영유아교육기관, 가정보육의 현장 지침서. 서울: 이화여자대학교출판부.

Kuhn, D. (1988). Cognitive development. In M. H. Bornstein and M. E. Lamb (Eds.), *Developmental psychology: An advanced textbook* (2nd ed.). Hillsdale, NJ: Erlbaum.

Schickedanz, J. A. (1986). *More Than the ABCs: The Early Stage of Reading and Writing*. 이영자 역(1995). 읽기와 쓰기를 즐기는 어린이로 기르는 방법: 유아의 읽기와 쓰기의 기초단계 이해. 서울: 이화여자대학교 출판부. (원전은 1986년에 출판).

Seels, B. B., & Richey, R. C. (1994). *Instructional Technology; The definition and domains of field*. Washington, DC: Association for Educational communications and Technology. 김영수, 한정선, 강명희, 정재삼 공역(1995). 교수공학: 정의와 영역. 서울: 교육과학사.

Sternberg, R. J. (1988). Intellectual development: Psychometric and information-processing approaches. In M. H. Bornstein and M. E. Lamb (Eds.), *Developmental psychology: An advanced textbook* (2nd ed.). Hillsdale, NJ: Erlbaum.

Wittich, W. A., & Schuller, C. F. (1979). *Instructional technology: its nature and use* (6th ed.). New York: Harper & Row.

http://www.samsungsvp.co.kr

찾아보기

인 명

내 용

저자 소개

심성경

이화여자대학교 사범대학 교육학과 졸업
이화여자대학교 대학원 교육학과(유아교육 전공) 석사, 박사
한국 유아교육학회 전북지회 초대회장 역임
현 원광대학교 사범대학 유아교육학과 교수
원광대학교 부속유치원 원장

김나림

원광대학교 사범대학 유아교육학과 졸업
이화여자대학교 대학원 유아교육학과 석사
원광대학교 대학원(유아교육 전공) 박사
현 전주비전대학 유아교육과 교수

김경의

원광대학교 사범대학 유아교육학과 졸업
원광대학교 대학원(유아교육 전공) 석사
이화여자대학교 대학원 유아교육학과 박사과정 수료
현 군장대학 유아교육과 교수

최대훈

원광대학교 사범대학 유아교육학과 졸업
원광대학교 대학원(유아교육 전공) 석사
중앙대학교 대학원(유아교육 전공) 박사과정 수료
현 전북보육정보센터 소장

변길희

원광대학교 사범대학 유아교육학과 졸업
원광대학교 교육대학원(유아교육 전공) 석사
원광대학교 대학원(유아교육 전공) 박사
현 원광대학교 유아교육학과 외래강사

박주희

원광대학교 사범대학 유아교육학과 졸업
원광대학교 대학원(유아교육 전공) 석사, 박사
현 원광대학교 유아교육학과 외래강사

영유아를 위한
교수매체의 이론과 실제

2007년 1월 30일 1판 1쇄 발행
2014년 9월 25일 1판 5쇄 발행

지은이 • 심성경 김경의 변길희 김나림 최대훈 박주희
펴낸이 • 김 진 환
펴낸곳 • (주) 학지사
121-838 서울특별시 마포구 양화로 15길 20 마인드월드빌딩 5층
대표전화 • 02) 330-5114 팩스 • 02) 324-2345
등록번호 • 제313-2006-000265호
홈페이지 • http://www.hakjisa.co.kr
커뮤니티 • http://cafe.naver.com/hakjisa

ISBN 978-89-5891-365-8 93370

정가 **17,000**원

저자와의 협약으로 인지는 생략합니다.
파본은 구입처에서 교환하여 드립니다.